絕唱史家
司馬遷

华黎明 著

中国文史出版社

图书在版编目（ＣＩＰ）数据

绝唱史家司马迁 / 华黎明著 . -- 北京 : 中国文史
出版社 , 2023.10
　　ISBN 978-7-5205- 4287-6

Ⅰ . ①绝… Ⅱ . ①华… Ⅲ . ①司马迁 (约前 145 或前
135-?) - 传记 - 通俗读物 Ⅳ . ① K825.81-49

中国国家版本馆 CIP 数据核字 (2023) 第 171949 号

责任编辑： 梁玉梅

出版发行： 中国文史出版社

社　　址： 北京市海淀区西八里庄路 69 号院　邮编：100142

电　　话： 010-81136606　81136602　81136603（发行部）

传　　真： 010-81136655

印　　装： 北京新华印刷有限公司

经　　销： 全国新华书店

开　　本： 700mm×980mm　1/16

印　　张： 18.5

字　　数： 263 千字

版　　次： 2024 年 4 月北京第 1 版

印　　次： 2024 年 4 月第 1 次印刷

定　　价： 58.00 元

目 录

第一章 · 龙门父子 ⋮

1. 耕牧河山之阳

据说很久很久之前，远古的一个时期，神与人混居在一起，人人皆可通神，家家均有"巫史"，而祭祀盛行，耗费颇大，人们并不能从中获得利益和福气。到黄帝去世以后，其孙颛顼（zhuān xū）继位，觉得这样杂乱无序，便着手理顺此事。他新设了南正的官职，让一位名叫"重"的人来掌管天上的事即神的事，使众神各安其位，分出次序；又新设了火正的官职，让一位名叫"黎"的人专管地上的事即民事，使人民各安其业，互不侵犯。之后的唐尧、虞舜直至夏、商，皆由重、黎的后人掌管天地的事情。实际上，管天者为巫，管地者为史。渐渐地，巫、史职责不断缩减，巫司职祭祀，史司职记事。至周朝，做史官的都是重黎的后人。只是到了西周后期周宣王时代，重黎的后人中有个居于程邑名叫休甫的，不知何因，未做史官而做了司马，成为一名军官。其时人们或以所在国、居住地为姓氏，或以旁边的山、水名称为姓氏，或以从事的职业为姓氏，或以担任的官职为姓氏，休甫即以司马为姓氏。从此世典周史的重黎后人中，就出现了司马氏。

东周惠王、襄王之际，朝中内乱，司马氏离开东周都城洛邑而迁往晋国，其中一支居住于少梁。韩、赵、魏三国代晋后，少梁属魏国，后被秦国夺取，更名夏阳（今陕西韩城市）。大汉建立后，夏阳乃京辅之地，属右内史管辖。

少梁即夏阳的这支司马氏，于秦惠王时出了一个叫司马错的将军，曾与秦相张仪争辩于秦惠王面前，力主伐蜀以扩充、富厚秦国，秦惠王赞成并遣其率军夺取了蜀地。其后，司马错历三代秦王而为秦国东征西讨，屡建功勋。

司马错之孙司马靳则为秦昭王时大将白起的部将，曾随白起一同于长平打败并坑杀赵军四十余万。白起还师后不久因秦相范雎（jū）挑唆，被秦昭王赐死于秦都咸阳之郊杜邮。司马靳同时被赐死，归葬于家乡夏阳的华池塬上。

司马靳被赐死后，司马氏渐衰，其孙司马昌仅做过秦朝的小吏主铁官。司马昌之子司马无择则做过大汉都城长安管理市场的市长，亦为小吏。司马昌、司马无择死后，均葬于离华池塬不远的高门塬上。

司马无择生前并不满意仅仅是个管市场的斗食小吏，希望儿子司马喜能够多读书，将来有出息。他常常告诫司马喜说，吾司马氏源于治史世家，中间还出过几位将军，虽算不上名门望族，却也是有些影响的氏族，近几代式微了，希望你能振兴司马氏。奈何司马喜不好读书，只喜好在家乡高门塬上从事耕牧。

夏阳县地处河水（今黄河）西岸，河水这一段稍偏向西南数十里，成为河曲，故夏阳又可以说是处于河水的北岸。夏阳的北面是龙门山。如此一来，夏阳即位于龙门山之南、河水之北，山之南、水之北皆称阳，故此地称河山之阳。古代大禹治水曾在此地开凿龙门以疏通河水，因而夏阳这一地域在夏、商时期即称龙门。夏阳位于关中盆地东北隅，盆地平原和丘陵原上均为关中的黄壤沃土，加之四季分明，光照充足，雨量较多，甚为适宜农耕。

司马氏定居夏阳高门村后，先后在司马错和司马靳两位将军手里获秦王赐予，外加自家购置，逐渐取得四千亩耕地。司马喜不好读书，却对农耕十分上心，将分布于平原和丘陵原上的四千余亩耕地打理得颇有收益，后来又养殖了数百头猪和上千只羊，成为较为富足的中产以上人家。大汉自文帝始，采纳大臣晁错的建议，实行"贵粟"政策，天下人可以用粟买爵、赎罪。司马喜用四千石粟买了个"五大夫"的爵位。汉承秦制，爵位有二十级，最低一级称"公士"，最高二十级称"列侯"。"五大夫"是第九级。第七级以上为高爵，本人及全家皆免除徭役；第九级以上，犯罪尚可从轻处罚。

司马无择眼看儿子司马喜对读书无兴趣，也是没办法，后来见他热衷于耕牧，且颇有成效，还买了个五大夫的爵位，社会地位甚至超过自己，亦其慰。司马无择不甘心，转而将希望放到孙子司马谈的身上，他发现司马谈自小便好学、有志向，于是嘱咐司马喜好生培养。司马喜自是遵从父命，在司马谈六七岁时即为其延师授课，司马谈十五六岁时提出要离开家乡去齐鲁游学，称天下之大，学问皆在齐鲁，学问大家，亦自然聚集于齐鲁，唯有赴齐鲁拜师求学，将来才可能有出息。其时司马无择已去世，司马喜仍然完全赞成，为司马谈备足了费用。司马谈至齐鲁游学十几年，每年仅回家一两次，结婚后亦如此。其间主要师从三位大师学习：从著名星象专家唐都学天文，从菑川（今山东寿光）大儒杨何学《易经》，从黄老学派大家黄子学道家学说。

司马谈的儿子司马迁出生于汉景帝中元五年（前145年），此时司马谈仍在齐鲁游学。从出生到七岁之前，司马迁都是与母亲、祖父祖母在家乡夏阳县高门村生活。司马迁自幼长得眉清目秀，且聪明伶俐，甚为祖父司马喜所宠爱，大约从两三岁起，司马喜每天都带着司马迁到田间地头，或去猪圈、羊舍。司马喜当然不可能一人或一家来耕种四千余亩土地，他将部分耕地租给佃户，佃户在庄稼收成后交上一半为租；剩下的耕地又雇了一些田客为他耕作，每月付给一定的工钱。司马喜从小务农，勤奋而用心，各种农活皆精通、娴熟，他不放心田客们，怕他们劳作中偷懒或操作不当，故每日都要到地头去监督、指导。司马迁跟着祖父，看着祖父与田客们说这说那，还亲自为田客们示范，说应该如此如此，司马迁对祖父佩服得五体投地，有时还吵着要祖父教他比画两下，如掏沟、除草等。司马喜自然十分高兴地手把手教司马迁。夏阳这地方有山、有丘陵、有平原，起起伏伏，且山环水带，钟灵毓秀，景色宜人。司马迁有时随祖父站在塬上，看到广阔的田野里，田客们三五成群，驾牛犁地，又有耧犁开沟、下种、覆土，田头停放着装满种子和肥料的大车，车旁有三两家犬，还有人担着饭食和茶水向田里走去，而远处绵延、苍翠的群山成为背景，好一派田园风光，好一幅自然图画！司马迁时常久久地看着，心里觉得美美的，充满了愉悦。有时候，获祖父允许，司马迁还跟随小伙伴大牛，一起去放羊。大牛是本村一田客家的男孩，比司马迁大两岁，厚道实在，处处照顾着司马迁。司马迁觉得与大牛一起到塬上去放羊，是仅次于跟随祖父去田头的第二快活的事。司马迁后来长大成人乃至入朝为仕，还常常回忆起儿时在家乡祖父身边的快乐时光，带点吹嘘地向别人说，自己曾经耕牧于河山之阳。

司马迁七岁的时候，是汉武帝刘彻登基的第三年，即建元二年（前139年），司马谈从齐鲁回到家乡夏阳，说是已学成归来，不再外出游学了。

司马谈对父亲司马喜眉飞色舞地说："父亲，如今年轻的新皇帝登基之后，下诏推举贤良方正、直言极谏之士，亲自策问古今治理之道，对策者达百余人，皇上当即披擢善对者数人。博士、大儒董仲舒被任为江都国相，秩级由比六百石一下子提到二千石；会稽郡吴县（今江苏苏州市）士子庄助被擢为中大夫，秩级比二千石。天下士人听闻无不欢欣鼓舞，人人跃跃欲试。"

司马喜听了有些不解："我看你也想去试一下，不过要到皇帝面前对策，那得有人推荐方可，有人推荐你吗？且推荐之人亦不能是一般人啊。"

"当然有了，父亲大人。"司马谈仍旧喜形于色，"我的老师杨何先生是齐鲁有名的大儒，菑川人，与曲阜的孔子后人亦是大儒的孔安国先生很熟，而孔安国的堂兄孔臧乃贵为蓼（liǎo）侯且官居九卿之首的太常，孔安国答应，如有机会可以向孔臧推荐我。"

"推荐你到皇帝面前对策？"司马喜问。

司马谈答："父亲，当然不是推荐我去对策。我自以为，至皇帝面前对策并无成功的把握。"

"那推荐你何干？"司马喜再问。

"推荐我入朝为史官，太史。此乃吾司马氏之传统世业，不是吗？我记得祖父大人生前也是如此希望的。"司马谈答道。

司马喜说："你说得没错，你祖父的确希望你入朝为史官，以振兴司马氏。你有把握？"

司马谈信心满满："父亲，我有把握！我早就有了这样的志向，要入朝为太史，当个好史官、有成就的史官，以振兴咱司马氏。所以我去齐鲁学天文、学《易》，这都是一名太史必备的学问。太史于朝中不甚起眼，地位不高，很多人以为如同卜祝一类，一般士人不屑去做，但也不是一般人都能做尤其能做好的。我已经完全具备了充任太史的学问，加之一般人对其不感兴趣，而太常孔臧又能够推荐，太史即太常的属吏，我想还是非常有可能的。"

司马喜笑了："有信心就好。你说得对，一般人看不起史官，但能够做好真是不易，如同人们往往轻视从事耕牧之人，但能像我这样，将四千多亩耕地和千余头猪羊打理得井井有条，也还是不易的。再者，有几个从事耕牧之人能有五大夫的爵位？"

听着父亲的比喻，司马谈也会心地笑了。

司马谈回来没几日，正逢寒食节，全家在司马喜的带领下，祭扫祖先。先是到华池塬上高祖司马靳的墓前祭祀，然后再至村庄附近的高门塬上祭祀曾祖司马昌和祖父司马无择的墓。寒食节禁火，人们只能吃冷的面、粥、浆，祭祀中的供品亦均为冷的面燕、蛇盘兔、枣饼、细稞、神饼等。

司马迁不解，问司马谈："父亲，过节为何只能吃冷的饮食？给祖先上的供品也是冷的？"

司马谈答道："迁儿，此节称寒食节，是有来头的。我们夏阳过去叫少梁，是晋国的一个县。春秋时期晋国曾有一位德才兼备的公子叫重耳，遭遇危难不能留在晋国，流亡也就是逃到别的国家。重耳在外十九年，到过许多国家，最后回到晋国当了君主，称晋文公。跟随重耳公子一同流亡的臣子有五人，介子推是其中之一。在重耳饥饿难耐时，介子推曾偷偷割下自己腿上的肉与野菜一起煮了给重耳吃。晋文公登基后，四人均被重用，唯介子推不求报答，躲进绵山之中，不愿出来做官。晋文公派人放火烧山，逼介子推出山，而介子推坚持不出来，被烧死在山中。后人为纪念大忠大义的介子推，就将清明节前一天定为寒食节，禁火，只能吃冷的饮食，同时祭扫祖先和介子推一类历史上有名的义士。原先晋国这一带都是如此习俗。"

"啊，我知道了，介子推是被火烧死的，所以纪念介子推的这个节日，要禁火，吃冷食，冷食即寒食。"司马迁悟性甚好，一下子就懂了。

司马谈见儿子一点就通，心中很高兴，以为孺子可教。

祭扫完三位祖先之后，司马喜又带着全家到西边不远处的三义墓祭扫。司马喜一直崇敬魂归夏阳的三位义士，但往年很少来祭扫，今年是听说当地豪强魏啸野家里要来一位名震江湖的大侠郭解（xiè），专门来三义墓祭祀，司马喜想亲眼见见这位了不得的游侠，所以就带着全家来到三义墓。

在去往三义墓的路上，司马谈告诉司马迁："迁儿，祖父带着我们全家将去祭扫的是三位义士的墓。这三位义士都是如同介子推一样的忠义之人。在四百多年前晋景公时期，有个奸臣叫屠岸贾（gǔ），蒙蔽晋景公，将忠臣赵朔全家诛灭，只有赵朔夫人刚生下的婴儿赵武被救出，屠岸贾派人四处搜查，情况万分危急。赵朔的门客公孙杵臼和赵朔的朋友、民间医匠程婴密谋保护赵武，程婴献出自家婴儿冒充赵武，让公孙杵臼带着躲起来，随即主动报告屠岸贾，让屠岸贾抓到公孙杵臼和婴儿，一起杀害。然后程婴带着赵武躲到家乡少梁，也就是现在夏阳的大山中隐藏起来，将赵武养到十五岁，在大臣韩厥支持下，攻灭了屠岸贾一族，赵武也恢复了赵氏昔日的爵位和田产。赵武二十岁举行冠礼后，程婴认为已完成了与公孙杵臼的约定，对赵武说：当年公孙杵臼自愿舍生，我自愿舍子，以完成对你父亲的承诺。如今我已经将事情办成了，必须赶快到地底下报告你的父亲和公孙杵臼。随后不顾赵武劝阻，坚持到公孙杵臼墓前自杀身亡。赵武之后为程婴服孝三年，并在有生之年始终坚持每年两次祭祀，死后还与程婴、公孙杵臼葬于一处，这就有了三义墓。"

司马迁听着听着，竟然热泪盈眶，说道："父亲，我与大牛放羊曾经来过这里，不知这三座墓中竟有如此感人的故事，这故事比您前面讲的介子推的故事更感人，听了就想哭。"

一家人来到堡安村附近的寨子，由土墙围着的三座坟墓，靠北的是赵武墓，靠南并排的是程婴墓和公孙杵臼墓。墓前都已摆满了供品和鲜花，看来已有不少人前来祭扫过了。司马喜招呼将供品摆上，让司马迁将采撷的野菊花整整齐齐地分别置放于墓前，全家人又分别于三座墓前叩首完毕，就离开了墓园。

刚出墓园不远，看见魏啸野陪着大侠郭解来到，夏阳县令亦专门陪着，随行马车达几十辆之多。县令和魏啸野均认识司马喜，县令向郭解介绍说："这位是咱夏阳的五大夫司马大人，其先人有好几位做过将军。"

司马喜连忙向县令、魏啸野及郭解作揖行礼，并说道："县令大人谬称。草民司马喜见过县令大人、魏乡贤，也见过郭大侠，幸会幸会！"

那郭解并非人们想象的高大魁梧、凶神恶煞，而是身材短小，但两眼炯炯有神，目光锐利，十分精干，一路上与县令、魏啸野只是小声说着话，并非大嚷大叫、骄横跋扈状。见司马喜行礼，亦彬彬有礼，拱手致意："在下见过五大夫！"

司马迁见了，啧啧称奇："就郭解如此身板，听说竟能称雄江湖，老少皆知。"

郭解一行过去祭扫，司马迁私下问司马谈："父亲，此人真的是大侠郭解？"

司马谈答道："那还会有假？县令陪着，随行的马车有数十乘，一般人谁有这阵势？迁儿你记住，不能以外貌识人。"

司马迁仍然呆呆地看着渐去的郭解背影，似乎没有想明白郭解是如何于江湖中横行无阻的。他突然对司马谈说："父亲，郭大侠算是个人物吗？"

司马谈笑道："你小小年纪，还知道人物？"

"我是听祖父说的，他老人家说，有人称他是夏阳的一个人物。"司马迁一本正经地说，"祖父说他是五大夫，应该算是一个人物。不过我觉得郭大侠才是个了不得的人物，有那么多的人前呼后拥。祖父大人可没有，只是家里人跟着他。"

司马谈听了，说道："郭大侠确实是个人物，大人物。迁儿长大了想成为何种人物？是祖父那样的，还是郭大侠那样的？"

司马迁摸着自己的脑袋，想了一小会儿，竟说道："我想成为父亲一样的，读好多好多的书，肚子里有好多好多的故事。"

司马谈心花怒放，搂着司马迁边走边问道："迁儿何以有此想法？"

司马迁答道："我每日均陪着祖父大人，祖父大人常常跟我说，他的父亲说他不是读书的料，但要他让您多读书，将来能够为司马家争光。祖父说我也应该像您一样好好读书。他老人家则将家中几千亩田地打理好，供着我们。"

司马谈听了，想到这么多年来自己一直在外而不能帮衬父亲半分，父亲每日劳作于田间地头，风吹日晒雨淋的，辛苦备尝，支持自己在外求学，如今又教导孙子要好好读书，不禁眼眶湿润了。他下定决心，不仅自己要努力争取入朝当上史官，当一个好史官，还要精心培养儿子司马迁。因袭世典周史的家族传统、振兴司马氏仅依靠自己可能不够，还得让儿子司马迁将来与自己一齐朝着共同的目标努力。

2. 启蒙

寒食节过后，司马谈诚恳地对司马喜说："父亲大人，我不再外出求学，回到家中等待朝廷征召，或许有一段时间，甚至数年，儿子应该帮助您做些什么，为您分担些许可好？"

司马喜笑笑，说："罢了，你自幼即读书，后来在外求学十多年，对于耕牧，完全是门外汉，能帮我做甚？"

"儿子有愧。看着您老人家这么多年来如此辛苦，儿子心中甚是过意不去！"司马谈说。

"为父知道，你在外求学亦是不易，亦辛苦。为父指望你真的学到了本事，将来能光耀吾司马氏，我好向你祖父交代。我不需你帮助什么，你倒是可以利用这段时间好好教教你的儿子，他已经七岁了，成天跟着我在垄上晃悠不是个事。我看迁儿的头脑不比你差，定要好好教教他。你们读书人的孔夫子不是说过'子不教，父之过'吗？"司马喜也是读过一点书的。

司马谈说："寒食节那天迁儿在路上告诉我，他要听您老人家的训导，好好读书，做个有学问的人。这几天我也一直在思考，迁儿确如您所言，十分聪慧，甚至超过我，我这做父亲的有责任精心地教他，决不可辜负了您老人家的期望。只是我们做儿子、做孙子的都不能帮助您，看着您老人家年龄愈来愈大，仍旧如此辛苦，真的是心中老大不忍。"

司马喜摆摆手，说道："没事，没事。我不指望你和迁儿，我已经让你堂弟司马靖跟着我，逐步让他多担待，将来指望不上你们，可以让他操心。"

"靖弟忠厚诚实，且对于农耕和放牧中诸事皆精，您老人家看得准。"司马谈很赞成父亲的决定。

司马谈觉得，培养司马迁，当然得从教他识字和培养读书的兴趣开始，但要使司马迁走上与自己一样的路，还得培养他对历史的兴趣、当史官的兴趣和树立宏大志向。

夏阳此地有秀丽山川和丰富人文资源，就从游历家乡夏阳起步吧。司马谈拿定主意，禀报父亲，父亲极赞成；告诉司马迁，司马迁雀跃、拍掌，说这肯定是比跟祖父大人去垄上或跟大牛放羊更加快活的事。

翌日一早，司马谈携带了一些干粮和水，就与司马迁出了门。走出高门村，站在高门塬上，司马谈告诉司马迁："咱们高门村所在的这个高门塬，是夏阳广阔台塬的一部分。迁儿，你知道何为台塬？"

"我知道，祖父大人告诉过我，咱们家有许多田地在这塬上。这塬上，比大山低，但比平地高。从平地上看，咱这塬上就是个大平台，所以叫台塬。"司马迁答道。

司马迁的回答令司马谈吃惊，说："迁儿解释得甚好。"

司马谈接着说："咱们夏阳的地形，就是三个层次，西北至东北边一线都是大山，西北是梁山，东北是龙门山，大山稍往南即台塬，再往南即是平原。台塬是不大的小山即丘陵成片，而且较为平缓、广阔。我们夏阳是整个关中平原的东北角，关中平原四周皆为山地，因咱们处在边角上，所以有大山、有台塬、有平原。"

司马谈招呼司马迁朝着西南方向走。司马迁边走边问道："父亲，您刚才说咱们夏阳是关中平原的东北角，何为关中？"

司马谈说："关中是个大平原，土地肥沃，水网密布，是天下最富的地方。关中人口占天下十分之三，却拥有天下十分之六的财富。平原四周均为大山，在东西南北四个方向的大山隘口都建有关城，驻军守备，防止敌人抢占这一好地方。东有函谷关，西有大散关，北有萧关，南有武关，所以这一带就称为关中。"

"啊，我知道了，关就是大门，非常结实的大门，四周的大门一关，别人就进不来了。"司马迁的理解力果然高于一般孩童。

很快就到了三义墓，司马谈带着司马迁又至墓前凭吊了一番，然后向西，逐渐进入嵬山。途中司马迁问道："父亲，说三个人都是义士，什么样的人称义士？"

司马谈说："士指男人，能干事、有担当的男人。义的意思是有利于他人，尽力地帮助他人，甚至不惜牺牲自己的生命。义士就是无私地尽力帮助他人的好男人。"

"我知道了。"司马迁说，"父亲，你说大牛称得上是义士吗？他最喜欢帮助别人，尤其喜欢帮助我，别的孩子欺负我，他帮我打架；我放的羊跑了，他帮我找；有次我在放羊的途中生病发烧，腿软，他硬是将我背回家来。大牛真仗义，我觉得他是义士。"

司马谈笑了，说："算是个义士吧。"

司马迁并不满意父亲勉强的口气，争辩道："什么叫'算是个义士吧'？大牛就是义士！"走了一小段路，司马迁突然又说："父亲，大牛当然还比不上程婴、公孙杵臼他们。"

司马谈看出司马迁是勤于思考和分析比较的。

嵬山是梁山山脉的一部分，山高沟深，林木繁茂，人迹罕至。当年程婴带着赵武即躲进这深山中，山中有个自然形成的洞穴，程婴与赵武就住在洞中，后人称为"藏婴洞"。司马谈今日正是要带司马迁去观瞻藏婴洞。进山的小路曲折蜿蜒，加之坡陡路窄，十分难走。但寒食节刚过，正是阳春三月，山中层峦叠嶂，千姿百态，烟云变幻，移步换形。数不清的各种鸟儿，先闻其美妙之声，再见其美丽之形。新的一年刚刚长出的草儿、花儿在微风中快乐地摇曳着。司马迁从未进过大山，当然被眼前的美景迷住，起初都是蹦蹦跳跳的，兴奋极了，但不到一个时辰，就觉得两腿酸痛，脚下的山路崎岖，太难走了，后来就走不动了。司马谈背上有行囊，不能背他，只好拉着司马迁的手慢慢行进。

到了孙家岭一处山沟，转过去一座山崖上有块突出的巨石，巨石后面即为藏婴洞。司马谈多年前来过。他看天色渐渐暗了，于是放下行囊，让司马迁坐在山崖下的一块石头上，自己赶快在附近寻找一些干枯的树枝，用藤条捆好，背上行囊，一手提着树枝，一手拉着司马迁，登上石崖，进入藏婴洞。洞有一人多高，比较开阔，但并不深，洞中有块平整的长方形大石头，可能当年此即程婴和赵武睡觉的榻。司马谈将行囊放下后，即将枯树枝点上火，然后对司马迁说："迁儿，今夜吾父子赶不回去，只能在这洞穴中睡觉了，你怕吗？"

司马迁从未在外，更不要说在洞穴中过夜了，觉得很新鲜，答道："父亲，不怕，有父亲大人在，迁儿何惧？此即当年程婴与赵武的藏身之处？"

"是的，当年程婴带着尚是婴儿的赵武逃进此深山，无处可住，只能躲在这天然洞穴中。"司马谈说，"山里可能有野兽，夜晚也有些冷，点起火堆便不怕了。"

司马谈从行囊中取出干粮和水，两人狼吞虎咽地吃完了饭。司马谈又从行囊中取出一条薄被，一半铺在石榻上，让司马迁坐上去，一半裹在司马迁身上，靠着自己睡觉。司马迁虽然累了，但却十分兴奋，毫无睡意。从他记事时起，从未与父亲在一起待这么长时间，今日随父亲进山，现在又靠在父亲怀里，感觉无比的温暖、无比的幸福。

司马迁问："程婴带着赵武在此洞穴中住了十五年？"

司马谈答："当然不是，只是躲了一阵子，待外面风声不紧后他便带着赵武，回到自己在程庄的家。别人都以为赵武是他自己的儿子，没有人怀疑。"

"啊？"司马迁又问，"那他不想念自己的儿子吗？那么小就被坏人杀害了。"

"当然想，但只能放在心里想，不能将痛苦表现在脸上，否则别人怀疑起来会暴露真相的。"司马谈说。

"程婴真可怜！真了不起！"司马迁突然想起，母亲说过，她的父亲也是一名医匠，便问父亲："父亲，吾外祖父与程婴一样亦为医匠，为何我从未见过？"

司马谈说："是的，你的外祖父确是一名医匠，也是很了不起的。大约在你母亲十二三岁的时候，一次半夜时分为山中一急性患者医治，返回时不慎从山崖上滚落而不幸身亡，所以你未见过。"

"啊，那外祖父急人之难，也算是个义士吧？"司马迁对素未谋面的外祖父充满敬仰之情。

"那是当然的。"司马谈答道。

司马迁让父亲告诉他外祖父更多的事情，又问父亲是如何认识母亲的，还问母亲小时候有些什么有趣的事情，等等，说着说着就睡着了。

司马谈搂着司马迁，只是在极困倦时打了一会儿盹。

翌日一早，司马谈父子吃了干粮后即离开藏婴洞。看到不远处有泉水，司马谈将已空空的皮囊灌满，然后两人朝着嵬山山顶走去。到了山顶，看到的只是比较平缓的一片草甸，稀稀疏疏的几棵树，再无他物。司马迁问："父亲，咱们爬到这山顶上来看什么？这儿可是什么都没有啊。"

司马谈哈哈一笑，说道："现在是没有，什么也看不到，但在许多许多年以前，天下洪水泛滥，水大得难以想象，只有这山顶上没有水。"

司马迁听了，觉得摸不着头脑，说："父亲大人说笑话呢？"

"不是笑话，是真的。当时水大到何种程度呢？遍地洪水，水没过了丘陵，没过了咱们居住的高门塬，包围了这高高的嵬山，只有这山顶上还能待人。当时有很多很多的人住在这嵬山山顶上，为首的叫大禹，他是奉命带着这些人来治理洪水的。"司马谈告诉司马迁，"大禹的妻子涂山氏也来了。这些人在这里住了很长时间，在大禹的带领下治住了洪水，洪水退了，水不再包围嵬山，不再淹没咱们的高门塬，顺着大大小小的河流向东流去，直至流入大海。"

"水没过了咱高门塬，围住了这嵬山，那得是多大的水啊！大禹能带人把这么大的水给治好，大禹太了不起了！"司马迁朝山下看，想象当时大水没过台塬、围住嵬山的情景，不禁赞叹道。

司马谈说："所以后来当地人将咱这嵬山又称作禹山。"

"父亲，大禹是如何治住了洪水的呢？您能给我讲讲吗？"司马迁来了兴趣。

"大禹治水就是从咱们这里开始的，今天不讲了，过几天我带你到治水的具体地方，边看边讲好吗？"司马谈说。

司马迁高兴地说："父亲还要带我去看新的地方，当然好。"

俩人未从原路而是选择另外的路径下山后，天色已暗，司马谈带司马迁找到一个村庄，到一户人家借宿了一晚，第二天才回到高门村。

回家后司马迁仍旧兴奋不已，催着父亲快点带他去看新地方。不期次日下午，家住茂陵邑、与司马谈同在黄子门下求学的师兄挚山驾车来访。司马谈见了挚山，甚是高兴，两人有说不完的话。挚山告诉司马谈：如今朝中发生了大的震荡。自皇上登基以来，征召、重用了一大批儒生，又任用好儒的窦婴为丞相、田蚡为太尉，那窦婴乃太皇太后窦太后娘家的侄儿，田蚡乃皇太后王太后同母异父的弟弟。皇上原想着同时讨好太皇太后和皇太后，不料新任的御史大夫赵绾、郎中令王臧作为儒者，对喜好黄老之术的窦太后频频干政不满，赵绾甚至提出有关政事不必奏报窦太后，窦太后闻讯大怒，逼迫皇上将赵绾、王臧逮捕入狱，导致二人自杀。窦太后又让皇上免了窦婴、田蚡之职，还让皇上废去刚刚采取的有关革新之举。

司马谈听了很是震惊，说道："窦太后如此强势，皇帝岂不是十分为难？"

"那是当然，不过皇上也没有办法。先帝时窦太后即说一不二，如今皇上年纪甚轻，刚登基不久，在朝中根基尚不牢，自然不敢违抗奶奶窦太后。故经过此事后，皇上对朝政只能是按部就班，不敢有所变动，更不敢重用儒生。甚至有些与赵绾、王臧稍有牵连的人都被斥黜了，家父在朝中任中大夫，是郎中令王臧的属官，也被罢免返家了。父亲不想再居住于长安，带着全家搬到新建的茂陵邑。"挚山说。

司马谈说："令尊真是不幸！那我想入朝为太史的事大概也耽搁了！"

挚山知道司马谈想通过太常孔臧这个渠道入朝为太史，说道："差不多。太常孔臧是个极谨慎之人，他大概不会在此时征召你，你恐怕还得耐心地等待一段时间。"

挚山的父亲是个二千石官员，做过郡守，还做过詹事，专管皇后、太子府上之事，后来年纪大了，才改任中大夫，秩级还是二千石。挚山说："家父被罢免返家后，显得很伤心，成天唉声叹气的，身体亦越来越差。现在我也对入朝为仕心灰意冷，二千石官员可以推荐子弟入朝为郎，先前家兄已入朝为郎，家父想等等再荐我，如今家父被免，我入朝的路也堵住了。"

司马谈很是同情，安慰道："学兄不必悲观，届时令尊重新起用，你不就又有机会了吗？"

"我已经不指望了。家父身体每况愈下，将至日薄西山、气息奄奄之境地，怕是没机会了。"挚山叹道。

二人推心置腹，竟然交谈了一日一夜。

挚山走后，司马谈反倒觉得朝廷征召暂时无望，完全可以安下心来教司马迁。次日他带司马迁到了龙门山，指着河水东岸说道："龙门山从咱们夏阳县一直绵延至东边的河东郡皮氏县（今山西河津市），当年大禹治水时将龙门山凿开，如此龙门山就分成东、西两部分，一部分在河水的西岸即夏阳这边，一部分在河水东岸即皮氏那边。"

司马迁朝山下看，河水从大峡谷奔腾而来，惊涛拍岸，声震山野，果然从山下龙门穿过，湍急汹涌的滚滚波涛破门而出，一泻而去，河床一下子由窄变宽，水流则由急变缓，由咆哮而至温顺。司马迁说："父亲，我从未见过河水如此大而急，经过大禹凿开龙门，它一下子就变得温顺、听话了。大禹如同神一样！"

司马谈招呼司马迁，两人坐到倒地的一棵大树干上，司马谈缓缓地说道："咱中国有两条最大的水流，北方的就是这，叫河，或称河水；南方还有一条更大的水流，叫江，或称江水。其余的水流均比河、江要小，一般不称河、江，一律称水，比如咱关中的渭水、泾水、洛水等，还有咱夏阳的濩（jù）水、陶渠水、盘水等。当年的水流泛滥，洪水滔天，河、江这两条大的水流尤甚，故大禹治水就从河水开始。河水从北边的大峡谷冲出，被龙门山阻挡，便泛滥成灾。大禹凿山开门，让水流穿过龙门，你刚刚看见的，一下子变得驯服了。所以龙门又称禹门。大禹三过家门而不入，一手持墨斗准绳，一手持规矩量尺，陆行乘车，水行乘船，泥行乘橇，山行乘檋（jū），风里来雨里去，殚精竭虑，就是这样采取疏导、疏通的办法，经过十三年无比艰苦的努力，将所有大小水流都疏导向东，流入大海，终于将全国的洪水制服了。"司马迁瞪大眼睛听父亲讲述，嘴里不停地发出"啊""啊"的赞叹声，然后问道："父亲，为何叫大禹？和大牛一样，是家中的老大吗？"

司马谈听了哈哈大笑："迁儿你怎么又提起大牛？又拿大牛做比较？"

司马迁有点不好意思，答道："除了家里的祖父祖母、父亲母亲，我只认识大牛，大牛与我最要好，在一起的时间最多。"

司马谈解释道："大禹这个大，可不仅仅是在家中排行老大的意思，而是因为其品德至高、意志至坚、能力至强、功劳至多，而为天下黎民所尊崇，为后人所敬仰，才被称大的。这是最为人们所尊敬的意思。大者，伟也。"

"我知道了，大禹是全天下的老大，全天下最值得尊敬的人。"司马迁反应很快，"父亲，我也要成为大禹一样的人。我要做大迁！"

司马谈听了，既吃惊又高兴，七岁的孩童怎么能说出这样的话，难道这孩子有着与生俱来的宏大志向？他摸着司马迁的头说道："迁儿有如此志向，为父甚慰！但你要付出艰苦努力，要读书，要读很多的书，只有读很多很多的书，才能获得知识和学问。还要多游历、多交往，只在家乡游历是不够的，要广游天下；只结交大牛是不够的，要广交天下贤德之人。"

司马谈说完又拉着司马迁的手，走到山崖边，指着山下的龙门说："迁儿你看，龙门往下，河床三叠，有三级大台阶，传说河水中的鲤鱼每年都要成群结队地逆游到这里，一级台阶一级台阶地往上跳，如果能逐级跳过龙门，便可变成真龙。这就是鲤鱼跳龙门的故事。这故事就是鼓励人们奋发向上、不达目的决不罢休。"

"这故事好，迁儿会记住，迁儿即为龙门之子。父亲大人，赶快教迁儿读书，迁儿已经等不及了。不读书是跳不上龙门的。"司马迁诚恳地请求。

"甚好，甚好，今日回去后，明日即开始教你识字、读书。"司马谈大喜。

司马谈教司马迁是从《孝经》开始的。司马谈从儒学大师杨何学习《易经》多年，他教司马迁学《孝经》是从《易经》的观念切入的，他对司马迁说："迁儿，天地有万物，然后有男女。有男女，然后有夫妇。有夫妇然后有父子，有父子然后有君臣。有父子、君臣，然后有上下。《孝经》乃孔子述作，垂范将来。夫孝，天之经也，地之义也，人之行也。人之为人，孝乃其本。教化万宗，必自孝始。迁儿，故读书必从读《孝经》开始。"

《孝经》十八章，开宗明义第一章，其中有云："身体发肤，受之父母，不敢毁伤，孝之始也。立身行道，扬名于后世，以显父母，孝之终也。夫孝，始于事亲，中于事君，终于立身。"这一段，司马谈引经据典，反复阐释，又列举自古以来诸圣贤的模范作为，尤其言及舜帝，其父顽劣，后母嚣张，弟弟倨傲，且皆欲杀舜，舜躲过，仍不失孝慈，顺事弥谨，堪称古今楷模。

　　《孝经》第一章，言简意赅，而司马谈阐释极透，加之此乃司马迁读书之始，给司马迁留下至深印象，可以说是刻在其脑中，成为其一生遵从的根本。少年司马迁此时当然没有料到，在他以后坠入深渊、陷入至暗境地之时，这是他心中最可依赖的精神支柱。此乃后话。

　　读书间隙，司马谈继续领着司马迁于家乡夏阳游历。父子俩沿着龙门以下的河水西岸，游览夏阳境内的数个渡口。在最大的夏阳渡，司马谈说："夏阳渡是咱夏阳县最大的渡口，亦是河水西岸去往东岸的重要通道。当年高祖与项羽争夺天下时，高祖属下的大将韩信率军进击投靠项羽的魏王魏豹，设疑兵陈列诸多船只于夏阳以南的临晋（今陕西大荔县东北），引诱魏军重点防御临晋，而伏兵从夏阳渡渡河，其时无船，只能以木棒绑着酒坛渡过军队，出其不意打败魏军。"

　　司马迁听了觉得不可思议，说道："渡河以舟船或羊皮筏子，韩信却绑着酒坛子当作船，真是奇特之人。"

　　"韩信确是一位了不起的大兵家，兵法上讲攻其无备、出其不意、避实击虚，韩信都做到了极致。韩信事迹颇多，将来你识字多了、读书多了，自然就会了解到。"司马谈说。

　　司马迁学完《孝经》，又学习了《论语》《孟子》等，同时，跟随父亲游览了夏阳的众多山水和魏长城等古迹。

3. 徙居茂陵邑

　　建元四年（前 137 年）底，南越王赵佗去世，其孙赵胡继位。翌年初，赵胡遣使赴长安禀报皇帝。刘彻于未央宫前殿正式接见南越国使臣，听闻赵佗去世时已一百零四岁，十分惊讶。柏至侯、丞相许昌说："陛下，南越王赵佗乃中原真定（今河北正定）人氏，于秦末战乱中聚兵自守，自立为南越王，高祖登基后正式册立其为南越王，与高祖手下诸将相大臣，包括臣之祖父许温都是一辈的。"

刘彻说："故南越王真乃高寿也，世间少有，稀罕！稀罕！"

南越国使臣跪禀："微臣还请陛下施恩，正式册立赵胡为南越王。"

刘彻立即说道："平身。那是当然。朕即册封赵胡为新任南越王。朕以为，故南越王以百余岁高寿辞世和新立南越王赵胡，这两件事皆应记载于史册。孔太常，你以为呢？"

太常孔臧即出列答道："陛下英明。臣禀报陛下，太史令空缺已有两年，尚未补录。臣请陛下允准补任。"

"爱卿有人选否？"刘彻问。

年初皇帝诏令朝中设置五经博士，前几日，司马谈的老师杨何刚刚进京，在太常孔臧手下任《易经》博士，见到孔臧时曾提醒过关于司马谈入朝为太史一事，于是此时孔臧即答道："陛下，有一人选，叫司马谈，出身治史世家，乃黄老学派大师黄子弟子。"

听言是黄老学派弟子，心想不会触犯奶奶窦太后忌讳，刘彻立即首肯："甚好，甚好，即征其入朝，先任太史丞。不过今日这两件事得赶快补记上，载诸史册。"

"臣遵旨即办。臣叩谢陛下！"孔臧跪叩道。

建元五年（前136年）二月，司马谈被征召入朝，正式就任太史丞，秩级三百石。太史职掌天时星历、朝中记事以及搜罗、保存典籍文献。司马谈初任之时，觉得天时星历方面因师从唐都深入学习过，如今随时备顾问应对不成问题，及时记录下朝中及天下大事、要事亦不成问题，唯有在察看石渠阁、天禄阁后，发现两阁中存放的图书典籍，除少部分整齐有序外，大部分杂乱无章，有相当多的只是堆在那里，似乎从未整理过。大汉开国元勋萧何于辅佐刘邦夺取和巩固天下的过程中，始终重视图书典籍的搜罗、保存与整理。刘邦率军攻入秦都咸阳，诸将皆争求金帛财物，而萧何却入宫收取秦朝丞相御史府之律令图书并妥善保存。刘邦建立大汉后，任萧何为相国，萧何在建造未央宫时，专门在未央宫的北面建造了石渠、天禄二阁，用于存放图书典籍。如今存放于两阁中的这些图书典籍，只有萧何接收的秦朝律令图书被整理得整齐有序，其余后来搜集和接收的大量图书典籍，有些只是初步整理过，有些根本没有整理，仅仅堆放了事。司马谈粗粗看了一遍，只觉得头皮发麻，一时无从下手。而两阁的令史们均是一些对图书典籍毫无兴趣并缺乏专业技能的人，一问三不知。司马谈只好连日留在阁中，仔细翻看，一看更是吃惊，有许多重要典籍已经是连接简片的韦编断绝，致简片脱落，还有些是简片上的字迹漫漶磨灭。既要整理有序，还要修补拯救，司马谈忧心如焚。除了上任伊始专门去拜访过博士杨何，感谢老师向孔臧推荐之外，司马谈所有时间，都花费在两阁的图书典籍整理上。

一个月后，司马谈专门向孔臧禀报，称石渠、天禄两阁中的典籍图书十分珍贵，然多数杂乱无章，甚至有相当部分破损严重，亟待抢救，否则对朝廷的损失太大了。孔臧听了也是十分吃惊，称以前的太史令、丞从未向自己提起过此事，赞扬司马谈恪尽职守，还称听说你司马谈连续多日待在阁中，没有休息。司马谈说自己没好好休息是小事，只是看到如此多的重要图书典籍遭到毁损，十分心痛，极为不安。孔臧翌日由司马谈陪着，专门至两阁巡视一番，情形确如司马谈所言，也觉得要立即开始纠正，刻不容缓。很快，孔臧当面启奏刘彻，刘彻喟然而叹道："朕甚悯焉！"决定建藏书之策，置写书之官，下及诸子传说，皆充秘府。

皇帝诏令下达，司马谈觉得皇上英明，皇恩浩荡。不久，整理、抢救图书典籍的大量经费拨至，招募的一些写书官亦陆续到两阁任事。司马谈浑身似乎有使不完的劲，指使着一班写书官，按照萧何当年主持编排的分类、次序进行整理，又细心地修补着破损磨灭的。不及一年，石渠阁、天禄阁中的图书典籍即被整理得整齐有序，很多破损的亦被修缮好了，还按照皇帝诏令接收、充实了许多新的图书典籍、律令文本。孔臧禀报刘彻，擢升司马谈为太史令，秩六百石，厕身下大夫之列；且允许其将家从夏阳迁至京师附近的茂陵邑，并按朝廷规定给予二十万钱和两项田地，用于安置和今后生活。

建元五年（前136年），司马谈全家即徙居茂陵邑。这一年，司马迁十岁。

大汉皇帝一般在即位建年号的第二年就为自己建造寝陵，刘彻也不例外，于建元二年（前139年）诏令在自己母亲王太后家乡槐里县（今陕西兴平县东南）的茂乡，建造自己的陵园，并将茂乡更置为茂陵邑。汉初以来的制度规定，皇帝寝陵及旁边的陵邑均由太常管理。为鼓励人们迁徙至茂陵邑居住，刘彻听从太常建议，于次年诏令凡迁徙至茂陵邑的，赐予每户钱二十万，田二顷。实际上，徙居茂陵邑的起初有很多是在长安朝中供职的大小官员，优先享受着皇帝赐予的恩惠。

司马谈在迁徙前曾希望父亲母亲一起迁至茂陵邑，然司马喜执意要留在夏阳，称在夏阳惯了，也离不开家中那四千多亩田地，而且自己身体还好，要司马谈不必担心。司马谈说服不了父亲，只得对堂弟司马靖千叮咛万嘱咐，务必照顾好父母，司马靖自是诺诺连声。离开高门村的时候，司马迁专门去向大牛告别，两个孩子抱在一起，痛哭流涕。司马迁说有空一定回来看大牛，称祖父祖母还在这里，会常回来的。大牛则说，需要帮助时，只管吩咐一声。

司马谈一家徙居茂陵邑后，住在显武里，左邻右舍均为朝中任职或退休官员。司马谈到了茂陵邑后第一件事便是寻找学兄挚山，就去隔壁敲门问讯，哪知开门的即是挚山，两人喜出望外，挚山诚邀司马谈全家前来做客，以为接风。

挚山家中亦仅有妻子和12岁的儿子挚峻。司马谈询问："令尊与令堂大人不与你们住于一处？"

挚山叹了一口气，说道："二老于去年先后离世了。"

司马谈赶紧说："真是抱歉，一点也不知道，我应该前来吊唁的，执子侄礼。失礼，失礼！"

"不知不怪。"挚山说,"其实吾父母年纪尚不是很大,以往身体亦均好,只是父亲被罢斥归家后,情绪极差,这才导致身体状况变坏了。父亲他老人家想不通,实际上窦太后仍健在,也仍旧在干预朝政,父亲受王臧案牵连,如何能甄别并重返朝堂?"

"挚山兄还是想开些好。以挚山兄的才学与贤德,将来还是有机会的。"司马谈安慰道。

挚山摆摆手,说:"经过家父这次挫折,加上家兄如今仕途亦不顺,我已经看透,不再指望入仕混个一官半职。我已在家中办了个学馆,目前有十几个学童。你在长安公干,离茂陵邑有八九十里路,平时不得回来,休沐日方能回来,就让迁儿来我家与峻儿一同读书吧。"

司马谈一听,立即起身向挚山深深揖拜:"我正愁着迁儿的求学没有着落,学兄真是急人所难。学兄之大恩大德,我司马谈终身不忘!"

挚山即刻拉司马谈坐下,说:"你我情同手足,你言重了!"

司马谈立即招呼司马迁,让他向挚山三叩首,算是拜师。

从此,司马迁进学馆跟随挚山学习,一开始,挚山教授古文,先学《春秋》,再学《国语》。大汉朝通用文字为隶书,称今文;以前的甲骨文、金文、籀(zhòu)文即大篆、小篆称古文。挚山与司马谈均于齐鲁求学十多年,今文、古文皆通。挚山起始即介绍今文、古文典籍的区别:秦朝焚书,朝野除医、农、卜等书籍外,全都焚毁。到汉朝废除"挟书令",一些老儒依靠记忆,口头传授典籍,用现行的通用文字隶书记录下来,即成了今文经。后来在民间又陆续发现了一些当时收藏的古书,均是用古文字写的,儒生们整理出来,就有了古文经。挚山要求学童们,今文经、古文经都要学习、研究,相互比较,相互补充,融会贯通,相得益彰。

学习古文《春秋》是司马迁第一次接触古文,亦是第一次知道古代的史官是如何记史的,觉得新鲜,很有意思。他想到祖父、父亲曾经告诉他,祖先即是周室太史,大约即是用籀文将朝中及天下的大事记录于史册上而传之后世。经过挚山的讲解和自己深入领悟,司马迁觉得《春秋》记载了自鲁隐公元年（前722年）至鲁哀公十四年（前481年）共242年鲁国及东周各国的史事，文字虽然十分简练，全书仅有一万八千余字，然微言大义，褒贬善恶藏于字里行间，修订者孔子太了不起了！在史书中竟可以如此权衡是非、拨乱反正、扬善惩恶，彰显天地大道，这又是多么有意义的事情！挚山说，鉴于《春秋》太过精练，有"三传"为之阐释，即《左氏传》《公羊传》《谷梁传》。如今在吾大汉，春秋公羊学最为流行，其最有学问、最著名的儒学大师乃广川（今河北景县）人董仲舒。又说，当今学习古文最应请教的乃是孔子后人孔安国。今后若能当面请教两位大师，是尔等学子的大幸。司马迁牢牢记住了先生的话，想着如何才能见到董仲舒、孔安国两位大师。

学《春秋》有些枯燥，而学《国语》便生动得多。其中的各类人物活灵活现，人物的语言或理性，或生动，或诙谐，给人以深刻印象。司马迁在读到《召公谏厉王止谤》一文时，不禁为之拍案叫绝。文中开头即写道："厉王虐，国人谤王。召公告曰：'民不堪命矣！'"而周厉王以刑杀为威，压制批评，致"国人莫敢言，道路以目"。之后周厉王喜形于色，而召公称："防民之口，甚于防川。"周厉王不听，三年后被国人流放到外地去了。司马迁想，写出如此精彩的文章，流传于后世，该是多么快乐的事情！

挚山同时又教学童们学习"八体"的书写，说这是将来入仕的必备技能。八体者，又称秦书八体，是秦汉时期学童必须掌握的八种书写方式。这八种书写方式实际上前四种为字体，即大篆、小篆、虫书、隶书。虫书即鸟虫书，是篆书之变体，如鸟虫之形，可刻于印章、兵器、钟镈（bó，乐器）上，可印于旗帜、符信上。后四种实际上是用途：刻符、摹印、署书、殳（shū）书。刻符即刻于符节之上，字体虽为篆书，但因是刀刻，笔画自然平直；摹印即用于玺印的文字，以小篆稍加变化；署书即封检、门榜题字；殳书之殳的本义是竹制兵器，泛指兵器，殳书即刻在兵器上的字体，不脱小篆，接近隶书，有工整的，亦有草率简单的。挚山强调，学习八书，要做到能识、能写，尤其大篆、小篆，特别是隶书，是当下通用的字体，更要书写得严谨规范，一丝不苟。官府中行文，不可有错别字；尤其朝堂之上，向皇帝上奏疏，出现谬误，属大不敬，会受严惩，甚至掉脑袋。司马迁对练习书写兴趣颇浓，一有空就写写画画，或用毛笔，或用树枝，或用手指，一度痴迷得很。

司马谈于任上常常至石渠阁、天禄阁中整理、翻阅堆积如山的典籍，读到许许多多以前从未读过的古文、今文书籍文章，享受饱览快乐之余，渐渐萌生出要做点什么的初步想法，觉得皇帝如此信任自己，自己必须有所作为，决不能成为一个平庸的太史。况且，无作为则无功名，而无功名何以振兴司马氏？司马谈苦苦思索了很长时间，仍然没想清楚可以做些什么。

休沐日司马谈回到茂陵邑，与学兄挚山谈起自己想在太史任上有所作为，但并未想清楚能做点什么。挚山笑着说："谈学弟，看来你劲头甚足啊，依愚兄之见，做好你的太史令，履行好分内职责便是有作为矣。"

司马谈不赞成："履行好本职责任，那是再自然不过的事，何能称为有作为？"

挚山说道："我以为你是钻牛角尖，如同我俩的老师黄子，与《诗》博士辕固的辩论。你还记得黄子老师说过的他与齐人辕固在先帝景帝面前辩论的事吗？黄子称汤武诛夏桀、周武王诛商纣并非受命于天，而是臣弑君；辕固则称那两件事皆为受命于天，天下归心。两人均固执己见，难分胜负。后辕固竟问黄子：'汉高祖代秦即天子位，难道也是不对的吗？'弄得咱们的老师黄子无法回答。黄子何敢当着景帝的面非议其祖父？倒是景帝见状打了圆场，说：'食肉不食马肝，不为不知味；言学者无言汤武受命，不为愚！'才停止了辩论。你说这辕固与咱们的老师黄子是不是钻牛角尖？你是否与他俩一样？"

"学兄你太了不起了！"司马谈被指责，不仅不恼，反而惊喜道，"经你一点拨，我想到该做什么了。"

"我点拨了你？"挚山不解。

"当然。"司马谈说，"学兄提起的黄子与辕固辩论，黄子坚持的是道家学说，辕固坚持的是儒家学说，实际上尚有阴阳家、法家、墨家、名家，等等，诸家学说，各有短长。析其短长，以扬长避短，各家不应坚持己短而无视他家之长，岂非可供皇上与朝廷治理天下之用？士子们搞清了各家学说主旨，也就不必像黄子和辕固那样作些无谓的争辩了。学兄你说，你是否点拨了我，让我知道自己如何作为？"

挚山内心恬淡，但看司马谈兴高采烈的样子，不忍心扫兴、泼冷水，于是说道："甚是。甚好。"

转眼到了次年五月，窦太后病逝。武帝刘彻没了束缚，重新大量任用好儒之官员及有真才实学的儒生，鼓励天下士人受策察问、上书言事。司马谈的老师、《易经》博士杨何擢升中大夫，秩禄比二千石，全家亦徙居茂陵邑。司马谈时常于休沐日恭请杨何至家中小酌，挚山作陪。杨何虽为齐鲁名儒，如今又跻身上大夫之列，但为人平和，性情轻松愉悦，每每到了司马谈家中，均好与司马迁谈天说地、议古论今，当然主要是杨何讲述、司马迁倾听。司马迁自是受益无穷。

一次杨何问司马迁："迁小子，你长大后要做什么？"

司马迁不假思索便答道："禀报师爷，做大迁！"

"何为大迁？"杨何笑问。

"大迁者，如大禹也。"司马迁答。

杨何故意问："大禹治水，尔小子亦治水乎？"

司马迁是难不倒的，即刻回答："大禹治水，吾乃周朝治史世家之后，吾治史。大禹制服滔滔洪水，终于称大；吾将理清世间嚣嚣万事，亦可称大。"

杨何惊叹："好小子，有志气！"转而对司马谈说："谈啊，你的儿子如此聪慧，你可要尽心尽力地帮他成为大迁啊！"

司马谈向老师揖拜："弟子敢不遵师命焉！"心中自是喜悦非常。

司马谈在外求学十多年，养成了广交朋友的性格，无论于朝中还是在茂陵邑，皆主动结交各方面的朋友，有官员，有士人，也有贩夫走卒。茂陵邑这地方处于咸阳塬上，确为风水宝地，但不比夏阳，没有那么多的秀丽山川和人文古迹，北面的九崚（zōng）山离得较远，只有南面的渭水沿岸距离不太远，司马谈有时在休沐日带司马迁去那里游览，已去过数次。一次司马迁要父亲带他去看茂陵施工现场，说从未见过建造皇帝寝陵的大场面。父子俩来到茂陵工地外围，被一名茂陵尉手下的卒史拦住，称皇陵建造重地，闲人不得靠近。司马谈解释道，小儿好奇，欲看看大场面，能否行个方便？那卒史二十岁左右，一脸的严肃，连说那如何行，让茂陵尉张大人知道了岂非要惩治于我？司马谈听卒史说话乃夏阳口音，一问，果然是夏阳人氏，老家在离高门村不远的徐村，名叫徐士褒。徐士褒得知眼前的二位乃家乡五大夫司马喜的子孙，立即客气起来，将二人领到一土坡之上，可以清楚地看到整个建造工地。

父子二人被帝陵工程极其宏大的场面所震撼，数万人在那里不停地劳作，或挖掘，或运土，或凿石，或锯木。徐士褒介绍，如此众多的劳作者，大部分是从全国各地征发来服徭役的，有几千名是征集来的能工巧匠。司马迁问，那场地中间正在挖掘的巨大土坑是干什么用的？徐士褒说，那是地宫，先挖个大坑，然后以石板砌之，皇帝百年之后即将棺椁放在那里面。司马迁说，难怪叫地宫，如同地上的宫殿一般大。徐士褒说，整个工程由朝廷的将作大匠负责，而我们茂陵尉张大人是负责整个工程戍卫的。司马谈问，哪个张大人？徐士褒答是张汤大人。司马谈说，难怪如此严格，徐老弟跟着张大人，将来会发达的。徐士褒笑笑，说道："他张大人尚未发达，何况我等？"

结识了徐士褒，司马谈热情地邀他去家中做客，徐士褒也欣然应约，去过几次。两年后，张汤升迁了，徐士褒亦不知所踪，是随张汤还是调往别处，不得而知。然许多年之后，徐士褒竟成了关押司马迁的狱吏，给予司马迁诸多关照，却是司马迁始料未及的。此乃后话。

4. 蒙儒学大家教诲

司马谈拿定主意，利用其在皇家藏书阁任事的有利条件，翻阅天下汇集于石室金匮之中的大量典籍，专门览阅、研究春秋、战国以来诸子百家的古籍、逸文，梳理，归纳，分析，比较，抽象，经数年苦心钻研，对诸子百家甚为庞杂的学说渐渐有了比较清晰的认识，觉得其中对治理天下最为有用的是阴阳、儒、墨、名、法、道六家，而六家各有侧重，各有短长，对为政者会起到不同的启发作用，有利于最终达到善治的目标，正如《易经》所指："百虑而一致，殊途而同归。"

司马谈在《论六家要旨》中写道：

> 尝窃观阴阳之术，大祥（吉凶之兆）而众忌讳，使人拘（拘束）而多所畏；然其序四时（季）之大顺，不可失也。儒者博而寡要，劳而少功，是以其事难尽从；然其序君臣父子之礼，列夫妇长幼之别，不可易也。墨者俭而难遵，是以其事不可遍循；然其强本节用，不可废也。法家严而少恩；然其正君臣上下之分，不可改矣。名家使人俭而善失真；然其正名实，不可不察也。道家使人精神专一，动合无形，赡足万物，其为术也，因阴阳之大顺，采儒墨之善，撮（zuǒ，摘取）名法之要，与时迁移，应物变化，立俗施事，无所不宜，指约而易操，事少而功多。儒者则不然。以为人主天下之仪表也，主倡而臣和，主先而臣随。如此则主劳而臣逸。

司马谈显然完全肯定道家而没少批判儒家。

元光五年（前130年）九月，司马谈欲将写就的《论六家要旨》献奏武帝刘彻，但当时刘彻尤重儒学而大量起用儒生，司马谈内心忐忑，犹豫再三，还是先去向自己的老师、中大夫杨何请教。

杨何将司马谈的文章认真仔细地看了两遍，又思考再三，然后对司马谈说："谈啊，你为写此文大概花了很多时间和功夫，不易啊！"

司马谈说："启禀老师，弟子这三四年将大部分时间和精力都花在研究春秋以来蜂起的百家了。尚请老师不吝指教。"

"看得出，你钻研甚深，剖析颇精，然仅是个纲要，研究尚未结束吧？还应有许多具体、细致的阐释与分析吧？"杨何问。

"老师终究是天下有名的大儒，一眼即看出拙文的症结，弟子此文题为'要旨'，确是个纲要，尚须更多挖掘、铺陈。"司马谈答。

杨何再问："此'要旨'欲作何用呢？"

司马谈欲言又止。杨何见了，笑道："你我师生多年，有何不能说的？"

司马谈这才说道："弟子此文当然是对今后研究起个提纲挈领的作用。另外，弟子想，是否可以启奏皇上，分清各家短长，对皇上治理天下还是有所裨益的。但弟子又把握不准，故前来向老师讨教。"

"谈啊，你是个肯用功、求上进之人，作为你的老师，我早就有了解。如今你想报答皇上对你的关照，同时想引起皇上的重视，这无可厚非。"杨何语重心长地对自己器重的学生说道，"然而，你看得清朝中形势吗？你看得懂皇上真实想法吗？"

司马谈摇头，然后说道："请老师不吝指教。"

杨何继续说道："皇上为太子时即好儒、习儒，即位后立即诏举贤良方正直言极谏之士，亲自策问古今治理之道，对策者达百余人，博士董仲舒依据《春秋》，侃侃而谈，提出两大主张：一是《春秋》大一统者，乃天地之常经、古今之通义也；二是凡不在儒家六艺之科、孔子之术者，皆绝其道，勿使并进。均获皇上称善吸纳，并擢升董仲舒为江都国相。之后又任好儒的窦婴为丞相，田蚡为太尉，赵绾为御史大夫，王臧为郎中令，儒生严助、朱买臣、吾丘寿王、司马相如、东方朔、枚皋、终军等先后入朝。后虽遭喜好黄老之术的窦太后强力干预，致皇上以儒治朝一度受挫，但窦太后驾崩后，皇上立刻重新起用好儒官员，招纳儒生入朝，最典型的莫过于公孙弘了。公孙弘出身贫寒，曾牧豕（shǐ，猪）海边，四十多岁才学《春秋》，今年其以贤良文学身份被推荐入朝对策，皇上判定其对策列第一，立即拜为博士，一年中升至左内史，跻身二千石大员。你知道如今朝中对董仲舒、公孙弘是如何说的吗？"

"弟子尚不知。"司马谈答。

杨何说："如今朝中传言，称《春秋》双杰，闻名天下。以此可见皇上独尊儒术、尤崇《春秋》和重用儒生的真实用心。而你的文章并不切合时宜，还在坚持前朝尊崇的黄老之学，还在坚持前朝实行的'无为之治'。你大概受你的另一位老师黄子的影响太深了。你难道看不出，皇上正在改'无为'为'有为'，大展宏图，一改汉初以来对南边的两越和北边的匈奴采取的羁縻即笼络政策，派大军讨伐闽越，悬挂闽越王之首于北阙；又策划马邑之谋，终止与匈奴的和亲政策，正式同匈奴开战。在这种情况下，你的文章禀报上去，皇上会怎么看，会有什么样的结果？"

司马谈听了，内心大受震动，心想幸亏来向老师请教，否则冒冒失失地将文章禀报到皇帝那里，最起码是讨个无趣、落下不好印象，如果皇帝生气发怒，还可能会受到惩罚。

于是，司马谈向杨何揖拜，然后说："弟子拜谢老师指点迷津。无老师赐教，弟子可能闯祸矣！"

杨何安慰道："我只是认为不合时宜，还不至于会受惩，你可能想得严重了。我觉得你花精力研究诸子百家学说之异同、优劣还是有意义的，至少对东周这一段历史更加清晰了。"

司马谈悟性甚好，听老师说起，突然有了新的想法，说道："老师，我日日置身于石渠阁、天禄阁中，看到天下许许多多的典籍图书、律令文本汇聚在那里，那是多么宝贵的宝藏啊，我就是想利用、使用好这一大堆宝藏，做出一件非常有意义的事情。您刚才说研究东周历史，这就是一件有意义的事情，而不仅仅研究这个时期的诸子百家。"

杨何见司马谈不灰心，仍旧有着强烈的进取精神，很高兴，略一思索后说："研究历史要有成果，成果为何？你太史令不能仅仅满足于记载历史，而是应书写历史，像孔子修订《春秋》那样，继续《春秋》未尽之事，接续着做下去，一直写到今朝。此即大有意义之事。"

"接续《春秋》。承蒙老师教诲，真乃醍醐灌顶，弟子一下子豁然开朗矣！"司马谈大喜。

杨何亦为司马谈高兴，说道："如今董仲舒、公孙弘乃阐释《春秋》之双杰，加上你司马谈，将要接续《春秋》写出新史书，这事做好了，即可称得上《春秋》三杰了。谈啊，皇上知悉亦定会赞成的。你要努力啊！"

司马谈的《论六家要旨》虽然不宜禀奏皇帝，但经过杨何的点拨，司马谈拨乱反正，开始走上正确的轨道，初步将接续《春秋》作为自己努力的方向。

司马谈在前面研究百家的基础上，进而剖析百家的诸子，由学说而至每个人的事迹、背景、相关联的人和事，铺散开来，觉得甚为纷繁复杂，头绪越来越多，涉及的春秋及春秋后的图书典籍多得数也数不清。如何书写春秋后乃至于今朝的历史，用哪种方法、体例来写，司马谈有很长时间没有想清楚。司马谈不得要领，便想着先按春秋后、秦、汉的顺序搜集、整理资料，尽可能地将资料准备得充分些。他有时想，实在不行，就按《春秋》的编年体例来写，但又总觉得孔子可以那样写，自己不行，而为什么不行又没想清楚。

司马谈这边殚精竭虑，为继《春秋》而做着准备，很少能顾得上司马迁。好在司马迁跟着挚山读书，颇有长进，学习古文之后，又学了许多儒家经典，如《诗经》《易经》《尚书》《周礼》等。司马谈只是在休沐日返家时，才能检查司马迁的学业，对司马迁刻苦学习取得的成果颇为满意，自是极为感谢学兄挚山的无私传授。

秋后一休沐日，司马谈请老师杨何、学兄挚山两家人来家中做客，品尝羊肉饸饹面，食材都是堂弟司马靖派人从夏阳送来的，新鲜荞麦面压成的面条、老锅汤、新鲜羊肉加上各种作料，让诸位大快朵颐，直呼过瘾，酒自然亦喝了不少。杨何问起有哪些作料，司马谈细数有八角、茴香、胡椒、肉桂、葱花、枸杞等十余种。

杨何突然说道："我想起一种美食。"从随身带来的袋中取出两盒酱，说："我差点忘了，带来两盒蜀蒟（jǔ）酱，是送你俩一人一盒尝尝的。"

司马谈问："老师这酱从何而来？"

杨何答："此酱名蜀蒟酱，是蜀地一种植物如桑椹的果实做成的酱，乃吾同僚、中郎、蜀人司马相如所赠，为其家乡特产。"

司马谈早闻司马相如大名，心存钦佩，虽同朝为官，却从未谋面，于是说："老师，弟子久闻司马中郎乃皇上身边数一数二的大文章家，何时有幸，还请老师引见，当面向司马中郎请教。"

"谈啊，我就欣赏你这种见贤思齐、虚心好学的品德。"杨何笑道，"有机会我告诉司马相如，让你们见见，切磋一番。"

司马谈不及回话，在座的司马迁倒先说道："师爷，我也想向司马中郎请教。"

杨何更高兴了："真乃青出于蓝而胜于蓝也。我答应你，迁小子，加上前面答应设法让你向董仲舒、孔安国请教，共有三名大儒。真是个有出息的孩子！"

挚山插言道："老师，我听说正是这蜀蒟酱，提醒了皇上开通西南夷？"

杨何说："确有此事。当年皇上应南越之请，遣大行令王恢率军讨伐闽越，同时遣与南越相邻的番阳县（今江西鄱阳县）县令唐蒙赴南越通晓之。唐蒙在南越吃到通过西南夷而运到南越的蜀蒟酱，回去后即上报朝廷，建议从巴蜀打通经西南夷通往南越的通道，以加强对南越的控制。皇上赞成并擢升唐蒙为郎中将经略南夷。唐蒙以军法大征巴蜀士卒修筑道路，引起巴蜀人恐慌。皇上再以司马相如为中郎将，出使巴蜀责备唐蒙、安抚当地吏民。这小小的蜀蒟酱确实不简单，引得皇上向西南民族地区开疆拓土呢。"

"这司马中郎不仅是文章大家，亦能奉皇上旨令出使巴蜀，安定一方，真了不起!"司马谈赞道。

杨何说:"司马相如确实了不起,文章写得好,尤其作赋,如今天下无人能出其右,出使巴蜀也很成功。听说司马相如作为皇帝使节衣锦还乡时,蜀郡太守以下至郊外迎接,县令负弩前驱,蜀人皆以其为荣。"

司马谈说:"听说司马中郎在家乡蜀地落魄时,投靠临邛县令,在县里富户卓王孙宴席上抚琴一曲《凤求凰》,引得守寡回娘家的卓王孙女儿卓文君爱慕,竟偷偷夜出家门,与司马相如私奔了。"

"真是奇人奇事,了不起!"司马迁又忍不住赞叹。

司马谈斥道:"小孩子家懂什么?瞎评论。"

挚山笑道:"谈贤弟,你的迁儿已经不小了,十七岁了,已经长大成人。有些事他该懂了。"

司马谈听了,心中咯噔一下,自己的儿子已经长大,对儿女情长的事难免会有兴趣,似乎不该斥责之。

元朔元年(前128年),乃刘彻即位为皇帝以来极其重要的一年,此年刘彻二十九岁,夫人卫子夫为他生下第一个儿子刘据。刘彻甚悦,专门隆重举行立禖(méi)庆典,以最高祭礼太牢(供祭一牛、一猪、一羊)祭祀禖神(送子神),并使文人东方朔、枚皋作禖祝之辞。不久,策立卫子夫为皇后,大赦天下。

前一年,刘彻破格拔擢卫子夫之弟、曾为平阳侯府骑奴的卫青为车骑将军,与另三位将军李广、公孙敖、公孙贺各率万骑分四路出击匈奴,卫青率军长途奔袭,出其不意地直捣匈奴单于庭附近的龙城,斩获匈奴七百余人,取得首次大捷,而李广、公孙敖战败,公孙贺无所得。卫青获封关内侯。朝野皆称皇帝不拘一格选拔将才,知人善任。卫子夫被立为皇后之后,卫青再次率三万骑出雁门击匈奴,再获大捷,斩首虏数千人。大汉几十年来屡遭匈奴侵掳而被迫和亲的屈辱局面开始扭转,朝野愈加颂赞皇帝英明。刘彻因此更加注重选拔人才,主父偃、严安、徐乐等一批新人入朝,上书言事。刘彻又闻孔子十一世孙孔安国能以今文解读古文《尚书》,征其入朝为博士。大汉朝廷一时间人才济济，一片兴旺景象。刘彻甚悦，诏令改元，将本年改称为元朔元年。朔者，初始也，表明刘彻更加自信、成熟，祈望新的开始。

此时的刘彻，雄心勃勃，革旧布新，追求大汉强盛之伟业，千方百计地挖掘人才，不拘一格地重用人才，且尚有护才、容人之雅量。董仲舒任江都国相多年，以礼义治国行政，匡正诸多积弊，骄横跋扈的江都王刘非对他亦十分敬重。去年辽东高庙、长陵高园殿中遭火灾，董仲舒据《春秋》灾异之变，推说此乃天谴武帝刘彻。其准备上书劝谏的奏疏草稿被上门求见的主父偃偷去上交刘彻，刘彻起初大怒，诏令逮捕董仲舒，欲依律处死，后来仍然因爱惜董仲舒大才而又于今年下诏赦免。此时江都王刘非已逝，刘彻便征董仲舒入朝任中大夫。董仲舒遭此挫折，此后即不再推说灾异。

董仲舒入朝后于次年（元朔二年）徙居茂陵邑，司马谈请求老师杨何介绍，欲登门向久仰的董仲舒求教。董仲舒与杨何性格迥异，读书时可三年不观舍园，为师授徒时又常常隔着帷幔授课，学生久不能见其面。故杨何起初告诉他太史令司马谈欲登门求教，董仲舒连称不可。杨何说："司马谈乃在下之弟子，您董夫子董大人可不给我面子，但他正在做一件有意义的事，而此事正与您有关。"董仲舒问在做何事，杨何称："司马谈欲接续《春秋》，书写一部新的史书，您作为《春秋》公羊学大家，难道不应该见见?"董仲舒这才首肯。

之后的一休沐日，司马谈带着十九岁的司马迁专门到茂陵邑董府拜见董仲舒。董仲舒身材高大，堂堂仪表，说起话来声音洪亮，令久仰董仲舒的司马谈更加肃然起敬，甚至有点诚惶诚恐、手足无措的样子。

董仲舒见状，请司马谈在自己的下首坐下后，首先开口，和气地问道："这是你的儿子? 为何带他来?"

司马谈即让司马迁跪拜董仲舒，董仲舒连称不可，拉起司马迁让他立于司马谈一侧。司马谈答道："回禀董大人，犬子司马迁自小学习《春秋》，其师称天下治《春秋》之大家，唯董大人您居首。听说我要来拜见您，硬是缠着我带他来。而且，在下自不量力，正在做一件事，我觉得竭尽自己平生之力可能尚难以完成，需要犬子继续努力方能做完。故不揣冒昧地将犬子带来一同向您请教。"

"是吗？"董仲舒说，"我听你的老师杨何大夫说，你正准备继《春秋》而书新史，这的确是个大胆的想法，了不起的想法！"

听到董仲舒称赞，司马谈心中甚喜，也不再紧张了，说道："卑职担任太史令已近十年，日日目睹天禄、石渠二阁中堆积如山的图书典籍、律令文书，一直想着能利用这些宝藏做出点什么，经吾师杨何大夫点拨，我确定了接续《春秋》、著成《春秋》之后乃至于今朝的新史的打算。然而数年来不间断地整理、搜集、准备资料的同时，始终在思考以何种体裁来写新史，是借鉴《春秋》写法还是其他？总觉得如同孔子那样修订《春秋》似乎不适合我，但究竟以何种手法来著作新史却一直未曾想清楚。还请董大人赐教！"

董仲舒略一思索，直截了当地说："《春秋》按周朝东迁之后鲁国先后12位国君的顺序，逐年逐季记载了鲁国及同时期周朝、各国大事，其记事过简，只记结果，并无事情之原委、过程。孔子是在鲁国国史的基础上删订而成，微言大义，竟成经典。你要接续《春秋》，不能简单模仿。因为其一，你不是孔子，孔子乃儒学鼻祖、圣人，他的笔法令人膜拜，你不行；其二，孔子有大批弟子、再传弟子，可以为《春秋》作'传'以阐释之，你不会有；其三，《春秋》以现成的鲁史为基础，删订而成，如今欲书写《春秋》之后的历史，并无现成基础。"

听了董仲舒的话，司马谈觉得被泼了一大盆冷水，半晌未出声，愁容满面。

司马迁在一旁似乎听出了门道，插言道："小子我斗胆揣测一下董大人之言：非不赞成续《春秋》也，而是说要另辟蹊径，不可走《春秋》之旧途。"

"孺子可教！"董仲舒从座席上向着司马谈移动了一些，拍了一下司马谈的胳膊，高兴地说道，"你有如此聪颖的儿子，何愁续《春秋》不成？"

司马谈此刻也悟出了董仲舒的本意，拱手道："卑职敢请董大人进一步赐教！"

董仲舒说："古时史官有左、右之分，左史记言，右史记事。就史书而言，《尚书》《国语》记言，《春秋》《左传》记事。吾治《春秋》公羊学，主张国家、民族大一统，分而治之不如合而为一。治史亦然，记言、记事为何不能合并于一处、融为一体？"

"记言、记事合于一体？"司马谈不解。

司马迁又忍不住插言道："父亲，董大人所称记言、记事合于一体，即是合于'人'呗，记载人的事迹、活动，这其中既有言，亦有事。"

董仲舒一般不苟言笑，此时竟哈哈大笑，说："看来司马氏接续《春秋》可成，始于司马谈而成于司马迁也。我意尔等接续《春秋》不必走老路，可以以记人为中心，既记了言，又记了事。如此，则如同《春秋》与阐释《春秋》的《左传》《谷梁传》《公羊传》融为一体，毕其功于一役也。"

司马谈赶紧站起来，向董仲舒深深揖拜："董大人终究是名闻天下的大儒、大家，学问至为深厚，卑职苦思多年不得其解的问题，一下子即被破解了。就按董大人所示，以记载人物为中心，来书写新的史书。"

之后，司马谈因有公务在身，尤其是随侍皇帝外出巡幸、祭祀等，常常是司马迁在休沐日一人去向董仲舒请教，而董仲舒很喜欢司马迁，不厌其烦地向司马迁系统地传授了《春秋》公羊学。

《春秋》公羊学派创建于孔子著名弟子子夏的学生、齐人公羊高，之后于公羊家族中口传，至汉景帝时，公羊高玄孙公羊寿及其弟子胡毋生著于竹帛方使《公羊传》成书。胡毋生与董仲舒乃西汉最大的公羊学学者。董仲舒根据春秋公羊学，吸收诸子各家，结合汉代实际，创建了一个新的思想体系。他传授司马迁的，正是他的新思想的精髓：一是"《春秋》大一统者，天地之常经，古今之通义也"。大一统首先是思想的大一统，"诸不在六艺之科孔子之术者，皆绝其道，勿使并进"。思想要统一到儒学上，"罢黜百家，独尊儒术"。其次是统一法度，中央集权。二是"天人感应"。人君须以德行政，否则天会谴告。"国家将有失败之道，而天乃先出灾害以谴告之；不知自省，又出怪异以警惧之；尚不知变，而伤败乃至。"三是"尊王攘夷"。这在《公羊传》中有明确含义："尊勤君王，攘斥外夷。"即尊崇周天子的权力，维护周王朝的制度，抵御夷狄外族的侵扰。

由于司马迁多年来对董仲舒的崇敬和向往，更由于董仲舒作为儒学大家面对面的授学让司马迁获得前所未有的丰富知识，《春秋》公羊学从此影响了司马迁的一生，包括他的著述。

司马谈当然没有忘记司马迁还有一个向孔安国请教的愿望。他先是提醒杨何与孔安国通气，然后又去请求自己的上司、太常孔臧帮忙。孔臧乃孔安国堂兄，均为孔子十一世孙。孔臧还继嗣了父亲孔聚的列侯爵位。孔聚曾为刘邦部下，因功封蓼侯。孔安国入朝任博士后，便寄居在孔臧的蓼侯府中。司马谈一次找机会与孔臧说起，自己成天沉溺于太史令任上诸多事务和搜集、整理典籍文章，无暇教育自己唯一的儿子司马迁，听说大人有篇《诫子书》，冒昧请求抄录以示犬子。孔臧欣然同意。司马谈抄录后，觉得孔臧《诫子书》果然写得不同凡响：

> 人之进退，惟问其志。取必以渐，勤则多得。山溜（滴水）至柔，石为之穿。蝎虫至弱，木为之弊（害）。夫溜非石之凿，蝎非木之钻，然而能为微脆之形，陷坚钢之体，岂非积渐夫溜之致乎？训曰："徒学知之未可多，履而行之乃足佳。"故学者所以饰（修为）百行（品行）也。

司马迁读之，亦深深为之触动，颇受益。

其后，司马谈告诉孔臧，称自己的儿子读了孔大人的《诫子书》，大为受益，再请孔臧允许司马迁进蓼侯府拜会孔安国，孔臧自然允诺。

鲁恭王刘余好治宫室，毁坏鲁王宫旁边的孔子旧宅以扩建王宫，于其壁中得《古文尚书》等经传，时人皆不识古文，唯孔安国以今文即隶书读之。司马迁至侯府中请教孔安国，孔安国教授其《古文尚书》中的《尧典》《禹贡》《洪范》《微子》《金縢（téng）》诸篇，司马迁在原先学习《今文尚书》的基础上，更进一步，获益良多。

第二章 · 壮游南北

1. 蓼侯府中话远游

司马谈随侍武帝刘彻离京外出巡幸、祭祀回到长安，休沐日未返茂陵邑，而是领着司马迁，至蓼侯府当面拜谢孔安国。

侯府门卫识得司马迁，直接将父子二人引至前厅。恰逢博士贾嘉应邀来府上做客，孔臧正与贾嘉、孔安国还有孔延年在厅里说话。司马谈进厅后拉着司马迁一同先向孔臧揖拜行礼，又分别向孔安国、孔延年、贾嘉行礼。孔臧将各位一一作了介绍，原来孔延年、贾嘉亦是因治《尚书》而与孔安国一起被征召入朝为博士的。孔延年还是孔臧、孔安国的侄子，也暂住在蓼侯府中。而贾嘉则是汉文帝时名臣贾谊的孙子。司马谈虽然与孔安国、孔延年、贾嘉同在太常孔臧属下任事，但并未见过面，听了介绍，才知道面前的三位均为了不起的世家名门之后和学问大家，免不了肃然起敬，又拉着司马迁向三位作揖，连称："幸甚！幸甚！"

孔臧让司马谈坐下，司马迁则立于其父一侧。孔臧说："我等正在谈到祖上旧宅被鲁恭王刘余毁坏一事，碰巧你们父子进来了。"

司马谈听了，即刻又站起来，拱手道："抱歉！抱歉！我们父子是专门进府拜谢孔安国博士的，感谢他对犬子的多日教诲，不想打搅了。你们继续说，我们父子有幸碰上诸位大师的讨论，这是多好的学习机会啊！"

"好，你坐下吧。"孔臧待司马谈坐下后，朝孔安国说道，"刚刚安国贤弟说起鲁恭王竟然毁坏了咱们旧宅，真乃斯文扫地。"

孔安国说："鲁恭王为扩建鲁王宫，就将我们的旧宅拆了，好在拆墙后听到了钟磬（qìng）琴瑟之声，遂不敢复坏，停手了。然而墙壁中竟发现了古文经传，大约是秦始皇焚书时藏进去的。这鲁恭王又算是做了一件好事。"

"倒是不幸中有一幸。"孔臧说。

孔延年接着说："这鲁恭王刘余与江都王刘非、胶西王刘端，都是当今皇上的兄长，均骄横顽劣，令皇上忧心。"

"不过听说皇上派董仲舒去做江都国相后，江都王刘非大有改观。然如今董仲舒回到朝中后，刘非去世了，他那继任江都王的儿子刘建，比其父坏上百倍。"贾嘉愤愤然。

孔臧忧心忡忡地说："皇上这些兄弟、这些诸侯王省心的不多，先帝时虽然平定了七国之乱，诸侯国有些收敛，但问题并未彻底解决。好在如今皇上雄才大略，广罗人才，对外攻伐匈奴已大见成效，对内也一定会妥为处理诸侯国问题。"

贾嘉笑道："说到皇上广聚天下英才，你们孔圣人之后竟有叔侄三人同时在朝，且均在太常任事，传为一时佳话，即是明证。当然，孔氏经传传家，世世才俊满门，叔侄同朝亦正常。"

孔安国说："尔贾氏也不同寻常，尔祖父贾谊年二十余即入朝为大夫，尔贾嘉同样二十余岁入朝为博士。"

"可惜吾祖父贾谊入朝后虽为文帝赏识，却为诸老臣所不容，竟被谪去长沙国（今湖南长沙）任太傅。"贾嘉看起来仅比司马迁年长两三岁，说话不紧不慢的。

"说起长沙国太傅，我的叔祖父孔襄于惠帝时亦任过，当然那是在贾嘉祖父之前。我儿时听叔祖说，那里山清水秀，上古时候舜帝曾过去巡狩，最后竟驾崩于斯而葬于九嶷山，其二妃娥皇、女英亦葬于湘山。"孔臧似乎在安慰贾嘉。

孔安国突然想起在教授司马迁《古文尚书》时，曾听司马迁说过欲周游天下，于是对司马迁说："迁啊，听你说过喜好游览，曾遍游故乡夏阳，还想着周游天下，刚才吾兄所言，长沙国地域即沅湘九嶷一带还是应该去，舜帝都去过。另外，禹帝晚年巡狩会稽（今浙江绍兴）而崩，葬于禹穴，会稽那里也是应该去的。再者，秦始皇曾追随舜、禹足迹而巡幸沅湘与会稽，更加证明此两地是非常值得游览的。"

司马迁听了，频频点头，并向孔安国揖拜，说道："弟子深谢老师指教！不期老师尚记住弟子的粗陋想法。"

孔臧说："司马谈曾与我说起，他受杨何、董仲舒两位上大夫的启发，立志续写《春秋》，书写一部《春秋》之后直至今朝的大史书。我很赞成，前段时间有次皇上召见我，我曾向皇上禀报过，皇上听言董仲舒赞成、支持，也说了'甚好'两字。司马谈，你要做的是一件了不起的大事啊，立志要做，就必须做到、做好。除了利用、整理宫中所藏的典籍文章、律令文书之外，还要广泛观览、搜集各地的山川形势、风土人情、名胜古迹、旧闻逸事等。你职责在身，脱不开身，可以让你的儿子司马迁去周游天下，亲身体验，广为搜罗。刚才安国贤弟的意见甚好，沅湘和会稽是一定要去的。其他地方都要有目的地去，行前要考虑周全，有个清晰的游览路线。我听你说过，要做好书写大史书这事，仅靠你一人可能难以完成，须父子俩一齐勠力同心方成。"

司马谈一听，喜出望外，拉着司马迁赶紧向孔臧揖拜，说道："孔大人真是说到我们父子的心坎里了。"

孔臧又说："司马迁远游，可以沿驰道而行，沿途有驿站、有乘传，陆路乘马车，水路乘舟船。我可以发予太常之符信，驿站自然会接待。当然你自己也要带上充足的衣物与盘缠。"

司马谈父子又是连连称谢。

孔臧还留下司马谈父子参加招待贾嘉的宴席。临别时，贾嘉对司马迁说："你我年龄相仿，今后可多联系。"司马迁当然满口应承并连连称谢。

回到司马谈在京城的官舍，父子二人仍然兴奋不已，觉得今日进蓼侯府的收获太大了，完全出乎意料。司马谈趁热打铁，立即与司马迁商议起出游的路线。司马谈说："孔臧大人与尔师安国博士所言的沅湘和会稽是出游的首选，另外，本朝高祖起事于丰沛，那帮随他起事的功臣将相也大都是丰沛人，丰沛当然得去。还有齐鲁，那是天下学问的集聚地、中心，我曾在那里求学十几年，你是必须去的。"

司马迁听了，连连称是。

司马谈稍稍思考了一会儿，又说："从顺路以节省时间和费用看，最便捷的即是出京师向南，经武关至江陵渡过江水（今长江）到沅湘、九嶷，然后再顺江而下至会稽，之后再北上至齐鲁至丰沛，最后从丰沛向西返回长安。这是个大概的路线，沿途你可以根据实际情况确定一些游览对象。"

司马迁说："父亲大人考虑得甚为周全，儿子遵循照办就是。"

司马谈嘱咐司马迁回到茂陵邑以后即抓紧准备，争取早日出发。

没想到，有几件事竟羁绊住了司马迁。

司马迁迁居茂陵邑后，几乎每个月都要回夏阳高门村看望祖父母，陪祖父司马喜到塬上走走看看，继续贪婪地欣赏从小置身于斯的美丽山河，继续深深地呼吸无比熟悉的陇上泥土与庄稼散发出的原汁原味的芬芳气味，也继续享受着跟随在祖父身后的亲近感觉，看着祖父四处对田客们指手画脚而仍然生出的自豪感。当然，还有与儿时伙伴大牛的亲切会面，掏心掏肺地东扯西拉。这些，几乎是司马迁每个月最快乐、最期盼的事。

此次司马迁奉父命将要远游，时间可能一两年甚至两三年，行前自然要回高门村看望祖父母。回去后司马迁发现，均已年过六旬的祖父母，似乎突然间衰弱了许多。上个月司马迁回村的时候，司马喜仍然能够带着司马迁往陇上走走，虽步履有些蹒跚。而这次，司马喜仅能在村中转转，他说如今出村难了，更怕出了村而回不了村。司马迁见了听了，心中不免一阵酸楚和担心。他想回茂陵邑后请示父亲，是否可以推迟出游，让他照顾祖父母一段时间，待他们身体硬朗一些再出门。但他怕父亲不会答应，祖父也不会答应，于是和主持家中事务的堂叔司马靖商量，先请大牛过来专门照顾祖父母。司马靖很赞成。大牛当然是听司马迁的。

司马迁告别祖父母返回茂陵邑，尚未进邑城，即望见有众多华贵马车排在城门之外，似乎在等待了不起的贵客。一打听，方知是大侠郭解奉朝廷之命今日迁徙至茂陵邑，邑中贤达豪侠之士莫不出城等候。有晓事的还告诉司马迁，听说郭解从家乡河内郡轵县（今河南济源市东南）迁出之前，当地人送郭解的礼钱竟达一千余万。司马迁听了啧啧称奇，心想有人的地方就有江湖，有江湖的地方就有人情世故，有人情世故就会出豪侠之士，郭解即为其中的佼佼者。大约过了一个时辰，载着郭解全家的数辆马车到了，郭解下车，与前来迎接的人们一一揖拜致意，然后在众人簇拥下进了城。司马迁还是小时候在家乡夏阳祭扫三义墓时见过郭解，十多年后再次见到郭解，仍然是短小精干的样貌，且比以前显得更加谦逊有礼，颇有谦谦君子之风。司马迁想，人不可貌相，海水不可斗量，天下人争相倾慕如此样貌不及一般人的一名大侠，可见郭解的名声真的很大很大。

然而刚过了两天，学兄挚峻告诉司马迁，说郭解逃亡了，不知所踪。司马迁问为何，挚峻称，听人说，郭解的侄子在轵县杀了一名杨姓仇家，杨家告到官府，直至惊动朝廷、皇帝，皇帝下旨缉捕郭解，而郭解事前得到消息，带着家人逃跑了。司马迁一听，心中又不免为郭解担心起来。

司马迁与挚峻一起在挚峻之父挚山的学馆中读书，两人在一块儿学习已有十年，加之父辈的交情，两家交往甚密，司马迁与挚峻亦是无话不谈的好朋友。

此时司马迁满面愁容，对挚峻说："又多了一份担心，真不知如何是好。"

挚峻大惑不解："何称又多了一份担心，难道前面已经有了一份担心？你都在担心什么？说出来听听。"

"两天前我回到故里夏阳，发现祖父母突然衰弱得不行，有点日薄西山、气息奄奄的样子，你说能不让人担心吗？"司马迁说。

挚峻则安慰道："人上了年纪，难免生病、体衰，多回去看看便是，过多担心也无甚用处。"

"问题是父亲大人命我抓紧出游，我怕回来就见不着二老了。"司马迁显得有些无奈。

"出去几天不就回来了吗？"挚峻仍是不解。

司马迁就将要远游天下的打算告诉了挚峻，说这不是几天也不是几个月的事，得要几年。

挚峻听了，好一阵子没有出声，心里在盘算着自个儿的打算。司马迁见挚峻不说话，催问道："在想什么呢？为何又不说话了？"

挚峻从自己的思绪中跳回来，问司马迁："你刚才似乎说还有一份担心，担心什么？"

"担心郭解被抓住啊。"司马迁淡淡地说。

挚峻大笑，笑得前俯后仰的，说："你竟然担心郭解！你认识他，与他是好朋友抑或亲戚？"

"认识谈不上，见过两次，更不是什么好朋友，也不是亲戚。"司马迁解释道，"但听说过他的一些为人事迹，觉得郭解乃天下最出类拔萃的大侠，有那么多的人想见他、认识他、巴结他，说明他仗义行侠，做了不少好事。"

挚峻说："可听说郭解在行侠过程中也杀过不少人啊，可能有些人该杀，但也有人不该杀。你司马迁真是多操心、瞎操心！"

"你不懂！为别人操心，帮别人解难，是义的表现。咱夏阳有个三义墓，三位大义士的故事你听说过吗？"司马迁辩解道。

"我当然知道赵氏孤儿的故事，就是程婴、公孙忤臼、赵武三人嘛。"挚峻脸上露出不屑的神情。

司马迁说："我就是要学咱们老乡程婴大义士，救人于危难。"

挚峻不想再与司马迁争辩郭解的事，于是换了一个话题，对司马迁说："你不要想着为郭解担心，你面前的好朋友我，现在就遇到了一个大难题，你帮帮我吧，我的救人危难的大义士！"

司马迁赶紧问："什么难题？我一定帮你。"

于是挚峻告诉司马迁，他那居住于华阴县的舅舅家，前年为唯一的儿子娶亲，不料大婚当日，新娘尚未启程，新郎突患急病身亡，但新娘已算是夫家人，只能住进夫家。舅舅老两口甚为仁慈，将这媳妇当作亲生女儿呵护，想着不能耽误她一辈子，于是今年将这媳妇以女儿的身份送来挚峻家做客，希望挚峻能娶这位表妹。哪知这位名叫柳倩娘的表妹虽然生得端庄秀丽，也贤惠懂事，甚得挚峻父母欢心，但挚峻就是看不上，嫌她是已嫁过人的人，又是克夫的命。挚峻父母坚持将柳倩娘留在家中，等待挚峻回心转意，而挚峻却处处躲着她。挚峻刚才听说司马迁要外出远游两三年，心中就想着让司马迁带上自己，过个两三年再回来，估计柳倩娘也就回到舅舅家去了。于是挚峻对司马迁说："你远游带着我吧，我与你同行，否则你孤身一人多寂寞，你父母也不放心啊。"

司马迁在挚峻家见过柳倩娘，印象甚好，实在不能理解挚峻为何不愿娶她，此时听挚峻说要与自己一同出游，于是说道："你那表妹是多好的一个人，为何你就死脑筋要拒绝她？现在你要和我一同出游，躲她两三年，你真狠心！"

"你同情她就娶了她呗，既帮了她也帮了我，你不是想当大义士吗？"挚峻笑道。

司马迁心底的那根弦被挚峻猛地弹拨了一下，但他嘴上却故作嗔怪地说："你胡言乱语个甚！这种玩笑也能开？"

挚峻一本正经地说："不开玩笑。你一定要答应带我一起走，你去求你父亲同意，我自己去跟我父亲说，和你一起出去他会赞成的。"

司马迁只好点头："诺。"

休沐日司马谈回到茂陵邑家中，司马迁告诉他祖父母近况不好，司马谈听了当然也是揪心，但司马迁提出是否推迟一些时间再远游，先去照顾祖父母，司马谈立刻脸色大变，严词斥道："你为何有如此糊涂想法？太常孔大人是那样的支持，你怎么能轻易辜负？孔大人不仅是位居九卿之首的太常、中二千石的朝廷大员，还是继嗣蓼侯的重臣，更是孔圣人之后，你若延宕不行，我如何向孔大人解释？他已将太常的符信交我带回来了，你还能犹豫？我指望你助我完成接续《春秋》的大事，不想你竟如此不成器！"

司马迁见父亲发怒，真的有些怕了，赶快说道："父亲大人息怒，儿子知道错了！我抓紧准备，尽快启程便是。"

司马谈口气这才缓和下来："不过你是担心二老，也算情有可原。"

司马迁告诉父亲，他让大牛去服侍祖父母，司马谈高兴地称赞他做得好，并说自己会尽量抽空多回夏阳看望二老，让司马迁在外不必太牵挂、担心。

司马迁见父亲态度好了，忍不住又说："父亲，大侠郭解前几天从轵县迁来茂陵邑，没过两日，朝廷要来捕他，他事前得知消息逃亡了。儿子真的很为他担心。"

司马迁以为父亲又要发怒，没料到司马谈听后竟沉默了好长时间，才对司马迁说："迁啊，这不是你担心的事，你能帮郭解避免受惩？你还是个孩子，太幼稚、太天真了！朝中复杂得很啊。"

司马迁说："父亲大人，您是否告诉儿子，究竟发生了什么，让儿子长长见识，将来亦可吸取教训。"

"好，我告诉你。"司马谈说，"今年初，中大夫主父偃向皇上建言，称茂陵初立，可迁徙天下豪强兼并之家移居茂陵，以内实京师、外销奸猾。皇上从之，下诏郡国豪杰及资产三百万以上人家迁徙茂陵邑。郭解被县里列入被徙名单，于是郭解找到大将军卫青属下部将张岸公，要张岸公求卫青为他说情。因为张岸公少时混迹江湖，与郭解有些交情。郡县因为卫青打招呼，不敢确定是否迁徙郭解，只是将情况报太常决定，太常孔臧与左内史公孙弘熟悉，公孙弘知悉后找机会在皇上面前故意将此事抖搂出来，皇上不悦，随后对卫青说，将军只需一心击胡，不必为江湖上的事操心。卫青当然不敢管了。皇上亲自下旨迁徙郭解。后来闻讯郭解侄子杀了县里最早提出将郭解放进迁徙名单的县掾杨某，杨家人告到官府，皇上又下旨缉捕郭解。你说这情况竟如此严重、复杂，大将军都帮不了，你一个毛头小子还说要帮郭解，这不是大白天说梦话吗？"

司马迁吃了一惊，但不明就里，于是问父亲："公孙弘为何要那样做？"

司马谈说："公孙弘容貌甚伟，谈笑多闻，又擅文章律令，甚得皇上欢心，但他外宽内深，深藏忌妒之心，忌妒大将军卫青位在其上，故借机敲山震虎，不使卫青过问朝政。"

"太可怕了！"司马迁感叹道。

司马谈警告道："你小子记住了，凡事要动脑子。将来入朝为仕后，不要莽撞地逞能，还自以为是仗义执言，那会遭殃甚至丢掉性命的。切记切记！"

司马迁自是诺诺连声。实际上，因无切肤之痛，司马迁并未记住父亲的话，以致后来栽了大跟头。

司马迁又告诉父亲，挚峻想与自己一起远游。司马谈说，如果他父亲挚山同意，是无法推托的，因为有挚山对你十年教授的大恩在。不过有挚峻与你一起，我也放心些。司马迁心里有些对柳倩娘的朦胧想法、小九九，当然就没有说出挚峻是为躲避柳倩娘而远游的。

不知挚峻与他父亲说了什么，挚山竟同意儿子与司马迁一同远游。

2. 浮沅湘而窥九嶷

经过一段时间的准备，元朔三年（前126年）初春，二十岁的司马迁和二十二岁的挚峻开始周游天下。离开家时，两家的父母自是送至里门之外，一再叮嘱要注意安全，相互照顾扶持。司马谈则再三要求司马迁，称此次远游，并非单纯的游山玩水，乃是为续《春秋》做准备，务必大有收获。司马迁连连称是，说请父亲放心。

挚峻出家门时，柳倩娘亦送至家门外，眼巴巴地望着挚峻，期待着挚峻能与自己说上三言两语，然挚峻一言不发，甚至都不曾看她。一旁等候的司马迁看着柳倩娘，为她不平。柳倩娘见司马迁在温情地注视自己，脸上竟飞现红晕，一转身回屋里去了。

司马家的马车将二人送至长安，到京兆驿站出示了太常的符信，领了两匹驿马，各骑一马，出长安城南面的安门，沿驰道一直向南。关中乃四塞之地，东南西北皆为绵延险峻的山脉，横亘于关中南面的是秦岭山脉，其中段即为终南山。穿越终南山向南的驰道有两条，一条为子午道，通向巴蜀；一条为武关道，出武关（今陕西丹凤县东南）而至荆楚（今湖北）。二人自然走武关道。武关道秦时已筑成，秦始皇当年巡狩衡湘（今湖南）自南郡（今湖北江陵）回归关中，即走此道。

司马迁牢记父亲的嘱咐，定要将沿途的所见、所闻、所思记载下来，作为今后书写大史书的参考资料。于是他准备了许多竹、木简片，均为书函规格，一尺长短，没有用韦编连接成册，而是编上次序号，捆扎好，分别装进两只用牛皮做成的防水皮囊，步行时将两只皮囊一前一后搭背在肩上，骑马时则置放于马鞍两侧。挚峻见司马迁带着两大袋简片十分沉重，要分担一袋，司马迁坚持不予，声称"我比你身强力壮，且奉父命搜集资料乃我使命，岂能让你受累？你能陪我就已经感激不尽了"。挚峻只好将司马迁的行李分担过去。

俩人骑马沿驰道走进终南山，立刻被山中景色所吸引。终南山山势雄伟，北仰南俯，山大沟深，水流丰沛。山中自下而上皆树木繁茂，最下面的是栎树、桦树等落叶林，再上乃松树、杉树等针叶林，山头上则为灌木丛、草甸。初春时节，满山的大片大片的红杜鹃如同燃烧的火焰，蓬勃于眼前。挚峻情不自禁地对司马迁说："迁老弟，我从内心感激你，要不是你带着我进终南山，这辈子真亏死了！"

司马迁也为终南山武关道沿途的景色所陶醉，心想不进终南山，岂知大山究竟有多大，山中景色有多美？

沿途经过一些幽谷，远远望去有隐士居住，挚峻羡慕不已，说道："迁老弟，我真想与他们为伍。不如你一个人走吧，我迫不及待地要留下来了。"

司马迁正色道："挚兄真是从未见过世面的人，天下好去处多得是，我俩还会遇见许多好地方，你住得过来？君子须信守承诺，决不可刚上道即变卦。"

"我是说笑，如何能让你一人远游？"挚峻笑道。其实挚峻早就有了远离尘世、隐居深山的想法，只是尚未最后下定决心，且怕父母伤心而已。进了终南山，他那隐居的想法又被勾出来了。

歇息于山中驿站，司马迁在简片上记下了远游的第一小段文字：历终南而知天下之大、之奇、之美。关中险阻，终南为甚。关中屏障，终南至坚。

在驿站中，挚峻则兴趣盎然地向驿吏、驿卒们请教，问终南山中最有名的隐士为谁？有一驿吏称自己对此也感兴趣，且有些研究，告诉挚峻，山中最为著名的隐士，居首位的是道祖老子，其次则为文始真人尹喜。尹喜原任函谷关关令，后于终南山中结草为楼以观星望气，忽见紫气东来、吉星西行，预感必有圣人至，故每日守候关前，终于迎到老子骑青牛而至，即拜老子为师，辞官与老子同入终南山隐居。挚峻听了，钦佩得五体投地。

不日到达武关，在驿站歇下后司马迁即与挚峻观瞻关前之处处险阻，雄关巍峨，真乃三秦锁钥、秦楚咽喉。夜晚寻有司、士卒絮叨，获知武关当然是南下荆湘乃至吴越的必经之道，同时亦可成为关中出击东方的迂回之途，出武关而绕行可至洛阳。司马迁思之有理，自是记下：镇守武关者，武关尉也，卒千余。由关中进击东方，若东面之函谷关（今河南灵宝市东北）受阻，可向南面之武关迂回而至洛阳。司马迁记下后颇有感慨，心想不实地考察，何知山川形胜之便？

司马迁、挚峻于武关歇息、考察一日后，便出关继续南下，经南阳郡（今河南南阳市）而抵达南郡。南郡郡治江陵县（今湖北江陵县）即当年楚国的郢都，司马迁一进城便陡生悲伤，一言不发。挚峻见了甚为不解，问道："迁老弟，又是谁得罪于你，抑或替某人担忧？"

司马迁沉默无语。

挚峻催问："我有不妥之为，让你不高兴了？"

司马迁这才不得不说:"谁说你不妥了? 你不知这儿是过去的楚国郢都?"

"当然知道,是郢都又如何?"挚峻笑道,"郢都早已湮没,你是替古楚人担忧?"

"吾乃为屈原悲伤也。"司马迁说,"屈原当年忠诚方正,才学过人,竟遭人忌妒陷害,曾被两任楚王流放,最终自沉水中。一想到这里,我是满心的悲愤!"

挚峻一脸的不屑,说道:"真是少见多怪! 自古士无贤不肖,入朝见嫉;女无美恶,入宫见妒。古往今来,历朝历代有多少冤死之人,数也数不清,又不止屈原一人。"

"难道你忘了老师即令尊大人教过的屈原《离骚》《天问》《招魂》《哀郢》《怀沙》? 你不知道屈原乃天地间至伟之诗圣? 太可惜了! 太可惜了! 想想都要哭。"司马迁十分感慨地说。

从江陵渡过江水(今长江)后,本有驿车接上驿站的舟船,可司马迁乘了一段驿车后,却坚持要下车,离开驰道往洞庭湖边小路行走,以体验当年屈原被流放后行吟于湖畔的感受。挚峻坚决反对,驿车车夫亦称,这位年轻士人真如当年屈原一样癫狂。然司马迁不为所动,坚持要沿湖步行。挚峻拗不过,只好陪着。车夫则驾着驿车离开了,吩咐到下一驿站歇息。

司马迁背着沉重的两皮囊简片,挚峻则背着两人的行李,抄小路靠近洞庭湖,然后沿湖步行。见挚峻一直低着头,老大地不高兴,司马迁和颜悦色地说:"挚兄,非我有意为难你,让你受苦,而是因为我实在不能抑制自己至为浓烈的对屈原的深情。临行前几日,我去拜访了博士贾嘉,他是文帝时期贾谊大夫的嫡孙,他给我讲了贾谊对屈原的无比崇敬之情,还让我看了贾谊所写的《吊屈原赋》,使我心中波涛直如这八百里洞庭湖水。"司马迁说着,还用手朝湖中一指。

挚峻抬起头,顺着司马迁手指方向朝湖中一看,但见浩渺无垠的湖水波澜壮阔,在大风的推动下翻滚不息,惊涛拍岸,发出很响的哗哗之声。挚峻不禁哑然一笑，说道："你又替古人担忧，替屈原叫屈了。"

"挚兄所言甚是。"司马迁见挚峻不再计较，放心了，顺着挚峻的话说，"写史不就是替古人忧、替今人忧？忧古人即是评判古人，如《春秋》那样褒善惩恶；忧今人即是唯恐今人不能吸取古人的教训，又犯同样的错误甚至罪恶。"

挚峻不以为然："我观屈原，伟大固然伟大，但却并不聪明，他所侍奉的楚怀王及楚顷襄王均为昏聩君王，何不离楚而去，至别国可能会有更好前程，或者干脆退隐山林，图个清静快活，何必认死理，死守着两代昏君？"

"我不赞成挚兄所言。屈原固守的不是昏庸君王，而是坚守他的祖国，坚守他的理想。这正是屈原伟大之所在。"司马迁立即反驳。

挚峻听了只是摇头。而司马迁则不理睬挚峻，迎着大风，一个人走在前头，想象着、模仿着当年屈原行走于湖畔的样子，一定是脸色憔悴，形容枯槁，披头散发，边走边吟、边啸、边号，将满心的悲愤告诉翻滚的湖水、遥远的苍穹。挚峻见了，自言自语道："真如方才车夫所言，像屈原一般癫狂了！"

就这样走了十里地，大风转成狂风，并且带来了暴雨，将俩人浇得透透的。幸亏遇见一好心的渔父，招呼俩人上船避雨，而且待狂风暴雨停息后用船将他们送到下一驿站。但挚峻因受凉发烧生病了，硬是在驿站歇息了五日。一开始望着瘦弱的挚峻高烧不退，司马迁真的好害怕，心想万一挚峻因自己而遭遇不幸，回去后如何向老师交代？幸亏驿站请来了附近的一名老医匠，让挚峻躲过一劫。司马迁觉得非常对不起挚峻，发誓再也不癫狂了。

司马迁没有在简片上记下什么，因为他觉得无须记，在洞庭湖畔体验了一把屈原，这记忆已经深深刻在心里，甚至连带对贾谊当年被贬谪长沙国的心情都一并有所理解。何谓忧愁？何谓悲愤？何谓潦倒？洞庭湖中的狂浪怒涛，暴雨倾盆的无情冲刷，一辈子都记在心里，想忘也忘不了。

司马迁与挚峻过了洞庭湖，走上沅水（今沅江）岸边驰道，继续向南行进一个多时辰，正遇盛夏之际的沅水暴涨。沅水乃洞庭湖仅次于湘水（今湘江）的第二大支流，从南面的高原发源，向北流经丘陵，再经平原，最后入洞庭湖。这是条典型的雨洪河流，此时许多地段的驰道被洪水淹没，骑马无法通行。司马迁不想在驿站等待洪水退了再走，便与挚峻商议后请驿站租了一条小船，乘船南下。

司马迁在船上一开始十分高兴地欣赏沅水两岸的景色，与挚峻有说有笑的，可不一会儿又是满脸的愁云。他对挚峻说："屈原《离骚》中有'济沅湘以南征'的诗句，征者，远游也。可见屈原当年亦到过这里。景随心迁，当年屈原或浮于沅水之上，或行吟于沅水之畔，看到的不是美景，不是青山绿水，而是疮痍，是穷山恶水。"

挚峻说："我赞成你的看法。你看，咱船上的船夫为使舟船逆流而行，正奋力划桨，哪有闲工夫看风景？"

司马迁说："挚兄的话提醒了我，我俩不如帮着船夫划船，换换他们，如此则快一些。"

挚峻赞成。俩人说服船夫教会他俩划桨，而且说钱是不会少的。俩船夫很高兴。这样，司马迁与挚峻间或替换一下船夫，船的行进速度果然快了不少。

到了丘陵地带，水浅了，不能行舟，而驰道不再被水淹没。两人下了船，步行一段，找到驿站，继续骑马前行。走着走着，就到了位于长沙国营道县（今湖南宁远县）的九嶷山。

于山下驿站歇息的翌日一早，司马迁与挚峻便将俩皮囊简片和行李存放于驿站，轻装进山。进山要翻越的第一个山梁很高，司马迁看见一位年长的武陵蛮（瑶族）长老，求问山梁下的山坳名称，长老说叫凉伞坳。司马迁再问为何叫凉伞坳，长老答：上去便知。俩人接近山梁时，恰逢大雨，立即跑到山梁上的一棵大树下避雨。挚峻笑道："果然有个大凉伞！"

树下避雨者有二三十人，司马迁向一位中年男子打听："这树好大好大，看得出亦十分古老，可能有上千年了，您知道是谁种下的吗？"

那男子一脸的骄傲："你这位后生算是问对了人。听我爷爷讲，传说是上古的舜帝巡狩进九嶷山，正值酷暑，看到这山脊上光秃秃的，全无遮挡，心想众多过路人无处遮阴和避雨，便到坡下寻到一棵小树苗，移植至此，且怕火辣辣的太阳晒死了小树苗，将随身携带的半葫芦水浇在树根上，才放心地离开。后来小树苗长成了参天大树，造福于路人。"

旁边的人接上话茬纷纷议论，或称舜帝南巡来九嶷山，哪里仅做了如此一事，还大力倡导明德教化，传授中原的农耕及制茶技艺，考察地方官是否尽到职责，或云只可惜舜帝以百岁之身吃尽千辛万苦来到这里，竟驾崩于此。立即有人接上说，至伟舜帝安葬于咱家乡，是咱家乡天大的幸事，九嶷有幸留伟人，九嶷即成了天下第一福地。

雨停后，两人继续前行。路上司马迁对挚峻说："公道不一定存在于高高庙堂之上，却一定存在于遥远的江湖和蛮荒之地，存在于芸芸众生的人心之中。人生八十岁为耄，九十岁为耋，百岁为期颐。舜帝以期颐之年，竟然巡狩至如此遥远的蛮荒之地，还做了那么多的事，其勤政爱民行为当然大得人心、永垂不朽。方才大凉伞下众位老乡的议论即是明证。不来九嶷山，何能听到边远地区少数民族对舜帝的崇高评价。我一定要记下来。"

"迁老弟所言甚是。"挚峻也说，"我读上古之书，知舜帝于朝中有以大禹为首的十位大臣辅佐，天下十二州每州还设了州牧，如此共有二十二位大臣，然舜帝仍然坚持巡狩各地，不使自己远离实际和子民。舜帝确实了不起！"

"巡者，察也；狩者，守也。巡狩正是考察各州州牧及其他地方官履行职守的情况。有舜帝这样勤勉明察的君主，大小官员何敢偷奸耍滑？想想君临天下也是不易，百岁老人竟崩于巡狩途中。"司马迁感慨道。

走过了许多坳子、峪谷、山梁，这才发现，这里有九座山峰耸立，座座巍峨壮丽，且相似相近，使游人疑惑，故原称苍梧山就又称九嶷山。人们将中间的那座山称为舜源峰，靠近舜源峰的俩山以舜帝的二妃取名，叫娥皇峰、女英峰。九嶷山就是舜帝矗立于天地间的巨大丰碑。舜帝确实值得如此丰碑！司马迁心里想。

俩人自然去瞻仰、拜谒了舜帝墓。在山中待了几日，方出山回到驿站。司马迁当然将诸多感受记到简片上。记载中先是写"观九嶷"，后又改为"窥九嶷"，意即以渺小之身瞻仰伟岸宏大之舜帝，如同从缝隙中窥视，难免以偏概全。

离开九嶷山区，司马迁坐上驿站的舟船返回，浮湘水朝北顺流而下。

接近洞庭湖时，司马迁自然想起屈原在秦将白起攻破郢都后绝望自沉，寻得汨水（今汨罗江）屈原沉水之处，司马迁下船后匍匐于水边，涕泗横流，久久不起。后又跪于地上，举起双臂，昂首高声背诵贾谊《吊屈原赋》。颂完大哭不止，如丧考妣。

挚峻一旁见了，亦深受感动，不禁热泪盈眶。

3. 追寻巨人足迹

考察了舜帝的南巡狩，同时祭拜了屈原，遵照原定计划，当然要顺着江水而下去往会稽，一路追寻大禹不朽的足迹。

司马迁、挚峻乘上驿站的舟船先是进入洞庭湖，由洞庭湖再入江水。乘舟泛于湖中与行走在湖畔大不相同，置身湖中，更感受到湖的广阔无边。洞庭湖原为云梦泽的一部分，云梦泽跨江水南北，后江北部分淤积成沼泽，江南部分即称洞庭湖，得名于湖中岛的洞庭山，亦称君山。当年舜帝二妃娥皇、女英追寻而来，途中逝于君山并安葬在那里，二人因未见到舜帝，流下的点点泪水竟使岛上之竹变为斑竹，留下一段凄婉动人的爱情故事。经过君山时，司马迁久久注视，崇敬之情油然而生。此时已是深秋，湖水平静无波、深沉含蓄，不再像盛夏时在狂风推动下躁动不安。司马迁求问船夫，入洞庭湖有几多水流？船夫说，大的水流有湘、沅、资、澧、汨五水，小的不计其数，而且与江水互通，洞庭湖就是老天做成的无比巨大的调蓄池，丰水时可吞，枯水时可吐。调、蓄、吞、吐，船夫概括何其精到！司马迁不禁称赞起船夫来。船夫淡然一笑，说几十年泛舟湖上，感觉而已。司马迁赶紧取出简片，记下船夫之言，亦记下己之感悟：人生因时因地各不相同，善于调蓄吞吐者成，尤其是以天下为己任者。挚峻的心原本即甚静，不似司马迁那样容易激动，此时在平静广阔的湖中则更加安静了，呆呆地看着湖水，也懒得与人交谈。

在湖中行了两三日方至洞庭湖湖口（今湖南岳阳市境内），换乘了更大些的船只进入江水。司马迁是在河水边长大的，原本以为河水之激流浩荡乃天下无双，见了江水，尤其乘舟泛于江水之上，方知江水之磅礴奔放更胜河水。司马迁泛舟江上，觉得心胸都开阔了许多。

船舱里有八人，其中有位四十岁左右的男子，是个话痨，从上船到下船，一直在不停地说话，喋喋不休，不过说得尚有趣，吸引着大伙，连司马迁也被他吸引。

那男子被问姓甚，称自己姓张。有人就问为何就姓张了呢？张姓男子说："听我爷爷说，当时我爷爷也说是听他爷爷讲的。"众人大笑，张某未笑继续说道："吾上古祖上是制作弓箭的，其时人们可以以职业为姓。"不等张某说完，就有人插言："那应姓弓。"张某纠正道："非也，吾祖上并非一般的弓箭制作者，而是小头目，是长，是制作弓箭的长，于是就姓了张。这叫会意，尔等懂否？"众人笑得更欢。司马迁亦笑，连不苟言笑的挚峻也笑了。

又有人问其是何方人氏，张某称是九江人。司马迁一听，便赶紧问道："天下称作'江'的仅此江水，为何你们那里出了'九江'这名称？"

张某答道："我们那里传说，是传说，不是我爷爷讲的。说在大禹治水之前，洪水泛滥，到处都被洪水淹没了，只有庐山山顶尚未淹到，人们都躲在那里。大家议论，如此大的洪水，难道是江水都滞阻在我们这里了？有人说，这何止是一条江的水，恐怕是九条江的水。还有人说，可能是我们这里的九条水流都变成了江，成了九江，才有这么大的水。当然，这'九'是大数，众多之意，泛指，非实指。尔等懂否？"

众人忙不迭地点头，表示完全听懂了。

司马迁又问："后来如何？"

张某答道："当然是大禹治水从冀州开始，治到咱荆州这里，疏通了江水和本地的许多水流，汇合着向东流向大海，水患消除了。但'九江'却成了永久的地名。"

"如今在那里尚能看到你们那里的九江，即众多水流？"司马迁很感兴趣。

"当然还是在庐山顶上。"张某回答得很干脆，"前面我在九江下船，你若有兴趣与我同去，我带你登上庐山。你放心，我是供职于县衙的胥吏，对当地甚为熟悉，决不会蒙你。"

"甚好，甚好。我随你去。"司马迁高兴地说完，拿眼睛看了一下挚峻。挚峻脸上是一种无可奈何、只能奉陪的表情。

司马迁、挚峻在九江随张某下了船，一同上了庐山。当日天气晴朗，万里无云，张某问司马迁："你看见九江了吗？"

司马迁确实看见了江水，还看见了不远处的一条水流，仅此而已，并未看到众多水流。但他想起在家乡的时候，父亲司马谈领着他走到嵩山山顶上，给他讲上古时候洪水怀山襄陵、没过台塬、围着嵩山的情景，再讲大禹治水使洪水消退的功绩，此时此地，他也似乎先看见了洪水围住庐山的境况，经大禹治理，洪水消退，众水流安静地流走。

司马迁对张某说："我看见了。先是看见洪水滔天、没过丘陵、围住庐山，后来看见经大禹疏通九江，洪水消退。大禹真了不起！"

张某吃惊地看着司马迁："你这后生在说甚呢？哪来的洪水？哪来的消退？"

挚峻也说："迁老弟是否又要癫狂一次？"

司马迁说道："我是在内心感受到，在意念中看到，看到大禹的丰功伟绩。古人云：无禹之功，吾其鱼乎！尔等懂否？这也是会意。"

"会意？"张某笑了，"称之为意会更贴切。只可意会，不可言传也。"

司马迁觉得张某的更正甚好，情不自禁地点头称是。

饱览庐山美景后回到驿站，司马迁记下：登庐山，观禹疏九江。然后看着简片上"九江"二字，心想习惯、习俗的力量真是大得很，凭着咬文嚼字是撼动不得的。又想起遇到的县衙胥吏张某，朝堂上有东方朔那样的机智诙谐之人，江湖上也有张某这样的智者。孟子曰："舜发于畎亩之中，傅说（yuè）举于版筑之间，胶鬲举于鱼盐之中，管夷吾举于士，孙叔敖举于海，百里奚举于市。"英豪往往隐于底层。司马迁心中的这些想法当然一并记下。

于九江驿站等待数日，司马迁与挚峻重上舟船，继续顺江东下，直至会稽郡丹徒县（今江苏丹徒）下船，换乘马，沿驰道到达山阴县（今浙江绍兴）。此县位于会稽山以北，故名山阴。于山阴驿站歇息一夜，次日一早，司马迁与挚峻便来到不远处的会稽山麓，瞻仰大禹陵。

会稽山原名茅山，后大禹巡狩至此，会集诸侯计功封赏，竟崩于此山。后人即将此山改名为会稽山。会稽者，会计也。

大禹陵坐东朝西，背靠会稽山，前对亭山，陵前有禹池。陵北侧有禹庙，乃祭祀禹之所在。陵与庙均为禹之子启所建。陵之南侧为禹祠，即姒（sì）氏宗祠，为禹六世孙无余受封于此地专为守陵，建了此祠。陵之旁不远处尚有一方高大石碑，称会稽刻石，乃秦始皇于三十七年（前210年）东巡至此祭祀大禹时，令丞相李斯撰文刻于石上，又称李斯碑。司马迁原以为碑文内容是颂赞大禹不朽功勋的，靠近一看，李斯的小篆倒是写得精致不凡，然而内容竟是极力颂赞秦始皇嬴政功德的，文中有"皇帝休烈，平一宇内，德惠修长""圣德广密，六合之中，被泽无疆"云云。

司马迁读后，眉头紧锁，感叹道："秦始皇祭拜禹帝，真欲刻石留文，亦应是祭拜、颂赞禹帝的祭文，如何能于祭拜别人时盛赞自己？如何跑到别人陵前夸耀自家？如此傲慢无礼，岂非咄咄怪事！"

"秦始皇统一天下后自命不凡，骄傲至极，残暴至极，至秦帝国二世而溃，绝非偶然。"挚峻也愤愤然。

离大禹陵不远处的一小山坡上，有一块大石头矗立着，高六七尺，底围七八尺，形如长形秤砣，顶端有一圆孔。大石上面还刻有文字，均漫漶不清。司马迁问一老者，老者说，此石名叫窆（biǎn）石，是大禹下葬时用作穿绳引棺下墓穴的，是大禹葬于此处最有力的证据。窆者，葬也。正说着，来了一对年轻夫妇，向着窆石不停地揖拜。司马迁问这是何干？老者说，当地有不少人认为此石形状如男人阳物，拜了可以生儿子。宛委山上还有一洞穴，人称禹穴，据说大禹曾经探过。也有人觉得其形状如女人阴物，也去膜拜，以求生育。司马迁听了，不禁哑然一笑，继而问老者："究竟哪里是禹穴？"老者说："这大禹陵即禹穴，禹之墓穴也；宛委山上那洞穴亦可称禹穴，禹曾探过之穴也。"

司马迁来了兴趣。从老者口中得知，宛委山乃会稽山脉之中的一座山峰。问清了如何走，司马迁立即拉着挚峻，就要上山去寻另一禹穴。挚峻起初不太乐意，称昨夜未休息好，有些疲乏，不想爬山。司马迁称咱们来会稽山就是探禹穴的，既然有俩禹穴，怎能探一落一？大山、大湖、大江都过来了，此等小山岂在话下？挚峻无语。

俩人登上宛委山，寻到被称作禹穴的，实乃一巨石从中裂为一个大缝隙，阔不盈尺，但深不见底。禹穴前已有多人，多为成双成对的年轻夫妇，专门来揖拜求得生育的。司马迁走到一对已揖拜完毕的年轻夫妇身边，问道："大禹真的到过这洞穴？"

那夫妇中的男子说："那还有假？大禹真的到过，而且将手伸进穴里取得黄帝之书，否则这禹穴就没那么灵验了。"

"真的灵验？"司马迁将信将疑。

"当然。"那男子说，"吾村有多人来此求过，皆得生育。我们来求，也一准能成。"旁边那妇人竟有些羞赧。

司马迁问："你们居于何村？"

那男子说："禹村。"

"禹村？"司马迁好奇，"为何叫禹村？大禹去过你们村？"

"当然去过。何止去过，还住过，在那里治水，将溪水疏通了。溪水后来就叫禹溪。"那男子说。

司马迁问："请问贵姓？"

"姓姒，是大禹后人，全村都姓姒，均是治水后留下的。"那男子自豪地回答，"我叫姒川，人们都叫我川子。"

司马迁立即说道："川子兄，你领我俩去看看禹村、禹溪吧。我俩从关中远道而来，追寻着大禹足迹，禹村、禹溪岂能不去？"

姒川爽快地答应了，领着俩人从会稽山东面下山。走在会稽山中，看到千岩竞秀，万壑争流，草木蒙笼其上，若云蒸霞蔚。

挚峻笑称："此山甚美且幽，又沾了大禹的仙气，也是个隐居的好去处。"

司马迁一听即斥道："又在胡说，你留在此地，我回家还敢见老师？"

到了禹村，姒川家是个大家庭，有二十几口人，家长是他七十余岁的爷爷。爷爷见孙子领来了俩客人，非常高兴，忙不迭地给司马迁、挚峻介绍。

爷爷说，村前的这条剡（shàn）溪，最早叫了溪。挚峻突然想起，说我早先读过大禹事迹，忘了是何古籍，有"禹疏了溪，人方宅土"的记载，宅土者，安居也。难道即指此了溪？爷爷说正是，这是大禹治水的最后作为。了者，终了、完毕也。大禹之水毕于此功，故称了溪。原先咱这一带称太湟，是一片大湿地、大沼泽地，大禹疏通了溪水，才消除了水患。为纪念大禹，同时又称禹溪。禹溪旁边的村庄，住的都是跟随大禹治水的同族之人，故称禹村。司马迁问为何后来又称剡溪了呢？爷爷说那是秦始皇巡狩至此，见到禹溪两岸的山峰耸然尖锐，认为会刺泄王气，便令人掘山。这样，人们就将禹溪两岸的山峰取名剡（yǎn）山，禹溪顺带改称剡（yǎn）溪。剡者，尖锐也。再后来，按我们越人习惯，剡读音为 shàn，就叫剡（shàn）溪了。

司马迁听了，觉得这一条溪水的名称多次更改，附着其上的竟有如此多的历史沉淀，不禁感慨道："大禹一生奔波，全为子民，临终之前仍不忘治水，其治水始于龙门，终于了溪，善始善终，善作善成。如同舜帝一样，以百岁之身，驾崩于任上，其可歌可泣之献身精神，必将永存。我等追寻禹帝足迹至此，此生有幸焉！"

挚峻说："禹帝与秦始皇相比，一个为民，一个为己，高下优劣立现。"

司马迁在姒川家歇息一夜，次日姒川驾小舟将二人顺剡溪送至山阴县城。

回到山阴驿站，司马迁意犹未尽，第二天一人进了禹祠，未承想在里面待了整整一天。禹祠规模不大，进大门穿过前殿后是天井，然后通过垂花门到了后殿。后殿里整齐有序地摆放着姒姓自禹帝以来的牌位。司马迁对越国的历史脉络不甚了了，想到正好借此机会搞清楚，今后恐怕再无机会来会稽山了。他一个牌位一个牌位地看，思索着这些牌位上的人的身份及相互关系，想着要有一位了解情况的人介绍一下就好了。

正在此时，从回廊走过来一位约莫四五十岁的文质彬彬的男子，说道："这位后生，我已在一旁观察多时，难道你对咱们姒氏宗谱甚有兴趣不成？"

"正是。"司马迁赶紧施礼，"正要请教先生，能否为我讲解一番？"

那男子说："吾乃祠中祠官，乐意为任何前来祠里瞻仰之人讲解。不知后生从哪里来，为何对吾宗族事迹感兴趣？"

司马迁答道："我从关中远道而来，追寻禹帝足迹而来，凡是与禹帝相关之人和事，都是我十分感兴趣的。"

"甚好，甚好。"祠官指着正面牌位说道，"这正面牌位共计陈列了五十四位祖先。而这五十四位祖先又分成了两部分，第一部分是帝禹、帝启、帝太康、帝中康、帝相、帝少康六位，均为夏朝君主；第二部分从越侯无余开始直至越王无疆共四十八位，均为越国诸侯。"

"为何如此分？此中有何故事？"司马迁问。

祠官答道："前六位乃天子，后四十八位乃诸侯，当然不能混同。禹帝于会稽山驾崩后，帝启即位，在此地建有禹陵、禹庙、禹祠，祭祀不断。然帝太康继位后，喜好游乐田猎而失国，直至帝少康复国、中兴，恐会稽山这边对禹帝的祭祀再断，即封其庶子无余至会稽山为侯，以奉守禹帝之祀，这就有了越国。到勾践继位后称越王。越王无疆为楚所破，分崩离析成多国。无疆后诸王之牌位就被置于两侧矣。"

司马迁说："敢请祠官大人逐一介绍可否？另请借我笔墨一用。"

"何称大人？胥吏而已。不过这小小祠官亦非人人可任，首先须是姒氏子孙，还得由宗族推荐、县衙任用。介绍诸祖先事迹乃吾职责，当然可以。"祠官说完，即取来笔墨交予司马迁，然后开始介绍。司马迁则从怀中取出随身携带的简片，间或记录着。

祠官竟将五十四位祖先事迹顺次一一说出，多则言繁，少则言简，直至黄昏方罢。中午还招呼司马迁一起吃了祠中厮役送上的些许米粿。

司马迁十分佩服祠官的记忆力，待其说完后说道："您真了不起！如言己身、如数家珍也。我想请教，五十四位祖先，论贤德禹帝自是第一，还有哪位，可以说是类似禹帝的呢？"

"当然是越王勾践。"祠官不假思索便答道，"吾窃以为，禹帝是劳身焦思，而越王勾践是苦身焦思。"

"一个是劳身焦思，一个是苦身焦思，仅有一字之别。愿闻其详。"司马迁说。

祠官继续说："禹治水，是在其父鲧（gǔn）治水不成而被诛之后，可谓受命于危难之间，深惧再治水不成而重蹈其父覆辙，故焦思；勾践被吴王夫差击败，与五千兵民困于会稽山，国破将亡，命悬一线，亦焦思。焦思者，其心忧惧如焚也。此乃禹帝与勾践共同之处。禹在外治水十三年，三过家门而不敢入，走遍全国山川，辛劳至极，终于大获成功。勾践屈身为奴侍奉夫差，卧薪尝胆与民同苦，折节待贤，赈贫吊死，奖励生育。勾践痛苦至极二十年，终于报仇成功，灭了吴国，且北上中原，成为霸主。先有大禹至劳十三年，后有勾践至苦二十年，皆获成功。越王中唯勾践有禹之遗烈焉。"

"甚是，甚是，确为真知灼见！将来吾定要将您所言载入大史书中。"司马迁完全记下了祠官的话，且大加赞赏。

祠官听司马迁说要把他的话写进大史书中，立刻兴高采烈起来，连称"幸甚，幸甚"，还说从未有人如此看重他。

司马迁、挚峻离开山阴县继续骑马沿驰道北上，前往会稽郡治吴县（今江苏苏州）。此时已进入远游的第二年了。驰道靠近五湖（今太湖）后折向东，再沿五湖东岸向北。到了五湖东山驿站，司马迁住下后便找驿吏、驿卒聊天，称此处为东山，难道还有西山？

一驿卒答道："当然有西山，我家即在西山。东山与陆地相连，是个半岛，而西山则完全在湖中，是个不小的岛。"

"我去过长沙国，曾泛舟洞庭湖上，那湖中也有个大岛，称洞庭山，岛上还有舜帝二妃娥皇、女英的墓，于是岛的名气就大起来了。你这西山岛上有什么？"司马迁以为自己去过洞庭湖、见过洞庭山，很有些自豪。

不料驿卒们哈哈大笑，都说："那有何了不起？咱们五湖有俩洞庭山呢。"

"俩洞庭山？"司马迁不解。

"当然。这东山又称东洞庭山，西山又称西洞庭山，岂非俩洞庭山！"家住西山的那位驿卒说，"再说二妃墓算什么，咱西山岛上有禹王庙呢。"

"禹王庙？"司马迁迫不及待地问，"真有祭祀禹帝的庙宇？禹帝也来过五湖？"不等别人回答，司马迁又追问："如何去西山？"

那驿卒说："大禹治水曾来过五湖，疏通三江以消除五湖水患。后人为纪念大禹之功，特地在西山建了禹王庙。咱驿站旁有一码头，每日都有去西山的渡船。"

前面遇到过九江，如今此地有三江，司马迁心想，约定俗成的名称还真不少。不过俗成也未必不好。他问道："哪三江？"

驿卒们面面相觑，答不出，一驿吏插言道："三江是大禹将五湖的水通过开凿的三条水道疏至江海，即吴淞江、娄江、东江。故咱们这里又叫五湖三江。"

天下无处无有大禹治水的足迹，无处无人不受惠于大禹的功德。司马迁想。

出于对大禹的无比崇敬之情，次日，司马迁、挚峻搭渡船上了西山，专门瞻仰了禹王庙。

之后进入吴县城中，司马迁、挚峻遍访春秋时吴国、越国和大汉之吴国遗迹。只知吴王阖闾葬于海涌山（今虎丘山），具体位置不知；至于吴王夫差所建之姑苏台，越国后来迁都于此建造的堂皇宫殿均荡然无存，唯有楚国灭越后将吴地封给楚相春申君黄歇，黄歇于一百二十余年前所建的宫城尚在。其宫阙巍峨、盛大壮丽的景象仿佛告诉人们，当年的七大雄强国家中号称"四公子"之一的春申君黄歇，是何等的风光。

俩人站在黄歇宫城前感慨不已。司马迁说："江山嬗变若沧海桑田，难以预料而又不可阻挡。想当初吴王阖闾令伍子胥修建了这坚不可摧的阖闾城，至其子夫差时竟被越王勾践攻破。而至越王无彊时又被楚国攻破，楚相黄歇成了这里的主人。而智慧超人的黄歇后期竟受制于小人李园，且丢了性命。真乃世事无常也。"

挚峻说："吾以为，天下至为险恶之处乃朝堂也，至为卑劣之人乃朝堂人也。黄歇之难即为一明证。赵人李园携其妹至楚，欲进其妹于楚王，听言楚王不育，于是李园先设法做了黄歇舍人，让其妹获幸于黄歇而有了身孕，然后再劝黄歇将其妹进献楚王，称如果其妹生出儿子继位，那黄歇会更加有权势。黄歇竟同意了。后李园之妹果然生出儿子，也被立为太子，李园随之大获重用。李园欲杀黄歇以灭口，黄歇手下朱英获悉后劝黄歇同意他去杀掉李园，黄歇却不相信、不同意。最终楚王去世，李园派死士伏杀了黄歇。你说这朝堂之中昏暗凶险到了何等程度？"

"当断不断，反受其乱。黄歇那样聪明睿智之人，竟昏乱至此。"司马迁叹道。

"何止昏乱！黄歇如果不是心中有更大野心，何能受李园蒙蔽欺骗？黄歇也不是什么好东西。"挚峻说。

"挚兄总是有些走极端，朝堂之上也是有优有劣，而每个人也是有长有短，不可以一概而论。"司马迁不赞成挚峻的说法。

司马迁一路追寻大禹足迹，饱览胜迹美景，搜罗旧闻逸事，乃至于道听途说，加上所思所悟，收获极丰，在数十简片上密密麻麻记载了近万字，心中满是喜悦。

4. 盘桓于鲁齐故都

司马迁、挚峻从会稽郡最北面的丹徒县（今江苏镇江）渡江至江都国（今江苏扬州），然后骑马沿着驰道一路向北。驰道筑于邗（hán）沟（今大运河淮扬段）一侧，沿途因水陆两大通道并行而十分繁荣。邗沟开凿于春秋吴王夫差时，起初乃夫差欲北上中原争霸，为运输辎重粮草，将淮水（今淮河）与江水间的河湖沟汊凿通疏浚，成了江淮间的重要运输大通道，加之与秦汉以来朝廷筑成的驰道并行，沿途渡口、码头、城邑、驿站、集市星罗棋布，水上舟楫、道上车马穿梭不息，与他们之前经历的沅湘及会稽山之冷清大有不同。

将近淮阴县城，司马迁、挚峻看见离驰道不远处一高敞地上，有许多人聚集在一座大坟冢前面，大声地争吵着。司马迁觉得好奇，招呼挚峻下马，一同走了过去。靠近人群时，司马迁向站在外围的一位老者打听这是谁的坟墓，为何发生争吵。

老者说："此坟乃淮阴侯韩信之母仉（zhǎng）太君之墓，今日是清明节，前来祭扫的人不少，每年清明节均如此。韩信是咱们淮阴出的大英雄，人们都很敬佩、怀念他，但他最后死于非命，淮阴人就将对他的怀念寄托在祭扫韩母墓上。"

"啊，难怪有如此多的人。"司马迁问，"那为何发生争吵呢？"

老者笑了笑，然后说道："其实也不是什么真正的争吵，正在祭扫的这户人家，说韩信是他们家的大恩人，祭扫时间长了一点，后面等着的人就催促起来。其实老夫认为，这户人家祭扫长了一刻时间，也是情有可原的。"

司马迁不解："老人家为何如此讲？愿闻其详。"

老者抚了抚胡须，慢条斯理地说："这户人家的爷爷，年少时乃淮阴城里出名的恶少，一次在市面上遇见韩信，说你韩信虽然人高马大，且腰间悬挂刀剑，然内心怯懦，你如果不怕死即以刀剑刺我，怕死的话就从我胯下钻过去。韩信打量一番，竟从恶少胯下爬过去了。市上众人皆笑其胆怯。后来韩信助刘邦建立大汉，获封楚王，召见当年恶少，称其为壮士，任为楚国中尉。因此恶少及其后人多年来一直对韩信感恩戴德，每年必来祭祀韩母。"

"竟有如此出人意料的精彩故事，也只有韩信如此高人为之。"司马迁自然想起儿时父亲叙说的韩信于夏阳渡口以木缚酒坛渡河的故事，不禁赞叹道。

挚峻说："此乃小不忍则乱大谋也。"

老者道："韩信确实少有大志。其母逝后，虽家贫，却仍然选择了这高爽开阔之地安葬，期待着将来发迹可为其母选择万户人家守坟。"

老者还称："韩信故事甚多，你们可至街头巷尾寻访，淮阴人无人不知。"然后匆匆到韩母冢前祭拜去了。

司马迁、挚峻一直等到祭拜的人少了，才去韩母墓前凭吊了一番。

司马迁、挚峻在淮阴驿站住下后，果真到街巷中寻访，听到了韩信更多故事，觉得淮阴城中无人不敬韩信，无人不以为韩信冤。韩信少时垂钓于淮水之上，饥饿难耐，旁边有一漂洗丝麻的老妪每日带饭济之，数十日不辍。韩信封为楚王后赠漂母千金，还隆重地安葬了漂母。司马迁与挚峻特地去看漂母墓，其冢高大宽广，不输韩母墓。

司马迁、挚峻离开淮阴，从邗沟入淮的末口渡过淮水，到达北岸泗水（今泗河）入淮的淮泗口。船夫约莫四十岁，称自己从少年时即在这里摆渡，有二十多年了。挚峻听船夫口音，问是否关中人氏，船夫说正是，小时随母亲来此寻父，便住下来了。

司马迁一听，此中必有故事，随即问道："令尊为何来此不走了？"

"不是不走，当时是走不了。"船夫说，"吾父是于景帝前三年以队率身份跟随太尉周亚夫来楚地平叛，奉命袭击吴楚叛军屯运粮草的重地淮泗口，受了重伤而留下的。后平叛很快取得胜利，军中通知母亲带着我来此照顾父亲，就留在此地生活了。"

司马迁问："那你是否听令尊说过，为何周亚夫当时平叛能很快取得大胜？"

"当然听说过，且不止一次。"船夫甚为自豪地说，"吾父作战非常勇猛，还好动脑筋，若不是负了重伤，可能要提任司马的。他多次说过周亚夫是如何如何的了得，说短期内即完全平息叛乱，主要是采取了三大战术。"

"哪三大战术？"司马迁知道将来肯定要书写平息"吴楚七国之乱"这段历史，故急于请教。

船夫说道："首先是，开始吴楚叛军气势甚盛，周亚夫避其锋芒，屯坚不出，任由梁王刘武艰难拒敌，挫其锐气；其次是，周亚夫率大军扼守昌邑（今山东金乡县），并分别派军坚决切断吴、楚叛军与赵、齐五国叛军的联系，不使七国叛军会合；再次则是，不断袭扰吴楚叛军粮道，尤其是派出精锐之师捣毁了叛军淮泗口屯粮重地，导致叛军粮草难以为继。当时吴王刘濞的粮草均经邗沟运至末口，再从末口运到淮泗口，有许多大粮仓在淮泗口。"

"甚是，甚是，周亚夫确实了不得！"司马迁赞叹道，"令尊能看得清楚，说得头头是道，也是了不得的，如不负伤，定会成为将军。"

下船后司马迁又回头对船夫说："真想去看望令尊，多有请教，不知可否？"

船夫说："吾父因旧伤复发已去世多年矣。"

"甚可惜，甚可惜焉！"司马迁连连说道。

司马迁、挚峻沿着与泗水差不多并行的驰道继续向北，数日后抵达鲁国都城鲁县（今山东曲阜市）。两人到驿站歇下后，司马迁迫不及待地拉着挚峻，立即到阙里孔子旧宅观瞻。宅中仍旧收藏着孔子生前用过的衣冠琴车书。宅里正堂已辟为孔庙，自孔子去世翌年，鲁国国君哀公即在此祭祀孔子，直至如今三百余年不绝。汉高祖刘邦当年路过鲁国，曾以太牢大礼祭祀孔子，从此，诸侯卿相至鲁，常先谒孔庙而后行政。司马迁、挚峻听了庙中执事介绍，肃然起敬，当然要上去向孔子牌位行跪叩大礼。

行礼后两人去看旁边房屋，有一室中正在辩论孔子儒学中"仁"与"礼"的内涵及相互关系，司马迁与挚峻立于廊庑窗下听了一小会儿，只听得一儒生正侃侃而言道："儒学者，仁则为里，可驻于内心也；礼则为外，可见于礼节、仪礼、行为也。仁者爱人，礼者规范，相辅相成，缺一不可。"司马迁听了频频点头。

俩人走向另一室，有数十学子正在学琴，琴声悠扬动听。旁边一位游人说道："听说楚汉相争那会儿，鲁地属楚，高祖大军围鲁，鲁中诸儒仍在讲诵儒学，习礼乐，弦歌之声不绝。鲁人好礼乐竟至如此！"

司马迁听罢心想，此乃孔圣人之造化也。

晚上回到驿站，挚峻对司马迁说："迁老弟，我得去一趟胶西国（都高密，今山东高密）。"

"为何？"司马迁问。

挚峻道："一来是临行前父亲大人有交代，到齐鲁后设法去胶西国看望伯父。伯父在那里为官。二来我俩所带盘缠一路花费已所剩无几，我去伯父那里讨要一些。他在胶西国任内史，是朝廷派去的二千石官员，定会接济我们的。"

司马迁笑道："还是挚兄想得周到，到底比我年长两岁，如同儿时大牛对我照顾一样。真是感激不尽。"

挚峻走了之后，司马迁便可以随心所欲地慢慢观瞻圣人的诸多遗迹，细细体验圣人教化的浓厚遗风。他多次去城北泗水边的孔子冢膜拜。墓地周围树木繁茂，其中不乏名贵者，皆孔子弟子所植，而整个墓地并不见荆棘及刺人之草。据守墓者介绍，孔子逝后，众弟子服丧守墓三年方去，唯子贡于冢旁结庐守墓六年。后又有弟子及鲁中人氏从坟冢而居，达百余家，因称孔里。司马迁想，此即圣人与常人之别：生前崇敬追随不离，逝后仍然膜拜祭祀不绝。多少帝王将相、贤人名士、富商大贾生前荣华富贵、声名甚焉，逝则灰飞烟灭、痕迹无存。唯孔子因其学说、思想至伟而不朽！

后有一日，司马迁一人来到孔子冢后坐到泗水岸边草地上，看着奔流不息的泗水，想起孔子所言"逝者如斯夫"，觉得儒学长盛不衰，自是首先因为孔子至圣，其次亦是因为一茬又一茬的弟子传承不辍、发扬光大，就如同这滔滔泗水，逝者如斯，来者亦如斯。司马迁觉得虽然未能有幸生在孔子那个时代而成为孔子的弟子，但却得到圣人之后孔臧、孔安国和当代儒学大师董仲舒的指教，实在已经是甚为幸运的了。

一群年轻儒生叽叽喳喳争辩着走过来，围坐在离司马迁不远的一片草地上，继续辩论着。司马迁听出他们是在辩论孔子的弟子中谁的贡献大。司马迁颇感兴趣，于是向他们靠近了坐下。

一儒生说道："吾以为夫子有弟子三千，其中贤人七十二，贤人中又有十哲。这十哲乃最为贤德者，贡献亦大，而名列十哲之首的颜渊贡献最大。颜渊的德行、学问最受夫子赞誉，颜渊在孔门弟子中树立了标杆，极大地扩大了儒学的影响。"

"我不完全赞成你的看法。"另一儒生说道，"孔门十哲，乃夫子所言，分为四类，各有所长，或德行高尚，或政事突出，或能言善辩，或擅长文学。论品行、学问，颜渊为最，而论实际才干与贡献，子贡为最。子贡名端木赐，先承家业而经商，后为夫子弟子。其擅长经商，家累千金，常以经商所得支持夫子周游列国。其又长于行政，曾任鲁、卫的国相。其学业精深、知识渊博，故而能雄辩滔滔，于外交上连续取得出色成就。夫子在陈国遇险，他能至楚请楚昭王出兵救夫子。而当齐国出兵伐鲁之际，孔子令他救鲁，他奉师命先至齐国，说服权臣田常，称你欲在国内立威应伐强不伐弱，放弃伐鲁而去与吴国交战。再去吴国对吴王夫差说，你欲争霸即应救鲁而伐齐，并威加晋国。吴王担心越国乘机袭吴，子贡又至越说服越王勾践派主力军队随吴王伐齐，消除吴王疑虑，将来待吴国衰弱再灭吴不迟。最后子贡赴晋国，称吴败齐后必然加兵于晋，要晋早做准备。一切皆如子贡所安排，吴王率大军伐齐，大败齐师，后来乘胜与晋争强，被晋军打败。再后来越国乘吴国逐渐衰败而终于灭亡吴国，并北上争霸。子贡一次出使，存鲁、乱齐、破吴、强晋而霸越，十年之中，五国被子贡搅动而均有大变。子贡之外交才干天下无双。而夫子之所以名布天下，儒学渐成显学，与子贡在结交广泛中四处彰扬亦有很大关系。他说孔子的贤德如万仞宫墙内的宗庙之美、百官（房舍）之富，难以发现；自己则如透过肩高之墙，一眼就能看到的室家之好。又说：'他人之贤者，丘陵也，犹可逾也；仲尼，日月也，无得而逾焉。'还称夫子如高山，自己乃高山融化冰雪才有的流水。夫子对子贡亦十分器重，《论语》中子贡的名字出现五十七次，而颜渊的名字才出现三十二次。夫子临终前亟盼子贡，扶杖倚门而待之，见面后说：'赐，汝来何其晚也？'然后夫子当着子贡的面歌曰：'泰山坏乎！梁柱摧乎！哲人萎乎！'子贡始终守候在夫子身边，夫子逝后的墓地也是子贡所选。别的弟子守墓三年，唯子贡守墓六年。此师生情乎？胜过父子情矣！"儒生说着说着竟痛哭起来，涕泗交流，不能自已。

司马迁也被感动了，眼眶湿润。心想将来定要在大史书中专门记载子贡的贡献，尤其那精彩的折冲樽俎、连搅五国的故事。

又有一儒生接着说："我赞成说子贡于夫子生前贡献最大，而夫子去世后，在传播、弘扬儒学方面最有贡献者，乃卜商即子夏也。子夏活到一百零八岁，在夫子逝后的六七十年间，潜心办学，魏文侯、李悝、吴起都是他的学生，六经之传播，子夏有不可磨灭之功。"

辩论的气氛逐渐热烈起来。或云曾参的贡献亦甚大，是他教授了夫子之孙子思，而子思又教出孟轲那样的大学问家。或云论及再传弟子，那就更多了，如子夏弟子公羊高撰有《公羊春秋》，另一弟子谷梁赤著有《谷梁春秋》，均是作了大贡献的。或云当今吾大汉亦有一些儒学大家，如申培、辕固、韩婴、伏胜、高堂生、胡毋生、董仲舒、孔安国等，不一而足，都有贡献。至最后有位似乎是主持者说道："罢了，罢了，越扯越远了，就此打住。"这群儒生的辩论方才收场。

司马迁觉得尚未听够，倒希望他们一直辩论下去。之后，司马迁便常常光顾孔子旧宅及孔子冢，旁听儒生们的辩论，获益颇多。

鲁国的教育，不仅系统地讲习孔子的六经，即《诗经》《书经》《乐经》《礼经》《易经》《春秋》，还系统教授周朝建立以来的贵族教育六艺，即礼、乐、射、御、书、数六种技能。司马迁已经系统地学习过六经，此次来到鲁县，抓住难得机会，好好地观摩了一下完整的六艺。礼是五礼：吉礼，凶礼，军礼，宾礼，嘉礼。乐是六乐舞：古时最早的礼仪乐舞《云门大卷》，尧时《咸池》，舜时《大韶》，禹时《大夏》，祭祀周始祖姜嫄的《大濩（huò）》，祭祀周代祖先的《大武》。射是军事射箭技术，有五射：箭穿靶而箭头发白证明准确有力，称白矢；前放一箭，后三箭连续射去，称三连；箭行甚疾称剡（yǎn）注；君与臣并立而射，臣让一尺，称襄尺；四箭连贯，皆正中目标，称井仪。御是驾驭马车的技术，有五御：行车时和鸾之声相应，称鸣和鸾；车沿曲岸疾驰而不坠水，称逐水曲；经过君主之表位有礼仪，称过君表；过通道驱驰自如，称舞交衢；行猎时追逐禽兽从左面射获，称逐禽左。书是六书，即书写、识字、作文遵六则：象形、指事、会意、形声、转注、假借。数是算术。全部观摩下来，差不多花了一个多月的时间。司马迁觉得津津有味，大呼过瘾。

三个月后，挚峻从胶西国回到鲁县。司马迁问："挚兄为何花了这么长时间？"

"一言难尽。"挚峻说，"伯父伯母无子，视我为己出，有好几年未见，舍不得让我走。而且我看伯父过得并不好，尤其心情很差，我也放心不下。"

"伯父如何过得不好？"司马迁关心地问道。

挚峻说："胶西王刘端乃先帝第八子，此地的鲁王刘余及江都王刘非都是他一母同胞的兄长。这胶西王患有怪疾，一近妇人即病至数月，于是选择美少年为郎而爱幸之。诸郎往往淫乱后宫，胶西王一旦发现即诛灭之，且灭杀与郎有关的妇人及子。身有恶疾的胶西王心理阴暗，性情贼毒暴戾，采取罗织罪名上告朝廷和直接毒死的方式，多年来已杀死朝廷派去的二千石官员多人。而皇上乃先帝第九子，一再对他这八哥不忍处罚。伯父在那里任内史，管理民政，难免要与胶西王打交道，也难免有时有意见不合之处，故成天提心吊胆，不知哪日因得罪了胶西王会死于非命。我去看伯父，伯父说起，竟涕泗横流，让我甚为痛心，因此多留了些日子。"

司马迁听了，愤愤不平，说道："我曾在太常孔大人府上听说过，鲁王、江都王与胶西王这三兄弟一母同胞，没一个让皇上省心的，但不知这胶西王竟坏到如此地步！伯父的确让人担心。"

挚峻还说："伯父多次上奏朝廷，称自己有病，请求致仕返回长安，但如同石沉大海。他甚至怀疑，奏疏可能都被胶西王设法截下了，根本没有报至朝廷。伯父说胶西王这人不但狠毒，还十分聪明，鬼主意、坏点子甚多，平时对朝廷派去的二千石官员防范很严。"

"这可如何是好，如何是好！我们也没有办法。"涉世未深的司马迁叹道，"但愿伯父能躲过一劫。"

挚峻告诉司马迁："伯父听言我俩盘缠甚紧，很爽快地拿出了十几万钱给我，差不多是他一年的俸禄。这下可以确保咱们顺利返回长安了。"

"太好了。这钱有一半算是我向你借的，回家后奉还。"司马迁说，"既然费用宽裕，我想专门去齐故都临菑一游，挚兄可否？"

挚峻笑道："你我兄弟何必说借，有钱一起用就是了。这些天未曾陪你，你想去临菑，当然好。临行前我俩的父亲，两位游学齐鲁十几年的人，不是也嘱咐齐鲁都得去吗？"

两人离开鲁县向东北方向骑行数日，到达齐郡临菑县（今山东淄博市临淄）。临菑古名营丘，西周初年姜子牙被封于齐，便在此建都，为齐都

073

八百余年，齐献公时改名临菑。临菑乃战国时最著名的大都会，据古书记载，最繁荣时有七万户居民，街市上"车毂（gǔ）击，人肩摩，连衽成帷，举袂成幕，挥汗成雨，家殷人足，志高气扬"。现时虽然仅为齐郡郡治，繁华不比当年，但仍然是天下包括长安、洛阳、邯郸、南阳、成都在内的六大都会之一。司马迁觉得如今所经历的长沙国、会稽山下的山阴县不说，就是会稽郡治吴县、鲁国国都鲁县，也不能与临菑县相比，故齐国的泱泱大国之风仍在。而这大国之遗风中，既包含着齐人的勤劳智慧、豁达好勇，也包含着齐文化的兼收并蓄和丰富多彩。曾经兴盛百余年的稷下学宫即为典范。

俩人寻得坊间一位卜筮老者，打听稷下学宫何在，请教"稷下"二字何意。那老者鹤发童颜，目光锐利，打量二人一会儿说道："两位学子是否自鲁而来？"

挚峻答："正是，老人家为何能看出？"

老者说："齐鲁相邻，文风皆盛，虽内涵不尽相同，却相辅相成。访鲁者往往随后访齐，你们所问的两个问题实则是一个问题：稷下者，稷门之外也，学宫即在稷门之外。"

司马迁问："稷门是何门？"

老者答："稷门即城之西门。不过学宫早已湮没无存，去访何益？"

司马迁、挚峻找到西门，出城后望去，确实没什么学宫，但可见些许残垣断壁。向路人打听，确实是稷下学宫旧址。据古书记载，当年稷下学宫建在康庄之衢，高门大屋，规模宏大，最多时有各学派的大师、贤人充任先生者上千人，求学的学子数千人，孟子、荀子、邹衍、淳于髡、申不害、慎到、鲁仲连均曾在此教学，乃天下第一等的高等学府。司马迁、挚峻站在这虚无一屋、空无一人的遗存前，感到无限惆怅。

司马迁对挚峻感慨地说："父亲和老师皆称天下之学在齐鲁，天下大师亦在齐鲁，然稷下学宫的百家争鸣再也不见了，学者们说长论短、争论不休、穷尽事理、蔚为大观、令人振奋的局面再也不见了。何也？何也？"

挚峻倒很冷静，缓缓说道："迁老弟何必痛心疾首，万事万物，能出现、能存在必有合理之处，后来消失了、不存在了也会有原因，想不通可找人请教或与人争辩一番。"

"能找谁？"司马迁问，"在鲁县，通过观摩、旁听即可搞清许多事情，在这里向谁请教呢，总不能在市面上随意找一人吧？"

"不能随意找人，那就有针对性地去找要找的人啊。"挚峻说，"去找官府之人。"

"找谁？"司马迁问。

挚峻略一思索，说："你说这齐郡府中主管文化教育的官员是谁？"

"郡文学。"司马迁一拍脑袋，"挚兄好主意，就去找郡文学。咱们不是有太常的符信吗？"

进了郡府见到郡文学，是位年过半百的谦谦君子，司马迁出示了太常的符信，称自己是当朝太史令之子，奉太常之命游历各地，专事搜集奇闻逸事，为编撰大史书做准备，今天特地来向您文学大人求教，尚不知大人贵姓？

那郡文学哈哈一笑，说道："百石小吏，何称大人？敝姓邹，故齐国著名邹氏之后。你有什么问题，我尽量告知。"

"齐国先后有三邹子，邹忌、邹衍、邹奭（shì）也，不知先生是哪位邹子之后？"司马迁不再拘束。

邹先生说："吾乃邹衍之后。"

司马迁说："我正要请教先生，齐国威王、宣王时期，稷下学宫兴盛，天下贤人云集于彼，仅被齐王尊为上大夫的就有七十六人。孟子、荀子先后到学宫任先生，荀子且三任祭酒，为学宫之长，但为何都不及您的先人邹衍受重视？"

邹先生沉吟片刻，答道："我以为，就是四个字的区别。"

"哪四字？"司马迁问。

"经世致用。"邹先生说，"再有学问的人，能否受到重视，都要看你的学问是否经世致用，对各国国君是否实际有用。"

"先生能否讲得更具体些？"司马迁说。

邹先生侃侃而谈："孟子、邹子、荀子为先后，皆处于务求富国强兵、合纵连横、称王称霸的时代，孟子讲王道讲仁政，荀子主张礼法并施，均不合时宜，不受各国国君重视。而我的先人邹衍创立五德终始学说，主张天地有五行，金、木、水、火、土相生相克，人类社会亦有五行之德，曰金德、木德、水德、火德、土德，同样相生相克、循环往复。这种学说受到企图称王、称霸甚至称帝的那些国君的欢迎，作为自己实现雄心的理论依据，于是邹衍必然受到各国国君的礼遇和重视。不仅齐王重视他，魏王、赵王也重视他，燕昭王看见邹衍去了，甚至拥彗为邹衍清扫以为先驱，拜他为师，专门为他筑宫设坛以教学。"

"先生所言甚是。只是我以为，孟子、荀子那样的大学问家竟不受待见，真是世道一大变，大师亦碰壁。如同孔子那样的圣人，当时周游列国不也常常碰壁、数次困厄吗？"司马迁听了，不禁叹息不止。转而问道，"齐国的稷下学宫为何就不能再起了呢？真是太可惜了！"

邹先生说："谁说不是呢？但再起绝无可能，还是因为世道变了。当初秦灭齐，停办了稷下学宫，后来实行焚书坑儒，则彻底断了稷下学宫的根。如今朝廷采用董仲舒'罢黜百家，独尊儒术'之策，倡导百家争鸣的稷下学宫还有再起的可能吗？"

司马迁听了郡文学邹先生的一番话，觉得颇多收获，但心中仍然为孟子不平，心想讲王道、讲仁政有何不好，为何就要称霸称帝拼个你死我活？他想一定要到邹县（今山东邹城市）去，观瞻一下孟子故里。

离开临菑县，两人南下到了邹县。司马迁的老习惯，到驿站放下行李后就去与驿吏、驿卒们聊天，得知后天乃中秋节，峄（yì）山下将举办乡饮酒礼并乡射礼，可去观摩。

次日，司马迁与挚峻先去瞻仰了孟子故宅、孟子冢、孟母冢。看到孟母冢前墓碑上写有"仉太君之墓"，司马迁说道："真是不可思议，孟母竟与韩信之母同姓，碑文完全相同。"

挚峻说："两位伟大的母亲，虽则一位出身贵族、一位出身贫寒，却同样养育出了不起的儿子。孟子学富五车，为孔圣人之后最出色的儒学大师；韩信奇勋伟功，楚汉争雄中定魏、破赵、灭代、降燕、取齐，直至垓下围歼项羽，是举足轻重的大兵家。记得父亲曾与我说过，孟母仉氏乃魏公子启之女，孟父则为鲁国王族孟孙氏一脉，孟子确实是贵族之后。韩信出身贫寒，故其父母无考。"

傍晚回到驿站，一驿吏过来说："你们从长安过来一趟不易，明日峄山下的乡饮酒礼并乡射礼，主持的乡大夫是其叔公，我专门去求叔公，让你俩凭太常符信出席，否则在外围很难观看清楚。"

两人连连称谢，司马迁说："齐鲁人就是好礼好客，一颗心热得发烫。"

驿吏一听，摸着胸膛做触烫状，咧着嘴一阵大笑。

司马迁、挚峻在茂陵邑观看过乡饮酒礼和乡射礼，但从未亲自参加，身临其中果然不一样。二礼于乡学中举行，将近午时，司马迁、挚峻走到门前，将太常符信交傧相验核后，门前迎宾的乡大夫与两人三揖三让，迎至乡学中堂上。此为迎宾之礼。其次为献宾之礼。先是主人取盛酒器酒爵至来宾席前敬酒，称"献"；然后来宾取酒爵到主人席前还敬，称"酢"；接着主人将酒注入自己席前的饮酒器觯（zhì），自饮后劝众宾随后饮，称"酬"。饮酒时可就食物。宾客按长幼贵贱依次就座，身前摆放食物的器皿豆的数量也多少不等。当然，敬酒须依次进行。献宾之礼后尚有作乐、旅酬（宾客间相互敬酒）、无算爵无算乐（连续的敬酒与作乐）、送宾等礼节。最重要的是献宾之礼。乡饮酒礼之后进行乡射礼，在堂前正前方三十丈处立箭靶，射手则进行三番射比赛，每番射四支箭。亦有诸多步骤与程序，繁杂而不乱。

司马迁、挚峻看得有些眼花缭乱，但觉得还是很有次序，环环相接，其中充斥着礼让、尚贤、敬老、孝悌之义，体会到孔子之言："吾观于乡而知王道之易易也。"即通过乡饮酒礼与乡射礼，而将王道的教义非常容易地在百姓中推行开来。

5. 沛丰帝乡蒐逸闻

追随舜帝南巡之迹浮沅湘至九嶷山，再追寻禹帝足迹顺江水而下至会稽山，又至齐鲁故都感受好儒好学遗风，司马迁奉父命壮游南北已经完成了三大地域的旅程，仅剩下往游本朝皇帝沛丰故乡了。司马迁与挚峻离家已近两年，一路走来，辛苦固然辛苦，但所见所闻、所思所悟不可胜数，司马迁在简片上密密麻麻记下了许多文字，收获满满，喜悦亦满满。而刚刚在邹县峄山下的乡饮酒礼上，司马迁看到那种充满浓烈敬老气氛的场景，油然想起年迈多病的祖父母，不知二老如今境况怎样，不禁潸然泪下。他真想早点结束远游返回家中，但父命不可违，肩上的使命也不允许。

离开邹县，司马迁、挚峻骑马沿驰道南行，第二日傍晚走到蕃（pí）县（今山东滕州市）与薛县（今山东滕州市以南）交界处，小丘后突然闪出八个年轻大汉，持械将二人包围，喝令下马并交出钱财。挚峻先下了马，司马迁起初不想下马，但看看已被包围，且挚峻又先下了马，只好也下了马。

为首的小头目催促交钱，挚峻称身上只有一点盘缠钱，被你们拿走了，如何回得了家？小头目示意俩大汉拿住挚峻，将刀架在其脖子上，挚峻急忙从包袱中取出三万多钱，劫匪又搜出两万多钱。继而拿住司马迁，喝令交钱，司马迁称俩人的盘缠合在一处，你们不是已经拿到了吗？

小头目见司马迁的马上搭着两个大皮囊，便问里面装着何物，是否金银财宝？司马迁一听，急忙挣脱束缚去护住皮囊，说皮囊里只是一些简片，记录了出游的一些所见所闻。

小头目狂笑道："外出游玩还有记载，吃饱了撑的，你哄谁呢？"他让劫匪取下皮囊，打开看看，司马迁则唯恐无比珍贵的简片被毁坏，拼命护住。几名劫匪将司马迁狠狠压在地上，强行打开皮囊一看，果然是捆扎整齐的简片。劫匪们恼羞成怒，就要将众多简片倒出毁坏，司马迁急得大呼小叫。挚峻一看，又从怀中取出三斤黄金交予小头目，请他手下留情。

小头目令劫匪再搜挚峻、司马迁身上，确定已无黄金、铜币这才作罢。小头目一声口哨，众劫匪扬长而去，一会儿便没了踪影。幸亏劫匪们未劫马，否则二人就更惨了。

司马迁、挚峻突然被劫，惊魂不定，好一阵子才缓过神来。一缓过神，司马迁立即向挚峻连续三次揖拜，说道："太感谢挚兄了，挚兄救了为弟的命！"挚峻甚是不解："那帮劫匪只劫财，似乎并不想杀人，为何说救了你的命？"

"那两皮囊简片不就是我的命吗？"司马迁说，"挚兄不再拿出三斤黄金，他们就要毁了简片，如同杀了我！"

俩人骑马继续前行，天黑时到达距彭城（今江苏徐州市）三四十里的一处驿站。挚峻从裆间取出一斤黄金预付住宿费，驿吏问为何没有铜币，说一斤黄金值一万钱，我还没有那么多铜币找你的。挚峻叹口气说，没办法，途中遭劫匪抢去好几万铜币，幸亏在裤裆里缝了小口袋放了黄金，才未被搜走。驿吏说真是不幸，那就暂不付吧，明日离开时再结账。

到了房间，司马迁惊奇地问道："挚兄怎么想起在裤裆里放黄金？真有你的！"

挚峻苦笑道："没办法，这是伯父教我的。他说你们回去路过蕃、薛、彭城一带，要防止被抢，那边时有劫匪出没。他教我在裤裆内里缝了个小口袋，在里面放了两斤黄金。不想还真遇上劫匪，幸亏早有准备，这两斤黄金才未被搜走。"

"挚兄不难受吗？"司马迁忍不住笑了。

挚峻说："骑在马上还好，下马后当然有些难受。但现在看，忍一时难受还是值得的，否则我俩一文不剩。"

正说着，有人推门进来，是一位高大魁梧、满脸络腮胡的男人，年纪约莫五十岁。后面还跟着一小厮。

司马迁问："请问找谁？"

那男人说："听说你们于途中被劫了？我刚刚听驿吏说的。"

"是的。"挚峻不解，"不知您为何关心？"

那小厮抢说道："这是我们府上的侯爷，樊侯爷。我们亦住此驿站，他老人家是来帮你们的。"

司马迁、挚峻立即作揖："幸会侯爷！"

那男人说："我叫樊他广，是高祖手下将军樊哙的孙子，曾经的舞阳侯，如今早就不是了，人们都叫我樊公子，这一带的人均如此称呼我。我是到祖母故里山阴郡单父县（今山东单县）访亲回来路过此地，一进驿站便听说了此事。"

司马迁、挚峻几乎同声说："樊公子！公子能关心我们，感激不尽！"

樊他广询问二人来此何干，又问抢劫的那伙人长什么样。司马迁称乃是奉父命远游，搜罗旧闻逸事，为书写大史书积累资料，还要到高祖故乡沛丰去。挚峻则说那为首的小头目脸上有一明显的长刀疤，面貌凶恶丑陋。樊他广立即说："你们说的我知道了，必是刀疤脸那伙人。你们放心，我让他们明日上午就将抢走的钱财如数奉还。"说完就告辞了。

司马迁、挚峻面面相觑，将信将疑。

次日早晨，二人吃完早餐，整理好行李，然后至前堂结账。驿吏说樊公子已经让手下人帮你们付过费用了，且正在大门外等着一起走。

二人赶快走到大门外，果然看见有三辆马车候在那里，樊他广坐在中间那辆豪华马车上，前后都是他的随从。二人向樊他广深深揖拜，感谢关照，樊他广则说："你们随我一起走，不远处刀疤脸正在路边候着，将你们的钱财奉还。"

司马迁、挚峻骑马跟在樊他广一行的后面，沿驰道大约走了十来里地，远远就看见刀疤脸一伙人跪在路边，待樊他广到了跟前，这伙人皆行叩首大礼，刀疤脸连称请樊公子原谅，不知二位士子乃公子朋友，多有得罪。说完即将抢去的钱财奉上。樊他广让挚峻数数，一文不少，这才对刀疤脸说："你们有困难可来找我，为何要抢劫我的朋友？"刀疤脸再叩首："不知二位乃公子朋友，请公子饶恕！"樊他广说："起来吧，不知不怪，要抢去抢富豪的。"说完，令手下丢下两万钱，对刀疤脸说："这是你们过来还钱的辛苦费。"

进了彭城城中，樊他广带着转了一圈，说彭城当年是西楚霸王项羽的都城，但如今遗迹全都不存，已经没有值得一看的去处了。司马迁叹道："项羽都彭城，也才过去百十年，为何就遗存全无了呢？时间虽短，那项羽称霸天下亦为一个朝代啊。"

晚上住进驿站，樊他广单独请司马迁、挚峻吃饭，说昨晚就想请，但怕你们没心情喝酒。二人自是再三揖拜，感谢樊公子出手相帮。酒过三巡，三人都很兴奋，话语便多了起来。

司马迁问："樊公子，吾甚不解，蕃县和薛县同属鲁国，应该是文风颇盛、民风淳朴之地，为何竟有盗贼横行？"

樊他广说："你们有所不知，此地曾为齐国著名公子孟尝君田文封地，当年孟尝君手下有六万多家，其中不乏亡命奸猾之人，他们的后人中难免有一些不法之徒。"

"原来如此。"司马迁说，"孔子当年周游列国尚且困厄于陈蔡，我俩于蕃、薛遇劫也属正常。"

挚峻问道："樊公子，我尚有一事不明，劫匪们劫钱财，为何不劫驿站的马呢？"

"他们不敢。"樊他广说，"如今朝廷讨伐匈奴，作战、运输需大量马匹，致官府、驿站马匹十分金贵，故对盗马贼从严惩处，最重的可处死刑。我们这一带起初死刑都不能杜绝驿马被盗，后来地方官员们想了一法，逮住盗马贼后加诸强奸罪名，判其腐刑，几个案例之后，即再无盗匪敢劫驿马了。"

"这是为何？"司马迁不解。

樊他广笑道："盗贼往往都是年轻男子，若被处腐刑：一来至为耻辱，无颜活在世上；二来再不能行男人之事，活着亦无趣。故不惧死刑惧腐刑。"

"哦，这里的地方官够毒！"司马迁叹道。

"幸亏够毒，否则昨日我俩就要步行了。"挚峻说。

司马迁说道："也幸亏遇到樊公子，否则仅靠你藏下的两斤黄金，我们也回不了长安。樊公子真乃大义士，我俩的大恩人！"

樊他广连连摆手，笑着说："何称大义士、大恩人，过誉了。我只是遗传了爷爷樊哙的性情，待人真诚，乐于助人。"

司马迁趁机问道："樊公子，尊祖父乃高祖帐下猛将，建有大功，后来又娶了吕后的妹妹，尊贵无比，晚辈不揣冒昧，为何到您樊公子竟失去爵位了呢？"

樊他广抓起酒爵，将其中的酒一下子倒入口中，用手背抹了一下嘴，然后说道："都是让一小人害的！爷爷去世后，伯父樊伉继嗣舞阳侯，吕后驾崩后，周勃、陈平等大臣推翻诸吕，伯父樊伉被杀。到文帝登基，念及吾祖父之勋，重封吾父樊市人为舞阳侯，我是景帝前七年继嗣侯爵的。府中有一舍人求任家令不成，怀恨在心，诬告吾父无生育能力，称我是吾母与吾叔所生，朝廷竟判定我非樊市人之子，于景帝中六年剥夺了我的舞阳侯爵位。之后我就将家从舞阳县（今河南舞阳县）搬至故里，算来已有近二十年了。"

司马迁一听大惊，起身向樊他广揖拜："晚辈不该多嘴，多有得罪，请樊公子原谅！"

樊他广倒未生气，轻描淡写地说："古往今来，上至帝王将相，下至众多草民，谁人谁家还没有一点糗事、浑事，你们去了沛丰，就知道了。没事，没事，坐下继续喝酒。"

司马迁、挚峻觉得有些尴尬，便称实在不胜酒力，樊他广也未勉强。

司马迁、挚峻随樊他广到了沛县（今江苏沛县），被盛情邀请住到樊府。樊府虽不及一些侯府雄伟广大，却也是高门大屋深院、前后五进的大宅子。樊府是在樊哙故宅原址上筑就的，尚保存一口老井叫"樊井"，樊他广说那是爷爷当年作为杀狗的屠夫清洗狗肉用的。府中大小主人和奴婢加起来有上百人，还常年养着二十多位门客。樊他广专门指定一位熟悉情况、有些学问的门客做向导，驾车带着司马迁、挚峻四处访问。他特别叮嘱门客，带着俩学子慢慢在城中转悠，走到哪儿就在哪儿吃饭，但晚上必须回府里住。

翌日一早，那门客已经驾驭驷马车候在大门外，待二人上车启行后，门客即自我介绍道："敝姓程，名亮，跟随我家主人樊公子已有二十余年了，是从舞阳侯府中跟过来的。如今府中门客大多是从舞阳那边过来的，都舍不得与公子分开。"

挚峻说："樊公子的确是个行侠仗义的大善人，我俩原先与他素不相识，仅仅相处两日，便已深深领受他老人家的大恩大德。"

"樊公子几十年来一贯如此。"程亮说，"樊府因祖上与高祖、吕后关系亲密，获赏赐甚多，当年除在长安与舞阳均建有侯府外，在故乡沛县亦获赐大宅和大量田地，富贵无比。而樊公子不仅不欺凌贫弱，还时常仗义疏财，救济贫穷急难之人。加之如今居住于沛、丰两县的功臣将相之后，唯有樊公子一人是直系亲属，其余皆为旁系杂支，故公子在沛、丰乃至附近一带，威望甚高，官府亦敬他三分。那日你们遭劫后，他当晚即差人知会刀疤脸，称你们是他朋友，刀疤脸次日就老老实实将钱财奉还了。"

"真像大侠郭解一样！"司马迁叹道。

程亮驾车出城向东南约二十里，到达高祖原庙。当天的寝殿日祭已经结束，程亮领着二人到殿中高祖牌位前行了跪叩大礼，然后于庙中观瞻一番。出庙后程亮说："此高祖原庙先前即为沛宫，高祖的行宫。汉十二年（前195年）高祖讨伐反叛的淮南王英布取得大胜后，返程中路过沛县，即于此宫大宴父老乡亲，酒酣中击筑而歌曰：'大风起兮云飞扬，威加海内兮归故乡，安得猛士兮守四方。'并征集一百二十名沛中小儿习歌。高祖且当场宣布沛县为自己的汤沐邑，全县居民世世代代免去租赋和徭役。高祖在此宫连续宴饮十五日欲去，沛中父老仍不舍，又在高祖离开的途中献牛酒以挽留，高祖留下，就地搭帷帐再饮酒三日方离去。同时应沛中父老请求，也免去丰县居民的租赋与徭役。不想高祖离开后六个月，竟驾崩于长安。据说高祖在征讨英布时已受箭伤。由此可见高祖对沛县的感情有多深。正如他在宴席上所言：'游子悲故乡，吾虽都关中，万岁后吾魂魄犹乐思沛。'"

司马迁忍不住赞道："高祖所言所行，确实令人唏嘘不已。而其诗歌，慷慨雄壮，必将传之后世。"

当年追随刘邦起事的沛籍子弟甚多，至刘邦登基称帝后，封了一百四十三位功臣为列侯，其中沛籍的就有二十三人。程亮每日带着二人在城中穿街走巷，不经意间就能碰到列侯故宅中的亲戚，坐下来即可拉呱半天。萧何虽是丰县人，与刘邦同籍，但长期于沛县县衙中为吏，自是住在沛县城里。曹参、夏侯婴既是沛县人，又在沛县县衙充小吏，当然也是住在城里，如今他们的故宅仍存，当然都是各自的远房亲戚住着。听萧何亲戚叙述，萧何早就看出刘邦非同寻常，虽然好说大话，好酒及色，不事农事，但敢作敢为，有魄力，多智谋，将来必成大事。刘邦任沛县泗水亭长时，萧何常常帮助他，而刘邦以小吏身份前往咸阳服徭役，别人送钱三百，独萧何送五百。沛县起事时，萧何、曹参等不敢当头，恐一旦失败会族灭全家，皆推举刘邦出头为沛公。萧、曹等人就是缺乏刘邦的胆魄，所以当不了皇帝。听夏侯婴亲戚讲，夏侯婴当时在县衙为车夫，每次经过泗水亭，都要与刘邦相谈甚久，后来夏侯婴试补县吏，仍然与刘邦相交甚密。刘邦曾无意中伤了夏侯婴，被人告发，刘邦不承认，而夏侯婴因为替刘邦开脱，竟被关押了一年多，且受鞭笞数百，终使刘邦免于刑罚。后来刘邦率领五十六万大军进攻彭城，被项羽三万人打得大败，夏侯婴驾车载着刘邦急速逃跑，途中遇到刘邦一对子女，夏侯婴就将他俩拉上车，但当敌军追赶甚急之时，刘邦为让车跑得更快些，多次将自己的子女踹下车，然夏侯婴多次又将俩孩子拉上车，刘邦甚至几次要杀夏侯婴。幸亏后来脱离了险境，夏侯婴救了父子俩皇帝。

访完了城里，程亮又领着二人到了沛县西北的安国乡，周勃、王陵是这里人。听村里人讲，周勃起事前主要靠编制蚕匾为生，兼做吹鼓手，其人虽少文，却孔武有力。此村仍然有一些编制蚕匾的手艺人，也还有一些养蚕户，中午吃饭时还专门上了这里的特色菜炸蚕蛹。而王陵乃当地豪强，年长于刘邦，刘邦曾兄事之。刘邦起事后，王陵也拉起一支队伍，后来才归属汉王刘邦。项羽遣人抓了王陵母亲，以招降王陵，王母私下对王陵派来的使者说：告诉王陵，谨事汉王，因汉王乃长者，万勿以老身之故持二心。遂伏剑而死。项羽怒而烹王母。王陵故里的人皆言，有其母方有其子，母子均刚毅不折。王陵早年与同县的豪强雍齿关系甚好，雍齿投刘邦后曾背叛过刘邦，刘邦憎恨之，而王陵仍与雍齿交好。商贩出身的灌婴跟随刘邦征战，因功先后拜御史大夫、车骑将军、太尉、丞相，其食邑亦在附近，称灌婴村。当地人均自豪地说，这一带乃风水宝地，五里之内，出了周勃、王陵、灌婴三位封侯拜相的大人物。

于沛县走访之后，程亮又领着二人西行到达相邻的刘邦出生地丰县，住在樊他广一位朋友家中，也是每天早出晚归地访问。他俩首先瞻仰了刘邦出生的中阳里故居，故居保存得很好，有专门的人看管，修缮得也好。管理故居的是刘氏家族的人，称高祖对丰县如同沛县一样地惠施恩泽，计有三次大的赏赐：第一次是高祖尊其父刘太公为太上皇，安排住在长安郊外骊邑栎阳宫，但太上皇闷闷不乐，因为想念家乡丰县故土。于是高祖在骊邑建造了与丰县一模一样的新城，且物色唯旧，从丰县迁去一些居民，尤其是左右隔壁邻居，全都迁去了。太上皇又看到了与家乡一样的街衢、里巷、老屋，甚至家门口的那棵歪脖子老榆树都有，左邻右舍从丰县带来的犬羊鸡鸭竟识其家。太上皇又可以与熟人在一起唠嗑、喝酒、斗鸡、走狗了。太上皇驾崩后，高祖将骊邑更名为新丰县。第二次是对追随他一道征战入关的丰县人，免除世代徭役，战功卓著的还封侯拜官。如薛欧、王吸等即获封列侯。第三次是汉十二年高祖回到沛县，在宣布沛县居民世代免除租赋和徭役后，应沛县父老请求，原谅了丰县子弟曾经在雍齿带领下守城时投靠魏国、拒绝高祖入城的罪过，给予了丰县居民同样的世代免除租赋与徭役的恩泽。

高祖故居隔壁即为卢绾故居，已成废墟。二人于废墟前求问一老者，老者道：当年两家十分亲密，且卢绾与高祖同年同月同日生，当时里中人家持羊酒同时贺两家。高祖与卢绾长大了一起读书，亲密如兄弟。后卢绾在刘邦帐下效力，获任太尉，甚至被封为燕王。其实卢绾的功劳哪能与萧、曹相比！然后来卢绾竟勾连叛将陈豨，又暗遣部下出使匈奴联络，事泄后逃往匈奴。司马迁听了有些不信，便问老者是否还有别的什么缘故。那老者说，是有一种说法，称高祖生前曾交代卢绾要保护好赵王刘如意及其母戚夫人，吕后获悉即于高祖驾崩后要害死卢绾，致卢绾不得已遁入匈奴。司马迁听了，心想，宫中之复杂晦暗，真是令人胆寒。

二人在丰县待了数日，访谈了不少居民，看到如今丰县和沛县一样，居民们世代不用负担朝廷的租赋与徭役，过着丰衣足食、悠闲自在的快活日子。沛、丰的居民无论是大户还是一般人家，都是一日三餐，而其他地方的一般人家，只能是一日两餐；别的地方的人们整天忙于生计，来去匆匆，而沛、丰这边的人不必过于劳作，往往很悠闲，斗鸡的、走狗的、蹴鞠的、博戏的、卜卦的、晒太阳的、闲逛的、喝茶的、饮酒的，比比皆是。挚峻说得好，他们前世一定积了太多的德，这才有幸投胎至皇帝故里。

临行前的晚上，樊他广专门为司马迁、挚峻饯行，程亮作陪。席间樊他广问道："二位学子，于沛、丰数日，可有收获？"

司马迁立即说："回樊公子话，大有收获。其一，晚辈有幸结识樊公子，乃为最重要之收获。公子救人危难，义薄云天，由此可推想当年高祖有樊哙、萧何、曹参、王陵、周勃、夏侯婴这帮同生死的兄弟辅佐，夺取天下是必然的。其二，采撷了高祖及其手下将相的许多逸事、趣事，不到沛、丰，是绝不能获知的。其三，亲眼看到高祖故乡的人们在高祖恩泽之下生活富足、热情好客，但愿天下各地皆能如此。"

司马迁还要往下说，被挚峻打断了："迁老弟，其四其五云云暂时打住，让我先说一句。"

司马迁笑道："挚兄一路上并无多少言语，唯今日特别亢奋，小弟当然礼让。"挚峻一字一顿地说："沛、丰帝乡，至义之人樊公子，至美之味则狗肉也！"

樊他广与司马迁、程亮皆大笑不止。

挚峻意犹未尽，补充道："而狗肉中极品乃樊府狗肉也！"

樊他广笑着对旁边侍奉的仆人说："快去给这位挚学子再上一豆狗肉，不，一盆盂。"

挚峻笑着赶紧摆手："一豆已然过矣，一盆盂如何消受得了？"

樊他广仍旧在笑："那就一豆，可不能将挚学子吃出毛病来啊。"

司马迁见挚峻不再说了，专心去吃狗肉，于是接着问道："我没有其四其五说了，但想请教樊公子，为何丰县人不愿提起当年雍齿背叛高祖之事，究竟是怎样一回事？"

"说来话长，就简单说说吧。我是听我父亲说的，而吾父是听我爷爷说的，爷爷是亲历者，当然清楚。"樊他广缓缓说道，"话说秦二世二年，陈涉起事后，项氏叔侄起吴，燕、赵、齐、魏贵族亦起来自立为王，而高祖起事后命雍齿率丰县子弟据守丰县城，魏军以授予列侯爵位引诱雍齿背叛高祖而投魏。高祖回不了自己的家乡丰县，率军三次攻打，到第三次才因项梁支援了五六千士卒而攻下丰县，雍齿逃到魏国，后投赵国，再后又复归高祖。高祖念其后来战功卓著，不仅未杀他，还封他为什邡侯。丰县人觉得自己的子弟曾经随雍齿背叛过高祖，是件羞耻事，故不想再提起。"

"原来如此。难怪高祖对沛县的感情大大超过丰县。"司马迁转而问道，"公子您说，高祖乃大汉建国之天子，甚至传说是真龙之胎，是否也有常人一样的喜怒哀乐、习惯嗜好？"

"那是当然。我以前说过，人皆有糗事、浑事，许多男人常有的毛病高祖亦有：好酒、好色、好说大话。高祖在沛县，每日必饮酒，常常赊账，且常常不还。高祖娶吕后前有一外妇曹氏，还生了庶长子刘肥，后来高祖登基，将天下最富、最大的诸侯国齐国封给了刘肥。据说因曹氏是齐地人。高祖是靠说大话娶到吕后的。吕后父亲吕太公，当然也是我奶奶的父亲，当年为避仇家，从单父县搬来沛县，吕太公与沛县县令相善，故沛中众吏与豪杰均往贺。时主事者萧何宣布，贺钱不满千的坐堂下，而高祖进门即高喊：贺钱万。吕太公大惊，立刻起身至门前，迎至上座。高祖其实未持一钱。然吕太公竟相中高祖，认定高祖将来必大贵，力主将长女吕雉即后来的吕后嫁予高祖。"樊他广笑道，"我喝酒太多胡乱说的话，你可不能奏报朝廷，此乃大不敬，是要杀头灭族的。"

司马迁淡然一笑，说："我一介草民，何能奏报朝廷？不过将来书写大史书，还是要写进去的。如此生动真实的事，不写太可惜了。写了才使人觉得高祖是地地道道的平民出身的真实皇帝。"

饮酒至下半夜，挚峻醉了。他结结巴巴地说："明日我与迁老弟即要返回了，此番我走完了一辈子要走的路，今后得寻一幽处隐起来，安静地待在那里，再不出游。至此亦交完了一辈子的朋友，两人：迁老弟、樊公子，再不会有第三个朋友了。在沛、丰，吃完了一辈子要吃的狗肉，大快朵颐，至为尽兴，没机会再吃到如此美味了。"

司马迁听了，知挚峻欲离群隐居的念头不仅未淡化，反而更强烈了，心中不禁一阵酸楚。

樊他广见状，便说："罢了，世间没有不散的筵席。"

次日司马迁、挚峻恋恋不舍地辞别了樊他广，向西而行。司马迁称大恩不言谢，但会永远记住樊公子。樊他广则说希望能再见面，还说若遇到难以克服的困难，尽管告知，一定尽力帮助。

此去一路之上均为中原大地，演绎过数不清的历史故事。司马迁虽然归心似箭，仍然珍惜此次难得的机会，说服挚峻一起，经过一些高山大川、名都大邑、形胜险塞、兵家要地，将古往今来的曲折变化尽可能多地揽入胸中。至昌邑，观壁垒，听闻周亚夫当年平息吴楚七国之乱时率大军扼此，而切断吴楚叛军与齐赵叛军联系。抵睢阳（今河南商丘市），知当年梁王刘武拼死挡住吴楚叛军之万分不易。观古魏都大梁（今河南开封市），获四公子之一的信陵君魏无忌礼贤夷门监者侯嬴更多事迹，知夷门者，大梁城东门也。到河南郡治荥阳县（今河南荥阳市），往观楚汉相争中对垒数年的所在广武山、鸿沟及霸王城、汉王城，对荥阳作为"两京（洛阳、长安）襟带，三秦咽喉"战略要地有了更直观的深刻印象。还去看了有"锁天中枢，控地四鄙"之称的兵家必争之地虎牢关。最后通过极为险峻的函谷关、崤（xiáo）山、潼关，进入关中，回到茂陵邑家中。

第三章 · 扈从天子 ·

1. 相爱之心相通

司马迁、挚峻远游用了两年多时间，回到茂陵邑家中，已是元朔五年（前124年）四月。

傍晚司马迁背着两皮囊简片和行李，兴冲冲地进入家门，大呼："父亲大人，母亲大人，迁儿回来了！"

司马迁转过玄关走入院中，母亲已从正厅台阶下来，边走边说："迁儿，你这迁儿，为何走了这么久才回来？"

司马迁则一眼瞅见母亲身上穿的是孝服，赶紧迎上前问道："母亲，为何服孝？是否祖父、祖母二老中有了变故？"

母亲抓住司马迁的两臂，流泪道："你祖父大人与祖母大人均先后去世矣。"

司马迁一听，即刻放下肩上的皮囊与手中的行李，捶胸顿足，号啕大哭。哭了好一阵子，司马迁说道："孙儿何等不孝，竟未能侍奉二老于榻前，亦未能为二老送行。"

司马谈闻讯从厅堂中出来，走到司马迁身边，安慰道："迁儿一路风尘至为辛苦，不要再因悲伤而损坏了身子。你虽然错过了丧礼和二周年起始的小祥祭，但十日后正是为二老举行三周年起始的大祥祭和禅（dān）祭，你倒是赶上了，也还有个祭拜和怀念的机会。赶紧吃饭，然后歇息，明日一早就要出发。"

司马迁边吃饭边向父母简要地禀报了两年多来游览四方的情形，并将鼓鼓的俩皮囊打开，让父亲看到在简片上记载的密密麻麻的文字。司马谈甚为满意，连连夸道："迁儿不虚此行，不辱父命焉！"

吃完饭，司马迁盥洗完毕，将要歇息，突然脑中闪出一念想：隔壁挚家的柳倩娘还在吗？明日一早就要去夏阳了，今晚我是否应该去看看？如果今晚柳倩娘还在，等到我去夏阳一两个月后回来却见不着岂非太可惜了？两年多来一直深藏于心中的思念，促使司马迁下决心去看看。

司马迁于是对父亲说："父亲大人，明日一早将去夏阳，而我返家后尚未拜见老师，至两个多月从夏阳回来再去拜见，可就太失礼了。我想现在去拜见老师，以免失礼。"

司马谈觉得言之有理，便对司马迁说："确实应去向你的老师施礼。但已是晚上，快去快回吧。"

司马迁获准后立即起身，来到挚家拜见老师。挚山看到司马迁来了很高兴，称听峻儿说，此番远游甚有收获，夸奖司马迁真乃可造之材。挚峻听说司马迁来了，只与司马迁说了几句话，就回自己房间休息了。柳倩娘看到司马迁，自是将茶水送上，且向司马迁行礼。司马迁回礼后看到柳倩娘满面愁容，觉得她似乎有许多话要说但又不便于说出。

与老师说了一会儿话，司马迁告辞。挚山将司马迁送到门口，说道："迁啊，老师我难死了！这柳倩娘是何等的贤惠能干，一直在等着峻儿，然峻儿就是躲着她，出去两年多回来，仍然不愿搭理她。我如果强以父命逼其就范，峻儿就会离家，找一隐蔽之地隐居。他与我说过多次，称对成家立业皆无兴趣，只想寻得一深山僻静处修身养性。我的儿子我了解，他会做到的。迁你说，我可如何向倩娘的养父母即峻儿的舅父母交代？"

司马迁此刻内心是既喜又忧，颇是复杂，对老师的话无言以对，只好敷衍道："老师莫急，再等等吧。"

"再等等？还能等？等到何时？"挚山似乎有些不高兴了。

司马迁回到家中，躺在榻上辗转反侧，怎么也睡不着，一会儿想着祖父母对自己多年的养育呵护、恩重如山，遗憾的是自己没有尽一点孝心；一会儿又想着柳倩娘如此下去可怎么办？自己有想法却又不能说出来。而一旦柳倩娘死了心，回到华阴那边去，自己可能一辈子再也见不着她了。司马迁不断告诫自己，此时只应多多怀念祖父母，少想或不想柳倩娘之事，然柳倩娘的倩影始终在脑海中，久久挥之不去，那双美丽、忧郁、无助而又包含着无数话语的大眼睛，一直在盯着自己看，似乎在焦急地等着自己的答复。

次日天刚亮，司马迁就与父母出发了。司马迁与父亲坐在一辆马车上，母亲则乘轺（yáo）车跟在后面。司马谈对司马迁解释道："迁啊，你的祖父在你出游不久即病逝了，你祖母亦在其九日后病逝，老两口相亲相爱一辈子，竟一个紧跟着另一个地走了。按照礼的规定，先有丧礼，去世后的第十三个月是小祥祭，去世后的第二十五个月是大祥祭，紧接着第二十七个月是禅祭，除服，即脱去丧服，三年的丧期才算结束。你出游在外，丧礼和小祥祭肯定参加不了，我估摸着回来能参加大祥祭和禅祭，所以一等再等，直等到昨日。十天后即是大祥祭，如果昨日你尚未返回，我们也不能再等了。你出去两年多，甚为辛苦，今天又接着往夏阳赶，我有点怕你吃不消，不过也没有办法，我了解你对祖父母的深厚感情。"

司马迁听了父亲的一番话，止不住地又流下热泪，说道："父亲大人，没有在祖父母榻前尽孝，没有在丧礼和小祥祭上为祖父母披麻戴孝，我已经愧疚不已，能参加大祥祭和禅祭，也算是弥补一点点。我会永远将祖父、祖母二老记在心中，永久地深深怀念他们。"

"迁啊，你说的我当然相信。"司马谈语重心长地说，"榻前细心侍奉、关心慰藉和严格按礼的规定慎终追远，固然是孝顺，但更大的孝顺是《孝经》中所言的立身行道、扬名于后世，以显父母及先人。所谓孝，始于事亲，中于事君，终于立身也。你若能通过自己的不懈努力，做到扬名于后世，那么，你的父母、祖父母及所有先人，不就都随着你而显名于青史了吗？迁啊，这才是真正的、最大的孝顺！"

司马迁诚恳地点了点头，说："父亲大人，儿子谨记，定不负父命，立身扬名以显父母及先人，以此报答父母、祖父母的养育、教诲之大恩！"

司马谈高兴地称赞道："我相信迁儿说到做到。昨晚看了你带回来的两皮囊写满文字的简片，我就更加对你有信心了。"

司马迁见父亲心情甚好，便将两年多来远游的所见、所闻、所思一一详细禀告。一个说得滔滔不绝，一个听得津津有味，路途便显得短了许多。司马迁说起得遇樊他广，称其虽然是高祖手下亲信功臣樊哙的孙子，且曾继嗣舞阳侯，但所言所行却不类贵族而似大侠，如同郭解一样。说到郭解，司马迁便问："父亲，后来郭解如何，抓到了吗？"

司马谈叹口气，说道："你离家出游不久，郭解即被朝廷捕得。此时公孙弘已升任御史大夫，力主灭郭解，皇上竟也准了。"

"公孙弘升任御史大夫，这是何时的事？那他不是更加不能容人了吗？"司马迁说。

"正是。原御史大夫张欧因老病免退，皇上原先是属意太常孔大人，然孔大人称已与从弟孔安国约定，遵孔家古训以经学为业，任太常甚好，无意于御史大夫，并推荐左内史公孙弘升任。皇上即擢升公孙弘为御史大夫，准许孔臧大人仍任太常，赐其享受三公礼遇。"司马谈说，"公孙弘不仅力主族灭了郭解，还说服皇上族灭了与大将军卫青有联系的大臣主父偃，称主父偃得罪了几位诸侯王，为不使皇上为难，只好族灭之，以回应刘氏宗族的不满。"

"就是那位建议策立卫子夫为皇后、建议采取推恩办法削弱诸侯国势力的主父偃？看来这公孙弘为了挤对卫大将军和排除异己，真是不择手段。"司马迁有些愤愤然。

司马谈说："主父偃向皇上建言的推恩办法，是抑制诸侯王势力的绝妙之策，即诸侯王去世后，其嫡长子继嗣为诸侯王，其余各子均封为列侯，从本诸侯国中裂土封之。明面上看，将皇恩推及至每一位王子，实际上，几代下来，诸侯国就分崩离析了，再无力量与朝廷抗衡。所以皇上立即采纳而下达了推恩令。"

司马迁赞道："确为妙策！"

司马谈接着说："公孙弘任御史大夫不及两年，今年又被皇上擢升丞相，且封平津侯。大汉建立以来，历朝皆以列侯任丞相，唯公孙弘是非列侯身份，于是皇上接着就封公孙弘为平津侯。丞相封侯可能从公孙弘开始成为定制。而其拜相封侯之后，仍旧不改外宽内深、忌恨贤能的本性，竟再次将董仲舒大人排挤出朝。"

司马迁吃惊地问："将董大人排挤至何方？"

"皇上的八兄、胶西王刘端素来病态、骄恣犯法，且杀、伤朝廷派去的二千石官员多人，近期听说又害死了胶西国内史。前几日公孙弘向皇上进言，称胶西王骄恣难制，唯有董仲舒这样的大儒方能教之改恶从善，前些年董仲舒做江都国相，不是让江都王刘非改好了许多吗？皇上听从公孙弘建议，即任董仲舒为胶西国相。"

司马迁听了突然一拍脑门，大叫："坏了！坏了！"

车夫大吃一惊，说道："马车哪里坏了？"

司马迁连忙摆摆手，示意非指马车。

司马谈亦大吃一惊："迁儿怎么了，难道董大人赴任胶西国有危险？不过这也不是你能操心得了的啊。"

司马迁仍旧紧张兮兮的："父亲大人，我如何能操得了董大人的心？那胶西王确实是个恶魔，但我相信董大人能对付得了他，而且以董大人在儒林的声望和皇上心中的位置，谅胶西王不敢把他怎么样。当年董大人任江都国相，江都王刘非可比胶西王骄纵凶狠得多，也还是很尊重董大人。我是担心老师一家！"

"这与你老师一家有何关系？"司马谈一下子摸不着头脑。

"父亲，您难道不知？胶西国内史正是老师的兄长、挚峻的伯父啊。这次我与挚峻去齐鲁，挚峻专门到胶西国看望他伯父，他伯父还给了我们许多返程的盘缠。您说，真要是挚峻伯父出了事，挚峻一家如何能承受住这突然降临的灾祸啊！"

"有这样的事？胶西国内史真是挚山的兄长？"司马谈听了亦惊愕非常，停了好一会儿才说道，"我是前几日听我们太常孔大人明明白白地说胶西国内史遇害了。孔大人说的难道还有假？"

司马迁问："父亲，朝廷已知胶西国内史遇害，为何老师家尚未获知噩耗呢？"

司马谈说："我也是听孔大人所说，称内史虽基本确认遇害，但尸首尚未找到。可能是没能最后确认，故未向其亲属报丧吧。"

司马迁心想这胶西王刘端太可怕亦太可恶了，之后便不想再说话。

司马谈也长时间沉默无语。

到了夏阳高门村，司马谈堂弟司马靖早已将祭祀的一切准备事项全都完成，只等着司马谈父子来后准时进行。大祥祭先是至高门塬上墓地祭扫司马喜夫妇的坟冢，然后到村里司马氏祠堂祭拜，高门村全是司马一姓，当然全都参加。整个祭礼隆重而有序。祭礼结束后，司马迁因两年未祭扫先人，故至华池塬、高门塬上将其他祖先一一祭拜，然后执意要堂叔司马靖差人在祖父母坟旁搭盖茅庐，自己一人住进去，为祖父母守墓俩月，直至禅祭。大牛常常来看望司马迁，在茅庐之外陪着说话。

禅祭结束，司马迁与父母脱去丧服，翌日即急忙往回赶。他们为挚山一家担心，恨不得一天就能回到茂陵邑。回到茂陵邑，一进显武里里门，便看见不远处的挚家门前飘着招魂幡，司马迁的眼泪就止不住地流了出来。他与父母下车后顾不上回自家，而是直接进了挚家。

挚山看见司马谈进来，迎上一把抱住，号啕大哭，不能自已。司马谈见状，亦是涕泗横流。挚峻则蜷缩于一隅，一声不吭，默默地流泪。司马迁赶快走到挚峻身边，不知道能说出什么安慰之言，只是陪着流泪。挚峻的母亲原本病弱，经此打击，已经躺在榻上而不起。司马迁母亲则由柳倩娘领着去里间看望。

过了一会儿，挚山请司马谈坐下，自己也坐下，然后说道："晴天霹雳，晴天霹雳啊！吾父抑郁而终没几年，吾兄竟遭害，且尸首无存，我们欲赴胶西国奔丧，将其遗体运回而不得啊！"

"挚兄节哀顺变。"司马谈安慰道，"我赴夏阳前即获悉胶西国内史被害，但不知是挚兄的兄长，途中迁儿说起方知。真是天大的不幸！不知挚兄是如何得到消息的，是朝廷告知还是……"

"不是朝廷，是吾嫂派家人日夜兼程，昨日傍晚刚赶过来告知的。"挚山说。

"那尊兄长的遗体找着了吗？如何得知是不在人世了呢？"司马谈问。

挚山说："据来人讲，吾兄是晚上去胶西王宫参加宴席，夜晚回家途中与车夫皆被人劫持而失踪的。第二天胶西王称已接到禀报，吾兄已被仇家劫持后毒杀，并沉入大海，而车夫却不知所踪。我怀疑是胶西王指使人所为，据说这恶魔已害死多位朝廷派去的二千石官员，均因查无实据而不了了之。吾兄那样一位忠厚长者，不可能有仇家，只会是不知怎样忤逆了胶西王。"

两家人皆陷入悲痛之中，唯柳倩娘忙前忙后，一会儿端茶倒水，一会儿又去照顾姑母即挚峻母亲，后来见姑母在司马迁母亲安慰下情绪好些，便抽身去厨房将饭菜做好，端上饭桌，先请一路劳顿、饥肠辘辘的司马一家，再劝自昨晚听到噩耗就粒米未进的姑父母、挚峻，都坐到桌边吃饭。自己则在厨房里对付几口，又忙着收拾碗筷盘盂等。

俄而司马迁穿过院子去上茅房，走到厨房门口，正碰到柳倩娘从厨房里出来，她看了一眼司马迁，然后低头喊了一声："迁哥！"

司马迁从未与柳倩娘说过话，听她喊自己，有点猝不及应，同时颇为激动，答了一句："你辛苦了！"

柳倩娘仍旧低着头走过去，突然又回转身，说："迁哥，何时有空，我有几句话说予你，可否？"然后急匆匆地走向厅堂。

司马迁一下子未反应过来，待柳倩娘即将跨入厅堂大门时，才站在院中原地说了俩字："甚好。"声音不太大，也不知柳倩娘听见没有。

院中比较暗，只有厅堂和厨房的光亮从半掩的门透出些许，才能勉强看见一点。司马迁杵在这昏暗之中，半个时辰竟未挪步，甚至没了便意，将上茅房的事忘了，又回到了厅堂。他发现柳倩娘不在厅堂中，大约是又去宽慰挚峻母亲了。他很想尽快知道柳倩娘会跟他说什么，但不再有他与柳倩娘单独碰面的机会，直至午夜离开挚家，都不曾出现这样的机会。离开前他还又去上了趟茅房，也并未在昏暗的院中再次遇见柳倩娘。

回家后睡到榻上，司马迁一个劲儿地埋怨自己：笨死了！笨死了！为何当时不及时问柳倩娘要说什么呢？他突然想起父亲讲的司马相如与卓文君的故事，心想都是姓司马的，为何人家司马相如既大胆又有办法，而自己既怯又蠢，真是愧对司马这个姓了！

司马迁这边百思不得其法，而隔壁的挚峻却开始实施自己的"逃亡"计划。伯父的意外遇害，让挚峻彻底心灰意冷，促使他最后下定决心，必须立即逃离这纷纷扰扰、混沌不明的世间，去寻得一处远离尘世、静心修行的所在。他随司马迁远游伊始穿越终南山时，就已经有了追随道教始祖老子、文始真人尹喜开创的道路，隐居于终南山的打算。后来随司马迁游历各地，看到、听到许多朝野丑恶之人与事，深恶痛绝，躲避唯恐不及，而不是像司马迁那样，想着将来在书写的大史书中扬善惩恶，让后人吸取教训、引为鉴戒。伯父的死，对挚峻的打击是致命的，让他对尘世再无半点留恋，但他对面前的父母还有柳倩娘总得有所交代，于是他给父母和司马迁分别写了帛书，分别装在两个封好的信函里。

过了两日的一个夜半时分，估摸着父母已经入睡，挚峻蹑手蹑脚地走到柳倩娘房门口，轻轻地敲了几下房门。柳倩娘虽然睡了，但并未睡着，她现在如同惊弓之鸟，看挚峻回来后的态度，知道继续待在这里已无可能，只等着姑姑发话就回华阴。她寄希望于司马迁，却并无把握，几年中仅仅交流过几次眼神，她似乎觉得那眼神中有喜欢和爱。因情势紧急，故那晚在院中她对司马迁说要跟他讲几句话，然话到嘴边又咽下去了。她真后悔为何那样矜持，可能失去了唯一的一次机会。现在挚峻敲门，她立即听见了，抖抖索索地下了榻，抖抖索索地点亮了油灯，开门一看，是挚峻。

挚峻站在门口，直截了当地说："倩娘，对不起，这几年慢待了你。你是个非常好的女子，我从内心这样认为。但我无意成家，无意入仕，不能按照父母的意愿成就事业，我要隐居于一个远离尘世的地方，故我不能与你在一起，那样就拖累了你。我早就有这样的想法，因此一直冷冷地对你。"

柳倩娘亦站在门口，低着头，听着挚峻几年来都不曾说过的这许多话，非常不解，小声说道："峻哥，你突然说出这么多话，让我糊涂了。你究竟要说什么，是否赶我走？"

"不，不，不！"挚峻说，"我将在天明前离开家，再也不回来了。我不能告诉你去哪儿，但请你帮我一次忙。"

"让我帮你忙？"柳倩娘更糊涂了，"我能帮你什么忙？"

挚峻取出俩信函，说道："请你将这俩信函，一个交给我父母，一个交给我好朋友司马迁。当然，要等我走后，至中午方可交给他们，这样他们就追不上我了。"

"为何要如此？为何？"柳倩娘问。

"因为我下定决心要去过隐居的生活。你一定要帮我的忙。我对父母、对朋友要说的话都在信中，你务必帮我交到他们手上。"挚峻说着还揖拜了，"拜托你了！"

柳倩娘见状，流出了眼泪，是感动，是害怕，还是兼而有之。她点了点头。

挚峻将俩信函交到柳倩娘手上，即转身回到自己房间。他赶紧收拾，带上这些年偷偷攒下的金钱，加上上次伯父给予的尚未用完的盘缠，悄悄离开了生活二十多年的家，去追寻自己向往的日子。他估计，天一亮父母发现他不在，柳倩娘就会把信函交出来，所以必须立即走。

果然，早晨起身后，挚山发现挚峻不在，便问柳倩娘是否看见，柳倩娘就将信函交了出来。挚山打开一看，挚峻写道：

> 父母大人：不孝子峻就此辞别，去追逐不仰不俯、无名无利、清静无为、修身养性之隐居生活，再不能于二位大人膝下尽孝矣。故叩首再叩首三叩首！倩娘贤惠，是吾亏欠于她。若吾学弟司马迁有意，尚望二老成全。不肖子峻顿首。

挚山看了大怒："真是孽障！养育二十余年，仅此寥寥数言，就把我们父母二人打发了？"

粗通文字的挚峻母亲接过信一看，痛哭，立即催促挚山去追。

挚山问柳倩娘："挚峻何时将信交予你？"

柳倩娘答："午夜时分。他说天明前走。"

"我能肯定，他将信函交予你后，随即走了，不会待到天明之前，他怕我们追上他。我的儿子我了解，他早有隐居之意，作了充分的考虑。罢了，随他去吧！"挚山叹息道。然后又问柳倩娘："他还说了什么？"

柳倩娘答："他还要我将另一信函送给司马迁。"

挚山明白了，对柳倩娘说："那你赶快去隔壁，将信函给司马迁。"

"诺。"柳倩娘抬脚就出了门。

司马迁见柳倩娘突然来访，吃了一惊，以为她来是有话告诉的，赶紧问道："那天晚上你说有话要告诉我，究竟是什么话？"

柳倩娘急忙说："不是，不是，我来不是……"

司马迁也急了，打断柳倩娘："什么不是？你有话就说出来嘛。"

"不是，不是。"柳倩娘说。

司马迁见柳倩娘不说，于是说道："你不说我就先说了，我已经想好了，我今天一定要说出来。"

柳倩娘见司马迁急成这样，忍不住笑了："你要说什么？你说吧。"

司马迁以十分严肃的口气说道："倩娘，如果挚峻再不答应，我娶你，好吗？你千万不要走，千万！"

柳倩娘一听，心中大喜，脸上立刻飞出红晕，低着头，半晌未作声。

司马迁见状，催促道："我已经先说了，现在你可以说出你的话了吧？"

柳倩娘这才羞答答地说："我是想如果挚峻不能娶我，我只好回华阴家中，临行前想与你告个别，顺便问一下你的态度。"

司马迁大笑："咱俩想的是一件事，想到一块儿去了。现在我的态度你知道了，你愿意吗？"

柳倩娘微笑着点点头，然后说："这事光咱俩说了不算，还得有父母之命、媒妁之言啊。"

"那是当然，那是当然。"司马迁兴高采烈。

柳倩娘说："其实我来见你，并不是告诉你我的想法，而是为挚峻送信。"

"为挚峻送信？"司马迁不解，"两家仅相隔一道墙，送什么信？"

"峻哥走了，说是隐居去了。"柳倩娘从怀中取出信函，递给司马迁。

司马迁打开挚峻的信，也只有寥寥数语：

迁老弟：吾平生所愿，青山清溪，清风清心，足矣。倩娘乃端庄贤惠女子，而弟为大德高义之士，天作之合，万勿错过。吾父母亦弟之师及师娘，即托付于尔矣。惭愧！惭愧！伯陵（挚峻字）谨拜。

司马迁看后，递予柳倩娘。

柳倩娘看后则点点头。司马迁说："看来你赞成？"

柳倩娘说："峻哥早已看出，亦早有预谋。不仅你我之心相通，他的心与我俩也是相通的。孝敬姑母姑父，我俩责无旁贷。"

休沐日司马谈回家，司马迁将挚峻已离家隐居事禀告，并将信给父亲看。司马谈看完后，沉吟片刻，说道："挚峻这小子颇有心机，两家皆入其彀中矣。你也不差，当初我随口说出司马相如与卓文君的故事，言者无意，听者有心，竟被你刻在心中，且步其后尘。"

"嘻嘻。"司马迁高兴地说，"父亲大人您这是允诺了？"

"水到渠成，不允又能如何？"司马谈说，"倩娘那孩子确实也是好。"

司马谈随即去看挚山，多有安慰。挚山早有心理准备，知道无法改变儿子的坚定决心，故没那么痛心疾首，称随他去吧。司马谈见状，便提及司马迁欲娶柳倩娘之事，挚山夫妇完全赞成，只是提到须至挚峻舅舅家正式提亲方可。

接着纳采求亲、问名占卜、纳吉报喜、纳征订婚、请期择日、亲迎大婚六项礼仪均进行得顺顺利利，二十二岁的司马迁与二十岁的柳倩娘即完婚。

2. 入仕为郎中

司马迁心想事成，终于娶到心仪多年的柳倩娘，觉得很幸福。柳倩娘不仅贤惠懂事、孝敬公婆，同时常常去隔壁挚家，问候、帮衬姑母姑父，而且她也识得不少文字，与司马迁就有了颇多的共同语言。

起初柳倩娘嫁到挚峻舅舅家，新郎意外病逝，她便留在夫家生活。挚峻舅舅乃乡村医匠，时常教柳倩娘识字，渐渐地她可以看懂医书，并随自己一同出诊，协助医治。后来柳倩娘到了挚家，得闲时也在一旁偷听挚山的讲课，文化知识有了新长进。司马迁新婚后仍忙于整理、补记远游中简要记载于简片上的文字，或将错乱不顺的调整归顺，或将记载过于简练以至于将来可能理解不准确的稍作充实，或将存疑的人和事与典籍对照校勘，或将因磨损而漫漶的文字补记清晰，诸如此类，等等，忙得不亦乐乎。柳倩娘总是于一旁默默地支持，打理好家中的一切，不让他有半点分心。

不久，一休沐日的头一天晚上，司马谈回来已经很晚，一进厅堂的门就大声喊道："迁儿，迁儿，你快出来！"

司马迁听到父亲喊叫，吃了一惊，赶紧从书房出来，对司马谈说："父亲大人，出什么事了吗？"

"出事？"司马谈笑道，"要说是出事，倒是出了大喜事、大好事。"

"什么样的大喜事、大好事？"司马迁急忙问。

司马谈不及坐下，站着对司马迁说："皇上发出诏令，太常将征召博士弟子、博士弟子员，你的机遇到了！"

"真的吗？"司马迁也很高兴，"父亲大人您坐下，慢慢说，说仔细些，让我听明白。"

司马谈这才坐下。柳倩娘闻讯已送上茶水。司马谈饮了几口茶水，然后说道："皇帝一直重儒兴儒，启用了大量儒生，征召了大儒、名儒入朝为博士，然皇上雄才大略，文治武功均追求极致，比起征伐匈奴的连连取胜，在培养、使用儒生以推进天下治理上显得步伐不快、成效不明显。故皇上深谋远虑，向太常发出诏令称：'今礼废乐崩，朕甚悯焉。故详延天下方正博闻之士，咸荐于朝。其令礼官劝学，讲议洽闻，举遗兴礼，以为天下先。太常其议予博士子弟，崇乡党之礼，以励贤才焉。'丞相公孙弘、御史大夫番系与太常孔臧接诏合议，然后上奏皇帝，拟为博士设置弟子五十人，选择年十八以上、仪状端正者补博士弟子；同时由二千石以上官吏察举郡国好文学、敬长上、顺乡里、出入不悖所闻者至太常，受业如弟子，即博士弟子员。均授课一年后考试，其高第者可补郎中，其余可授文学、掌故。皇上阅后曰可。"

"皇上确实英明，如此则为更多人才开辟了通道。"司马迁跃跃欲试，"的确是个大好机会。"

司马谈高兴，次日便登门邀请住在茂陵邑的老师杨何来家中小聚，当然请师兄挚山作陪。杨何一来便与司马迁打趣道："乃父请我来，是尔迁小子将起步迈向大迁矣，可贺可贺！"

司马迁揖拜道："师爷杨大人取笑迁小子，成为大迁谈何容易，须一辈子艰苦不懈地努力，还不一定如愿。"

"我看行。听你父亲讲，这次你远游两年有余，胸怀愈大，眼界愈宽，获取了许多从书籍中学不到的知识，我对你迁小子有信心。"杨何说，"我一定去与太常孔大人商议，我与他共同荐举你为博士弟子。"

司马迁听了，大喜，立即向杨何跪叩："多谢师爷杨大人抬举！"

杨何扶起司马迁，对司马谈说："请孔大人帮助，怕是最后一次了。"

司马谈点头。

司马迁不解，问道："师爷何意？迁小子不懂。"

杨何说："孔大人于元朔三年推荐公孙弘任御史大夫不久，文帝薄太后的南陵陵园中有座桥塌了，致运送衣冠的马车无法通行，此事奏报至朝廷，皇上责让孔大人，称皇家山陵皆由太常管理，如今南陵的桥塌了，你作为太常当然要负责。孔大人请求削爵免官，回家养老，皇上夺去孔大人的蓼侯爵位，但未允其辞去太常职位。这两年孔大人时常生病，亦几次请求以病退位，然皇上始终未允。"

司马迁很为孔臧担心，说道："公孙弘乃孔大人推荐而任御史大夫，他为何不能在皇帝面前帮孔大人说说话，可能也不至于让孔大人被夺了爵位。"

"公孙弘那人，他想着当上了御史大夫，还要奔着丞相的位子去，怎么能为孔大人说话？如果惹皇上不高兴，当丞相不就危险了吗？"杨何一贯鄙视公孙弘。

挚山忍不住插言道："朝中就是因为有公孙弘这样的小人当政，才使得江都王、胶西王这些骄横跋扈的诸侯王得不到惩罚。皇上念着亲情不忍严惩是一方面，这班大臣害怕触犯龙颜而不敢建言也是一方面。董仲舒、汲黯好直言谏争被排挤出朝，主父偃力主抑制诸侯王竟落得个族灭的可悲下场。故吾家兄于胶西国被害，我从未指望能真正破案，让凶手和指使者受到惩罚。"说着说着竟又流下热泪。

司马迁见状，赶紧安慰道："老师，是学生不好，将话题引到这上面，让老师伤心了。"

挚山倒也豁达，抹去眼泪，说道："迁啊，老师不行了，挚峻又不知去哪里隐居了，我希望你有出息、有成就。老师预祝你能入太学为博士弟子。"

"谢谢老师！学生若能如愿，那也是老师多年教诲的结果，还有，有幸得到师爷、孔臧大人、孔安国大人还有董仲舒大人的指点、鼓励、帮助，学生一定加倍努力，不辜负诸位师长的期望。"

经孔臧、杨何推荐，司马迁顺利成为博士弟子。然司马迁入太学不久，孔臧即因病重而获准致仕，回家不及一月便不幸去世了。司马迁因此难过了好长时间。

到了冬十月，司马谈随武帝刘彻行幸秦故都雍县（今陕西宝鸡市凤翔），祭祀天神。雍县自秦时就有四处祭祀天神的场所，称四畤（zhì），即鄜（fū）畤祭白帝、密畤祭青帝、吴阳上畤祭黄帝、吴阳下畤祭赤帝。后来汉高祖刘邦至此祭祀，增置北畤祭黑帝，四畤成了五畤。祭祀五帝的做法是，设置一个大的圆形土坛，这是因祭天神，取天圆地方之意；土坛上堆满木柴，点燃，这是远古时即有的做法，亦符合"帝"字的本意，"帝"在甲骨文中即指架木柴燔之以祭天神。后来"帝"才演变成人间君主的称谓。刘彻往往每三年左右，来此祭祀一次。

此次刘彻行幸至雍县，心情大好，上年大将军卫青两出定襄击匈奴，均获大胜，至此，卫青六征匈奴皆大捷。十八岁的霍去病此番两次跟随舅舅卫青征战，勇不可当，斩获甚多，大汉军中又涌现出一位年轻的杰出将领，使刘彻彻底击败匈奴的信心大增。刘彻一到雍县，即诏令先进入北部山区，展开一场较大规模的围猎，以为庆贺。猎获颇丰，尤其是捕获了一头角兽，有内行的臣子认识那是白麟。

刘彻不敢相信，询问随侍在侧的司马谈："太史令职掌天时星历和阴阳吉凶，你说此时获白麟，应作何解释？"

司马谈即跪叩道："陛下，微臣以为，陛下行幸至雍县祠五畤，当然是大吉之时；上天报享以白麟，符瑞之应也，此数百年方遇一次，预示天下必有圣主现。"

"司马谈平身。"刘彻大悦，说道，"朕亦以为，吉时获仁兽，乃天帝所赐。本次祭祀，于五畤各加一牛，与柴同燎，以回报天帝。"

祠五畤后，刘彻意犹未尽，诏令改元，此时正值十月，一年初始，即以本年为元狩元年。狩者，猎也，获白麟也。又诏令朝廷铸造一种新的金币，形如麟足，称麟止。止者，趾也，足也。夜晚歇于行宫，刘彻更是诗兴大发，作《白麟之歌》。歌中除肯定获麟乃吉祥之事，抒发获麟之喜悦，还将获麟与击匈奴相联系，决意继续谋攻凶暴之族，大量消灭匈奴，所谓"图凶虐，熏鬻（xūn yù，匈奴）殛（jí）"。当刘彻于朝会上宣读自己所作《白麟之歌》时，随侍的朝臣皆激情澎湃，山呼万岁！

司马谈亲身经历，亲眼所见，且被皇帝征询，感到无比幸运。他以为，有幸侍奉圣明君主，得遇数百年才会出现一次的白麟降世，真是司马氏积了几辈子的德了！而皇帝诏令铸造新的金币，称作"麟止"，司马谈闻之如同突遇电闪雷鸣，激发大脑中起了风暴：麟止，麟止，孔子修订《春秋》，自鲁隐公元年（前722年）始，至鲁哀公十四年（前481年）获麟时搁笔停止，史称"麟止"，成为典故。现在出现了新的"麟止"，虽然含义不同，但是否在启示着什么呢？是否启示我续《春秋》而新写大史书也应写到今年获麟时为止呢？新的金币名称牵扯出历史典故，此非一般巧合，乃上天之启示也！亦明君之启示也！

突然想到书写新史书，司马谈先是满心喜悦了好一阵子，然而内心冷静下来后，又非常自责，自从确定要续《春秋》写出新史书之后，酝酿已久，准备已久，却迟迟未动手，并未写出一个字来。他下定决心，此次侍奉皇帝回到长安后，即正式开始编写新史书，不能再延宕了！如此一想，司马谈竟哑然一笑：获麟乃大祥瑞，于是皇上改元、铸币、作诗；吾司马谈亦随之明确了两条：新史书写到今年获麟时止，须立即开始新史书的编写。

回到长安后，除太史令日常事务外，司马谈真的开始着手写新史书了。但真的要下笔，又觉得有些问题还需要明确。承蒙诸位大师启发，新史书的体裁是以人物传记为中心，而究竟要写哪些人物？这些人物是否要分层次、分类别？如何分？人物的事迹、言论写到什么程度？等等，都是首先要搞清楚的。还有，写人物传记也得有个顺序，什么样的顺序合适？现在明确了新史书写到今年获麟时为止，那从何时开始写呢？是接着《春秋》之后写，还是从更早的时候写起？这些也都是问题。如今孔臧已去世，董仲舒、孔安国已出朝在郡国任职，能一起商议的，唯有儿子司马迁。

司马迁成为博士弟子进入太学学习，平常住在生员的馆舍里，很少来看望父亲。这次听说父亲侍奉皇帝去雍县祠五畤，喜获白麟，特意于休沐日前一晚上来看望父亲，听听获麟的情形。司马谈见司马迁来了，十分高兴，自是将在雍县所见所闻全部说予儿子听，绘声绘色，激动不已。

司马谈特意说道："迁儿，皇上喜获白麟，兆示着几百年才会产生的一位圣贤明君出现了，国家幸甚！兆民幸甚！而我司马谈竟也有很大收获，我被获麟这件喜事顿悟，想到了孔子当年修订《春秋》至鲁国获麟时止，我等书写新史书何不也到今年获麟为止？我又想到获麟亦是提醒、催促，福瑞降临，正是开始编写新史书的好时机。"

司马迁听了也很高兴，说道："父亲所言甚是。新史书写到今年为止，颇是恰当。父亲开始着手，需要迁儿做些什么辅助吗？"

"我正要与你讨论，新史书以人物传记为中心，但还得有个顺序。《春秋》是编年体，以鲁国国君纪年为序，我等的新史书是否也应以君临华夏天下的国君为序？"司马谈说。

司马迁立即答道："父亲，您考虑得对，以君临天下的国君即天子为序。而类似鲁国国君仅是诸侯，是治理一方的小君。我在会稽山观瞻禹祠时，那里的祠官说得好，天子是天子，诸侯是诸侯，不可混同。以从古至今的天子传记为序，就是立起了纲，纲举才能目张。"

"说得好。"司马谈赞道，"你这么一说，就将人物传记划分了类别和层次，有天子的传记，有诸侯的传记，然后才是其他人物的传记。这也应有不同的名称，比如，天子的传记既然是纲，纲者，本也，可称'本纪'；诸侯乃世袭，三十年一世，可称'世家'；其余人皆称'列传'。"

"父亲大人分类及称名甚好，甚准确。"司马迁说，"父亲到底是做了很长时间的准备和思考。"

司马谈说："别忙着夸。既以天子的本纪为序，那从何时的天子开始呢？止笔已明确了，即到当朝皇帝获麟之年为止。"

司马迁说："当然是越早越好，从黄帝时写起最好。"

司马谈沉吟半晌才说："从黄帝时写起是好，但从我这许多年积累与检索的资料看，远古、上古的文字记载很少，要写的话难度极大。"

司马迁见父亲很为难，说道："父亲，孩儿不知这次来您要与我讨论编修史书之事，故没有什么准备。以我陋见，先做从黄帝时写起的准备，但实际写作时可先易后难，已成熟的可先写，比如您对诸子百家已有很深入的研究，诸子中的一些重要人物传记可以先写。父亲，您说呢?"

"先易后难，这倒是个办法，可以动笔先写起来。总比老是搁置不动要好。"司马谈赞成，"如同建屋，立柱、柱础、屋梁、屋椽等可以分别做好，最难的版筑夯土和撑起四梁八柱、组装合成放在后面。诸子中的一些重要人物是必写的，我就听你的，将孔子、孟子、老子、荀子等传记先着手写起来。"

就在司马谈开始着手编写新史书之际，十一月，淮南王刘安谋叛之事彻底败露，武帝刘彻震怒，诏令严惩不贷，朝中气氛一下子紧张起来。刘安的父亲刘长乃高祖刘邦的第七子，幼时即被封为淮南王。刘长成年后颇具才力，力能扛鼎，又骄恣不法，文帝时涉谋反罪被废去王位，流放蜀地，于迁徙途中绝食自尽。文帝不忍，于淮南国故地，复立刘长三个儿子均为诸侯王，长子刘安为淮南王。刘彻登基后，对堂叔刘安十分尊重，然刘安始终对自己的父亲刘长之死怀有怨恨，同时见刘彻多年无子而觊觎皇位，并结交朝中权贵，蓄谋择机起兵，进攻长安。后被自己的庶孙刘建告发。刘彻令廷尉张汤穷究刘安谋反案，刘安与牵涉其中的弟弟、衡山王刘赐自刭，所与谋反者皆族灭，诛杀数万人。朝臣中亦有人被牵涉，结交刘安的侍中庄助弃市，卫青部将、岸头侯张次公因与刘安女儿交往甚密而被夺爵，一时间搞得朝中人心惶惶。

丞相公孙弘自以为无功拜相封侯，如今出现诸侯王谋逆事，乃丞相等大臣辅佐皇上不力所致，甚为自责。案件审理中，获知刘安等人之所以谋叛已久而迟迟未发，是因为惧怕大将军卫青率军平叛；刘安并称朝臣中独汲黯守节死义、难以撼动，而公孙弘等则可轻而易举拿下。公孙弘闻之甚为畏惧。后有一次刘彻当着公孙弘等的面说，看来多年前主父偃力主实行"推恩"还是很有必要的，如若淮南国的推恩措施落实，其被析分，刘安就无力量谋逆了。公孙弘听了愈加畏惧，便主动上书以病求退。刘彻未允。于是公孙弘想着要做些什么，尽些责任，以为补救。元狩元年（前122年）八月，太常征召的博士弟子，如弟子学习已满一年，即将考试，太常请示公孙弘，以何题策试，公孙弘答复，鉴于淮南、衡山谋逆案，妥为解决诸侯国问题乃当前大事，即以景帝时期平息吴楚七国之乱为题。

公孙弘确定的策试题目，正中司马迁下怀。司马迁做过较详细的实地考察，访问过相关人员，回来整理记录时又翻阅了有关资料，甚至还去过父亲的两阁寻阅当时的文书律令，对平息吴楚七国之乱有清晰、完整的了解，对其中的有关问题也做过比较深入的思考。因而司马迁在应试之中驾轻就熟，挥洒自如，对七国之乱的起因、过程、结局做了简明扼要的叙述后，着重剖析了太尉周亚夫和梁王刘武击败叛军的宝贵经验，提出了削弱诸侯国势力、维护大一统局面的建议。司马迁的分析具体而深刻，如周亚夫听从建议，出关时不走崤山、渑池而取道武关绕行至洛阳，则避免了在崤山遭吴王死士的伏击；又如周亚夫率大军抵达前线后，及时据守军事要地昌邑，切断吴楚叛军与北边赵齐叛军的联系，同时切断吴楚叛军粮道，待机再行决战，则可一举击败叛军。司马迁实地考察过这些地方，山川形势及兵马出入之途曲折变化尽在胸中，论述起来当然准确精到，为旁人所不及。

司马迁应试成绩优异，获评高第，被选任为郎中，成为皇帝的侍卫官，正式入仕。时年二十四岁。

3. 经历

司马迁以策试高第得以入朝为郎中，司马谈大喜。司马氏父列外朝，子在中朝，虽则秩级均不高，然父子同朝为官，也一度成为茂陵邑显武里人家的谈资。柳倩娘不久生下一女，司马谈高兴地为其取名为司马英。英者，杰出之谓也。司马迁应试成绩优异，获授郎中，英才也。故取此名以纪念。

大汉中朝即内朝的郎官，职责是侍卫皇帝，平时执戟值守，皇帝出行则乘车骑侍从护卫。郎官有议郎、中郎、侍郎、郎中，多至千人。议郎、中郎秩级比六百石，侍郎比四百石，郎中比三百石。除此之外，还有先导、传令的七十名谒者亦兼有侍卫职责，秩级比六百石。刘彻登基后，又增设了千余人的期门郎，其待于宫门以随卫皇帝外出，秩级等同郎中。这些郎官、谒者还有大夫都归九卿之一的郎中令统管。此时的郎中令是抗击匈奴的名将李广。

李广乃陇西郡成纪县（今甘肃静宁县）人氏，于文帝十四年（前166年）即从军击胡，因擅长骑射而杀虏甚多，先后擢升中郎、武骑常侍、陇西郡（今甘肃临洮县）都尉、骑郎将，文、景、武帝三朝历任上谷郡（今河北怀来县东南）、陇西郡等多个边郡太守，多次率军打败入侵的匈奴人，甚得武帝信任，曾任将军、卫尉，现任郎中令。李广长得高大魁梧，臂长善射，是天生的为将之才，且对部下尽施仁义，遇有急难险阻则身先士卒，甚得部属拥戴。司马迁对李广事迹早有耳闻，觉得其品行高尚，是如同程婴、郭解、樊他广一样的大义士，故一直对其心存敬意，如今能在其属下当差，则感到十分荣幸。

有一夜晚，司马迁于未央宫里的皇帝寝殿麒麟殿外执戟值守，李广在两位中郎的举灯引领下前来察视，见司马迁精神抖擞地直立于殿廊之下，微笑着说道："甚好！"就走过去了。司马迁望着李广离去的高大背影，心中激动了好一阵子：安排自己在皇帝寝殿外值守，本身即是莫大的信任，现在又给予鼓励，当然高兴！后来司马迁又听老的郎官们说，李广乃将门之后，其祖上是秦国名将李信。司马迁心想，自己的祖上司马错不也是秦国名将吗？如此一想，于是对李广在敬畏之外，还平添了一份亲近感。

进宫担任郎官有多种渠道，像司马迁这样以博士弟子身份通过策试的只是刚刚开始和极少数，多数是二千石以上官员依据朝廷的任子制度推荐自己的子弟入宫为郎，或察举贤才为郎。还有不少是因军功升任的，也有临时征召的，甚至有资任即拿钱买的。与司马迁同时期入宫为郎的有不少权贵子弟，最为著名的是冠军侯、骠骑将军霍去病的同父异母弟弟霍光和李广长孙李陵，两人均只有十四五岁，任郎且侍中，甚得刘彻宠信，侍奉于皇帝身边。曾任平陵侯、将军、卫尉的苏建则有三个儿子苏嘉、苏武、苏贤同时为郎。有的郎官虽然出身一般，但颇具材力，如同时期有位期门郎叫上官桀，侍从皇帝赴甘泉宫途中遇到大风，皇帝的车不得行，驾车的太仆将车盖拿下交予上官桀，上官桀竟然一路举着车盖紧随车驾而行，用车盖为皇帝挡风遮雨。刘彻见状大悦，即擢升其为未央宫厩令。

司马迁乃小小太史令之子，并无显赫家世，又是一介书生，绝无上官桀那样的大力气，处于郎官的最下层——郎中位置上，只能是谨小慎微，尽心供职，祈望有朝一日能取得皇帝信任。

司马迁任郎中的次年即元狩二年（前121年），八十岁的丞相公孙弘病逝，乐安侯、御史大夫李蔡接任丞相。李蔡乃李广从弟，两人同时从军击胡。李蔡名声远不及李广，但曾经两次跟随卫青出征匈奴，立有军功，获封乐安侯，后擢升御史大夫、丞相。而李广在马邑事变后也曾两次出征匈奴，第一次失败被俘，后单独逃回，依律当斩，赎为庶人；第二次跟随卫青出征，无功而返。李广眼见李蔡早已封侯且跻身三公，自己却与匈奴作战几十年而不得封侯，仅位列九卿，心中很不是滋味。李广认为，匈奴在卫青、霍去病率军打击下，渐渐大势已去，而自己年纪越来越大，要到出击匈奴的战场上立功封侯的机会亦越来越少。

　　此年夏，霍去病再次出征河西，刘彻与卫青商议，要同时从右北平郡（今辽宁凌源市西南）出兵牵制，以减轻霍去病西征的压力。李广曾任右北平郡太守，熟悉情况，便请求出战，获刘彻允准，并派博望侯、卫尉张骞与他同时出征，还将李广的儿子李敢从霍去病属下调来李广身边。李广率四千骑兵先行，途中遭遇匈奴左贤王四万骑兵，而张骞率领的万骑迟迟未到。李广、李敢父子在被匈奴人包围的情况下，拼死冲杀，后张骞赶到，匈奴人方退去。此战李广部与匈奴人损失相当，故李广仍未获封侯与赏赐。而张骞迟滞后至，当斩，赎为庶人。

　　李广回朝后，众人皆为李广惋惜，司马迁更是钦佩李广、李敢父子的英勇果敢，认为李广不得封侯，实在是运气不佳。

　　汉武帝刘彻在下定决心主动大规模出击以解除匈奴对大汉的多年威胁，亲自谋划、运筹、指挥对匈奴的战争中，在注重发挥韩安国、李广、李蔡、程不识、李息、李沮等老将作用的同时，更提任了一大批有勇有谋的年轻将领，尤其重用奴隶出身且背负私生子秽名的卫青、霍去病为统兵将帅。而对于将领在作战中失败、损兵、迟滞或被俘逃回等，按大汉军律应予斩首，刘彻无一诛杀，而是允许这些将领以钱赎罪，免为庶人后择机再起用，像李广、公孙敖、苏建、张骞等。八月的一天，刘彻亲自召见免职返家的苏建，新任其为代郡（今河北蔚县西南）太守，镇守边郡重地。

　　当晚，护北军使者任安设宴款待苏建，以为庆贺。任安少时孤贫，曾任右内史所属的武功县（今陕西武功县）县长，因故免职后投卫青门下为舍人，与同为舍人的田仁结为好友。后俩人被卫青荐举为郎，刘彻听说俩人乃卫青舍人，亲自接见，二人当着皇帝的面相互推崇，刘彻大笑，即任任安监护北军、田仁监护河上边田谷，此事一时传为佳话，二人也得以扬名天下。后来卫青大军驻于定襄，为整顿当地社会秩序，请求刘彻允准，调著名酷吏义纵任定襄郡（今内蒙古和林格尔西北）太守，随借调北军至此的任安行（暂时代理）大将军长史，合作打击当地豪强。任安之后又返回北军。任安、田仁虽然在宫中充任郎官的时间不长，但二人喜好交友，与同期为郎的一些人尤其是出身贫寒者相交甚笃，一直保持联系，有机会就在一起聚会喝酒。

司马迁即是被二人的朋友带去的。任安性格热情大方，豪爽仗义，一见司马迁就像好兄弟、老朋友一样，说出的话暖暖的，司马迁一下子就没了生分。

苏建原为卫青属下校尉，元朔二年（前127年）随卫青收复了被匈奴人多年侵占的河南地即河套地区，因功获封平陵侯，之后又以将军身份督建军事堡垒朔方城（今内蒙古杭锦旗西北）。刘彻以其劳苦功高，任其为卫尉。元朔六年（前123年），苏建两次以右将军随卫青出定襄击匈奴，在第二次与前将军赵信同率三千余骑遭遇匈奴单于数万骑兵，赵信带八百骑投降匈奴，其余汉军尽战死，唯苏建得以逃归卫青。卫青属下有人劝他诛杀苏建以立威，而卫青认为人臣不可专权，应送天子裁决。苏建被押回后刘彻未诛，允其以钱赎罪，免为庶人。任安与苏建仅在很短的时间里同在卫青手下共事，听说苏建被皇上重新起用，立即设宴庆贺，这让苏建很是感动，故一见面就拱手道："任安老弟如此重友情，愚兄多谢了！"

田仁自然也应邀前来，席间与任安说起同在卫青门下做舍人，觉得卫青并不识才，俩人一个做过三百石的县长，一个是二千石官员子弟，却让做舍人、养马，这明显是慢待了。

苏建听了立即说道："两位误会了！我曾经劝过大将军，说大将军您至为尊重，而天下的贤士大夫并不称誉您，您应该学习古之名将，召选一些贤士为宾客，他们就会为您彰扬。而大将军却说，谢谢你的好意，自从魏其侯窦婴、武安侯田蚡府中多有养士、厚待宾客，令天子切齿痛恨。选人招士乃人主之权柄，吾等人臣奉法遵职而已，何能招士？大将军坚持不招士、不养宾客，府中只有舍人、仆人，正是大将军谨慎守法的表现。能接收你们为舍人，已经不错了。"

任安、田仁听了，一同起身向苏建揖拜道："多谢苏将军提醒，我等看来是错怪大将军了！"

苏建又说道："元朔五年，大将军当时还是车骑将军，率军击溃匈奴右贤王，缴获甚丰，陛下大悦，遣使即于军中拜其为大将军。后来回到长安，陛下遣亲信大臣、少府赵禹至大将军府上，名义上是来选郎，实际上是来察看府中是否养士，问遍了一百余名舍人，确认未养士，才选中了你们两位为郎。"

"原来如此。"任安说，"吾等心胸，何能望大将军之项背哉！"

田仁也说："看来我俩是以小人之心度君子之腹矣！"

司马迁听了他们的对话，心中一震，在佩服卫青的同时觉得朝中太复杂了，连大将军那样功勋卓著、位列三公的大人物，尚且须时时事事小心谨慎，似吾等小小郎中，更要如此！司马迁亦欣赏任安、田仁知错即改的处世态度，认为这也是豪爽之人的一个特点吧。

司马迁与任安、田仁一见如故，其后常有交往，还与父亲司马谈一起，邀请他俩到茂陵邑家中做客。田仁后来赴外地任职，而任安一直供职于北军，故司马迁有空时常去拜访任安，听他讲朝中、宫中之事，有疑问则向其请教。

元狩四年（前119年）三月的一个上午，司马迁在未央宫承明殿外值守，看见李广匆匆走来，司马迁立正颔首行礼，并尊敬地喊道："李将军！"

李广昂着头，眉头紧锁，没用正眼看，只是以眼角余光扫了一下司马迁，说道："何称将军？不上战场则徒有虚名耳！"李广边说边走，一会儿就进了承明殿，去见皇帝。

大约过了半个时辰，李广从承明殿出来，迈着稳健而轻松的步伐又走了过来，不像刚才进殿之前那般急匆匆的。司马迁又喊了一声："李将军！"

李广亲切地望了望司马迁，笑容满面地说："好，甚好！"就走过去了。

司马迁觉得蹊跷，晚上去见任安时就将这情况说出，并问任安："李将军这是怎么了？"

任安听了哈哈大笑，说道："司马迁啊司马迁，你就是个迂夫子、书呆子，怎么让你这样的人做了郎官！执戟侍卫不应是你的事，你的强项是动笔写文章。这几天朝中、宫中正在决定、运筹一件至为重要的大事，你不知道？李将军进出承明殿前后的神态迥然不同，定与此事有关。"

"什么大事？我真的不知，请任兄赐教。"司马迁诚恳地说。

"陛下已下决心，派遣大军出征漠北，主动寻匈奴主力决战。"任安缓缓说道，"前些年与苏建将军一同领兵出战的赵信投降匈奴后，大得单于信任，获封自次王，单于并以其姐妻之，还专门为他筑城名赵信城。这赵信原本即匈奴相国，早年投汉被封为翕（xī）侯，如今回归匈奴竟获单于超过常规的重视，感激涕零，便为单于划计，将匈奴主力收缩于漠北，等待汉军往攻，届时汉军长途征战疲惫不堪，而匈奴人以逸待劳，定可大败汉军。陛下获悉后与卫青、霍去病诸将多次商议，认为平时欲寻匈奴主力决战而不得，这次是个好机会，决定将计就计，尽遣汉军主力奔赴漠北，与匈奴主力决战，尽可能多地消灭匈奴精锐，从根本上解除匈奴对吾大汉的威胁。"

司马迁听了既惊讶又振奋，顿觉全身血脉偾张，激动地说："太好了！陛下雄才大略，非陛下，何能有如此的胆魄和谋略？我要不是个文弱书生，非向陛下请战不可。"

任安赞许道："如今很多人与你想法一样，真乃人同此心、心同此愿，皆欲跟随大军出战。咱们北军驻防于京城，乃精锐之师，这几年有不少兄弟跟随骠骑将军征战大漠，此次听说要决战，群情激奋，争着要上战场，称这次决战击溃匈奴人后，再想打匈奴人就没机会了。实际上李广将军谒见陛下，也是请战的。"

"真的吗？陛下同意了吗？"司马迁问。

"当然是真的。"任安说，"我听宫里人讲，李广将军已经几次请求出征，但陛下考虑他年纪太大了，且近些年屡次出征皆不顺，并未首肯。今日上午他又去求陛下，陛下见他慷慨赴死之决心不可更易，只好同意他随卫青出征，并应李广请求任其为前将军，能尽早与匈奴单于死拼。李广走后，陛下立即召见卫青，称李广太老了，又数为匈奴所败，朕不得已让他随你出征，作战中不能让他直接抵挡单于。李敢仍旧回到霍去病麾下出征。十六七岁的李陵甚至亦坚决请求出战，陛下未允。"

司马迁叹道："李将军一家急国家、朝廷之急，奋不顾身，实在可钦可敬！我愿他老人家杀敌立功，遂了封侯夙愿；最主要的，是平安回朝。"

不久，卫青、霍去病各率五万骑兵、十几万步兵，还有数十万民夫转运物资粮草，浩浩荡荡，分两路出征。卫青率大军自定襄出塞后，令前将军李广与右将军赵食（yì）其（jī）合并出东道为偏师，而自己与中将军公孙敖一同居中靠前进军。大军遭遇匈奴单于后发生激战，双方杀伤力相当，单于溃围逃遁，卫青追击未得，但斩捕匈奴人一万九千，缴获赵信城大量积粟，大胜而归。归途中到达漠南方才遇见迷路的李广、赵食其。卫青令长史责问李广、赵食其，李广不愿回朝后再次面对刀笔吏的讯问，遂引刀自刭。其部属皆为之痛哭。赵食其回朝当斩，赎为庶人。

霍去病一路大军自代郡、右北平郡出塞北上，行千余里后与匈奴左贤王部决战，斩获匈奴七万零四百人，封狼居胥山，即在匈奴的狼居胥山举行祭天仪式，宣示大汉军威。之后追击左贤王直到瀚海（今俄罗斯贝加尔湖）方还。

卫青、霍去病率领大汉军队远征漠北与匈奴决战，大获全胜，匈奴骑兵主力几乎损失殆尽，自此匈奴人在漠南再无王庭，亦轻易不敢骚扰大汉北方边郡。漠北大捷的消息传来，司马迁当然与朝野上下一样，欢欣鼓舞，但对于自己的老长官李广将军的不幸，心中好痛好痛，并持续了好长一段时间。司马迁到任安处倾诉，任安则劝道，此事牵涉大将军，也涉及皇上，且与你司马迁并无多大关系，万勿在外公开流露痛惜李广的情绪，这会带来麻烦。

李广的儿子李敢，以校尉身份随霍去病远征，因功获封关内侯，回朝后还被刘彻提任为郎中令。

多年以来，郎中令、卫尉这类护卫皇帝安全的特别重要岗位，均由老资格的二千石官员、将军甚至列侯充任，刘彻拔擢李敢这样一个校尉接任，实际上是体现了对于李广的惋惜，也算是对李家人的安慰。

李敢就任郎中令，其行事风格与李广迥异。李广沉稳宽容，李敢则急切严苛，郎官们均忌惮李敢，唯恐出现闪失而被责罚。但司马迁觉得，李敢对自己还是不错的，很信任。元狩五年（前118年）夏，刘彻行猎上林苑，突然感到浑身乏力，疲惫至极，整个人就像被抽空了似的，病倒了，且病得甚重，不能回长安未央宫，只得就近住到蓝田县（今陕西蓝田县）的行宫鼎湖宫。

郎中令李敢自然不敢怠慢，急召太医诊治，却未见好转；又召巫师作法驱邪，仍无果。有人对李敢说，陛下极信神君，而上郡（今陕西榆林市东南）有位巫师可通神君，问神君如何使陛下痊愈。所谓神君者，原为长陵（今陕西咸阳市东）女子，因儿子病逝而悲伤至死，其妯娌祭于其室，后民多祭之，常有灵验，人称神君。刘彻外祖母平原君曾求验神君，后子孙果然极显贵，刘彻母亲王太后也信神君，刘彻自己当然亦信。李敢奏报，刘彻即诏令于甘泉宫祭祀神君，并请上郡那位巫师进甘泉宫与神君通言。

甘泉宫乃当时未央宫外最大的皇帝行宫，位于云阳县（今陕西淳化县），李敢随即令郎中户将带着司马迁等几位郎中，火速赶到一百多里以外的甘泉宫，并明确巫师祭祀时，由司马迁一人陪侍在侧。次日傍晚到达甘泉宫后，司马迁监护着巫师进入寿室，一番祭祀之后，帷帐似有微动，但不见人形，只闻人声，称："天子无忧病。病少愈，强与我会甘泉。"巫师即将神君之言记于帛上，密封交郎中户将，快马飞报刘彻。

刘彻见到密书大悦，病即好了许多，再稍好些便起驾到了甘泉宫，不久痊愈。实际上是刘彻这些年统筹对匈奴的大规模战争，耗尽了国力、财力，亦耗尽了自己的心血。而淮南王刘安谋反事暴露，刘彻又受到很大的震动和惊吓，愤怒和痛心都是到了极限。刘彻实际上没病，是心理上多年来压力太大、太多，暂时被压垮了。上郡巫师摸透了皇帝的情况，又深知皇帝极信神君，这才导演了一场人与神通话的活剧。

刘彻完全康复后，大赦天下。又诏令在甘泉宫长期设置寿室，并在长安专设寿宫，以祭祀神君。对于上郡那位巫师，刘彻专门予以重赏。而对李敢所做的这一切，刘彻亦甚满意。李敢则称赞司马迁于寿室中侍祭很尽职，又能做到守密不泄。

更有一次，司马迁在承明殿外值守，李敢侍奉着刘彻出殿，走到司马迁身边时，司马迁跪叩行礼："微臣见过陛下！"

李敢则对刘彻说："陛下，这就是那日在甘泉宫寿室中侍祭神君的郎中司马迁。"

刘彻说："司马迁？听说过。太史令司马谈之子。甚好。"

司马迁受宠若惊，再叩首："谢陛下！"心中对李敢很是感激。

过了不到一年，翌年三月，刘彻再赴甘泉宫，这次主要是到宫外的甘泉苑行猎，大司马骠骑将军霍去病陪侍射猎，利用与李敢单独一起追逐猎物的机会，射杀了李敢，称李敢乃公鹿触杀。

原来，李广自杀后，李敢始终对大司马大将军卫青心存怨恨。

有次李敢私下遇见卫青，竟拔剑刺伤了卫青，而卫青既未还手，也未声张。后来霍去病获悉此事，不能原谅李敢，故此次借机射杀了李敢。刘彻极宠信霍去病，也称是公鹿触杀了李敢，丝毫未惩罚霍去病。

司马迁此次未去甘泉宫，听闻李敢被公鹿触死，痛惜不已。

数月之后，二十四岁的霍去病突发急病去世。过了一段时间，司马迁才得知李敢是被霍去病射杀的。他悄悄地向宫中不少人打听，慢慢弄清了整个过程，细细咀嚼，各种滋味都有，但最痛心的还是李氏父子的先后意外身亡。

李广、李敢去世后，司马迁以其尚义好义之性情，甚为牵挂、关注着李陵。李广有三子：李当户、李椒、李敢。三兄弟亦同时为郎，后李椒出任郡太守，病死于李广之前，李当户则于李椒前早逝。李陵是李当户的遗腹子。李广甚为疼爱长孙李陵，自小便教其练习骑射，李陵亦很努力，完全得爷爷真传。李陵入宫后甚得刘彻宠信，他也十分懂事，侍奉皇帝谨小慎微，对待同时为郎的诸位年长者谦逊有礼。司马迁与李陵虽然是同期，但岗位不同，仅偶有相遇，并无过多交集，更不像与任安那样常常一起饮酒、相谈甚欢。李敢去世后，刘彻擢升李陵为建章监，仍日侍中。

建章监职责为监领建章营骑，侍奉皇帝行猎。当时建章宫在上林苑中，所以李陵常常不在未央宫中，司马迁见到他就更少了。但司马迁敬重李广，感激李敢，当然始终关注着李陵。

4. 奉使巴蜀以南

　　时过不久，任安出了大事，受义纵案牵连而入狱。

　　义纵的姐姐是刘彻母亲王太后的侍医，是王太后荐举义纵入仕的，后来经卫青推荐，调任定襄郡太守，以霹雳手段整治乱象，使卫青大军驻地的社会秩序大大好转。再经卫青推荐，义纵被皇帝提任为右内史，管理长安以西的京辅之地。御史大夫张汤的老部下王温舒时任中尉，统管京辅治安，因忌恨而陷害义纵。

　　刘彻病于鼎湖宫，后经右内史辖地前往甘泉宫，有一段道路不平，御车颠簸了几下，随侍的王温舒看皇帝心情不好，趁机挑拨道，自己曾劝过义纵，要好好修整这里的道路，说不定哪日陛下要经过此地，而义纵却不以为然。刘彻闻之发怒道："义纵以为朕不复行此道乎！"

　　其时，刘彻下达了缗（mín）钱令，对商贾、手工业者另外征收财产税，又派御史杨可主持告缗一事，对隐匿不如实申报财产者可告发，当时告缗令尚未正式颁布，杨可急不可耐，先派使者四处布置告发事宜，义纵让部属抓了此类使者。张汤、王温舒认为义纵是"废格沮事"，即阻止皇帝诏令实行。此时王太后早已去世，没人敢为义纵讲话，刘彻新账老账一起算，下令将义纵诛杀弃市。

　　廷尉府查出任安曾与义纵共过事，将任安亦逮捕入狱。后刘彻听说任安仅仅是与义纵短暂合作过，询问卫青也以为与义纵案件无关，这才放了任安，但任安护北军使者的职务却没了。

任安出狱后，司马迁专门请他吃饭，以为安慰。任安心有余悸地说："田仁曾几次跟随大将军出征匈奴，他说大漠中有一种变色龙，两只眼不停地转动，一只眼寻找猎物，而另一只眼则时刻注意要吃掉自己的捕食者。看来于朝中为仕，必须学习这变色龙，否则不知何时会死无葬身之地。义纵即如此，我也差一点。"

司马迁说道："真有任兄说的那样凶险？你这不是出来了吗？"

"你看义纵，与王温舒同为酷吏，但俩人出身不同，王温舒在张汤任廷尉时做过廷尉史，义纵不是，俩人就斗得你死我活的。要不是因为大将军说了一句公道话，我也会身首异处。"任安十分感慨地说，"当初骠骑将军军功渐渐超过大将军，陛下也更看重骠骑将军，许多人包括大将军的门人、故旧都离开大将军而去投靠、巴结骠骑将军，唯独我对大将军不离不弃，常去拜望。看来我是做对了。"

司马迁听了任安一番话，心中起了波澜，觉得自己是个简单的人，应付不了朝中复杂的关系，于是问任安："任兄你说朝中如此复杂甚至凶险，似我这类单纯之人，如何是好？"

任安笑道："司马迁，我说句可能让你不高兴的话，你就不是一个做官尤其做大官的料，但你的文章写得好，我听朝中好些有地位的人说过，你应试的那篇文章，深刻精到，文采飞扬。你应扬长避短，向着文章大家的方向去努力，如同朝中另一位姓司马的那样。"

"任兄指的是司马相如？"司马迁问。

"正是。"任安说，"司马相如，还有东方朔，均是了不得的学问大家，他们原先亦甚有抱负，但如今只能是明哲保身。"

司马迁沉思不语，心中那点企图晋升的愿望冷却了。

后来情况发生了变化。两年后张汤被别人告发，畏罪自杀，忠厚老实的赵周、石庆分别担任丞相、御史大夫，而廷尉在七八年中换了七个，法网也稍有宽松。免职居家的张骞被重新任命为中郎将，率领持节副使和随行人员三百余人，第二次出使西域。李敢逝后，郎中令换成了徐自为，他与李敢一样，原为霍去病麾下校尉，因军功获任，对属下既严格又关心。就连任安也被重新起用为丞相史，负责监察郡太守和监御史。朝中又出现了一些新气象。

元鼎四年（前113年）十月，刘彻再次至雍县祭祀五帝，司马父子皆扈从。祭祀结束，刘彻对丞相赵周、御史大夫石庆说："朕亲至雍县祭祀五帝已多次，五帝者，均天神也，皇天也，然地神即后土却从未祭祀过，于礼不合。尔等与有关人员商议如何祭祀后土，祈求丰收。"

赵周、石庆即与太史令司马谈、祠官宽舒等商议，应寻找一处水泽中土丘，于其上设土坛祭祀后土。有人建言，称河东郡汾阴县（今山西万荣县）的汾水入河口可以找到这样的泽中土丘。赵周禀报刘彻，刘彻即下令由雍县前往汾阴县，中途从夏阳渡河。

刘彻一行的庞大队伍，浩浩荡荡地东行到了夏阳县，左内史及夏阳县的官员早已得到告知，做好了充分准备，细致周到地安排了接待。刘彻甚悦，游兴颇浓。走到夏阳的陶渠水附近，刘彻看到沿途景色很美，便下车沿着水边步行。行有百十步时，刘彻忽然发现水边一巨石侧面隐蔽处，长有一棵灵芝，刘彻惊喜不已，即令身边人小心挖取。

郡、县官员在前面引导，他问随侍的郎中令徐自为："你知道此水何名？"

徐自为答："臣不知。"

刘彻猛地想起太史令司马谈是夏阳人，便让徐自为来找司马谈或司马迁。

司马谈官阶仅六百石，其属车在长长队伍的末尾，一下子找不来，徐自为就差人将跟在皇帝大驾不远的郎中司马迁找来。

司马迁见了刘彻，立即跪叩："微臣叩见陛下！"

"起来吧。"刘彻问，"此水何名？"

司马迁战战兢兢地站起来，答道："禀报陛下，此水名陶渠水。"

"为何称陶渠水？"刘彻再问。

司马迁说:"回陛下,水边多有制陶作坊,皆取此水用,故称。"

刘彻略一思索,说:"朕刚才于水边采得一棵灵芝,可否将此水改称芝水?"

司马迁立即跪叩道:"陛下英明!贺喜陛下!非陛下幸过,灵芝何能现身?陛下赐名芝水,令夏阳山川大为增色,万民幸甚!"

刘彻听了大悦,让司马迁起来说话。又问夏阳历史上有些什么人物,司马迁自小即对夏阳山川、人物十分熟悉,自是一一向皇帝禀报。刘彻赞许道:"司马迁,你是个真正的夏阳人,熟悉家乡、热爱家乡的夏阳人。朕望你将来也能成为一个人物,像三义士、像你的祖上司马错一样为夏阳争光。夏阳地生灵芝,又出了不少人物,真所谓人杰地灵也!"

司马迁听了,不禁热泪盈眶、热血沸腾。

当晚在夏阳县城,司马迁有了短暂的轮休时间,他飞快地跑到司马谈处,告知皇帝的称赞,说这还得感谢父亲在他小时候就领着他游遍夏阳山川,讲述山川由来和人物事迹。

刘彻在夏阳住了一夜,翌日从夏阳渡口渡过河水,进入河东郡。河东郡太守早先接到通知,但以为皇帝不一定会来,没有做好准备,不料皇帝真的大驾光临,吓得自杀了。到了河东郡的汾阴县,在汾水入河水的河口,选中了一水中的土丘,按照司马谈、宽舒议定的仪式,在上面堆砌了五个方形土坛,取天圆地方之义,第一次正式祭祀了后土。之后刘彻兴致不减,继续东行,巡幸荥阳、洛阳方返回长安。

回长安后,司马迁与父亲利用短休回到茂陵邑。正巧柳倩娘刚刚生下一子,司马迁请父亲为新生儿取名,司马谈说,当年孔子长男出世,恰遇鲁昭公赐鲤鱼予孔子,于是孔子为自己的长男取名孔鲤。我们父子不久前有幸一起侍奉皇帝巡幸光临咱家乡夏阳,就取名司马临吧。司马迁当然称好。

武帝刘彻在汾阴第一次祭祀后土不久,有巫师于后土营附近发现一青铜古鼎,县、郡逐级禀报上去,刘彻大喜。四年前就在汾水畔发现过宝鼎,刘彻曾下令改元"元鼎",不期又发现第二只宝鼎,刘彻以为,宝鼎再现,预示着大吉，于是十分高兴地作了《宝鼎之歌》。

刘彻创作了《宝鼎之歌》，意犹未尽，一日在宫中对来访的大姐平阳公主说："当年高祖作《大风歌》，命沛中儿童一百二十人习而歌之，今朕作歌，何人能歌焉？"平阳公主一时未及反应。

一旁的郎中令徐自为插言道："陛下，臣听说宫中狗监有一乐人，名叫李延年，因犯法受腐刑，于狗监任事，此人极擅歌舞，可否找来一试？"

平阳公主平生好歌舞，称亦知李延年。刘彻于是让徐自为立即召李延年。李延年来了后，刘彻一看，此人身材修长，堂堂仪表，心中已有几分喜欢。待李延年将《宝鼎之歌》配乐唱出且边唱边舞之后，刘彻大悦，问："尚有何曲可唱于朕听？"李延年便再唱道：

> 北方有佳人，绝世而独立；
>
> 一顾倾人城，再顾倾人国。
>
> 宁不知倾城与倾国，
>
> 佳人难再得！

刘彻听得如痴如醉，叹道："善哉！世间岂有此人乎？"

平阳公主说："李延年有一妹，即为此人。"

后刘彻令李延年领来其妹，果然貌若天仙，曼妙善舞，摄人魂魄。刘彻即立为夫人。并诏令仿秦朝制度，设立大汉朝廷乐府，专事宫廷音乐歌舞，任李延年为协律都尉，秩二千石，统管乐府。

趁着高兴，刘彻打破以往间隔三年左右去一次雍县祭祀五帝的惯例，连年去祭祀。祭祀结束，又突然提出要上西面的崆峒山（今甘肃平凉市境内）。所在的陇西郡太守不及准备，因畏惧而自杀。

刘彻坐着滑竿上了崆峒山，映入眼帘的均是丰富多彩的丹霞地貌，褶皱层层，以紫红色为主，与炭绿色、灰色相间；山顶平，山体陡，山麓缓，峰林石柱与悬崖峭壁比比皆是。独特的景色让刘彻心旷神怡，前面听闻郡太守自杀而一度产生的些许不快早已抛到九霄云外去了。他让徐自为唤来跟在后面的司马迁，以备询问。

刘彻途中歇息时问："司马迁，此山为何称崆峒？"

司马迁跪叩。刘彻说："不必如此，随着朕回话即可。"

司马迁虽然激动，但不再似上次在夏阳那般紧张，站起来答道："陛下，据《尔雅》解释：北戴斗极为崆峒。北斗星座位于天的中间，其下方即地之中，称崆峒。就是说，这崆峒山是大地的中心。当然也有空阔深远之意。"

刘彻听了觉得满意，又问："听说黄帝曾经到过此山？"

"陛下所言甚是。"司马迁说，"据《庄子》记载，黄帝登崆峒山，是向山中道术高明的仙人广成子问道。"

刘彻好奇地问："黄帝也要向别人问道？"

司马迁答道："禀陛下，黄帝亦曾厌政，致天下一度出现混乱。黄帝三上崆峒山，获广成子指教，并经自身省悟，终于得到治理天下的至道。"

"何为至道？"刘彻追问。

司马迁说："回陛下，广成子以为，至道者，与天地合一也。微臣窃以为，董仲舒大人的天人感应，是同样的道理。"

刘彻听了，若有所思，点了点头，又问了一些问题，然后对司马迁说："司马迁，朕听司马相如、东方朔言，你的辩才及文章皆好，朕觉得可以归入公孙弘、儿（同倪）宽、董仲舒、夏侯始昌、司马相如、东方朔、吾丘寿王、主父偃、朱买臣、严助、汲黯、胶仓、终军、严安、徐乐一类，皆辩知闳达、溢于文辞也。"

刘彻如数家珍，说出朝中一连串臣子的姓名，皆杰出人物，有些身居高位，甚至位极人臣。而将司马迁也归于其中，让司马迁大骇，扑通跪于地上，再三叩首，说道："陛下谬赞，微臣愧不敢当！微臣肝脑涂地，亦不能报陛下之万一也！"

"起来吧。"刘彻笑道，"尔任郎中几载？"

司马迁起来后答道："回陛下，微臣任郎中已十年。"

"哦."刘彻似有所思。

过了一段时间，到次年即元鼎六年（前111年），刘彻诏命司马迁为朝廷使节，出使巴蜀以南的西南夷地区。司马迁出使之前，花了很多工夫，熟悉、研究西南夷地区情况，还特地将原先在司马相如生前去请教的笔记翻出，细细阅读。

被当时汉人称为西南夷的少数民族，居住于今四川、贵州、云南一带。建元六年（前135年），武帝刘彻遣大行令王恢率大军击败闽越后，王恢派番阳县（今江西鄱阳县）县令唐蒙出使南越国都城番禺（今广东广州市），搞清了从巴蜀经过西南夷地区也可到达南越。唐蒙上书皇帝，称这是将来进军南越的另一通道。刘彻同意唐蒙意见，便任其为中郎将，出使南夷的夜郎国，厚赐与宣威并施，获夜郎侯首肯，在那里设置了犍（qián）为郡，领夜郎县（今贵州西部）、鳖县（今贵州遵义市）。唐蒙又征发巴蜀士卒修通了从僰（bó）道县（今四川宜宾市）至夜郎的道路。之后刘彻又派司马相如两次出使，以巴蜀钱物厚赐西夷各部落，邛都（今四川西昌市）、筰都（今四川汉源县）、冉駹（rǎn máng，今四川茂县、汶川一带）等部落均自愿归属朝廷。但之后朝廷受财力限制，未能修通至西夷的道路，一些部落数次反叛，刘彻派公孙弘往视后便暂罢西南夷事，专力击匈奴。

至元鼎五年（前112年），南越国丞相吕嘉反，刘彻派出五路大军征讨，到第二年即取得完全胜利，在原南越国地域设置了九个郡，完全收归朝廷管辖。同时在西南夷地区设置了六个郡。这六个郡中，沈黎郡（今四川汉源县）、越嶲（xī）郡（今四川西昌市）情况最为复杂，刘彻派司马迁出使，就是要到这两郡视察和安抚。

司马迁出使还有一个任务，便是要到今昆明一带的滇国去。张骞第二次通西域时，其副使带领的使团曾在大夏国（今阿富汗）见到蜀地生产的布匹和邛都生产的竹杖，说是从身毒国（今印度、巴基斯坦一带）买来的，表明从蜀地向南经西夷居住地区可至身毒国，这样比从西域往身毒国要容易得多，不仅路途近了，而且也不会受到匈奴的阻碍。但作为南夷的滇国尚不知大汉之富强，竟问汉使"滇与汉孰大"的问题，成为这条新通道的梗阻。故刘彻多次派使节至滇国，寻求通往南方身毒、大夏等国的道路畅通。此次派司马迁去西夷，要他顺道南下再次往访滇国，做些说服、争取工作。

司马迁乘坐朝廷的公车，带领十多名吏卒，自长安出发，从终南山的子午道抵达汉中郡（今陕西安康市），再至巴郡（今重庆市），最后到达蜀郡（今四川成都市）。蜀郡太守于边远地区任职多年，心怀怨气，见此次朝廷派来的使节仅是个比三百石的郎中，根本不放在眼里，既未至郊外迎接，又不到馆舍接待，只是派郡衙里一位胥吏安排食宿。翌日上午，胥吏领着司马迁来到郡府衙门，太守高高坐在大堂上，等着司马迁进来相见。司马迁忍无可忍，一手执朝廷旄节，一手举朝廷文书，昂首大步迈入郡衙大堂内，高声喊道："太守何在？"

肥头大耳、大腹便便，一看即是常年养尊处优的太守这才走下座位，到司马迁面前揖拜道："本官在。恭迎朝廷使节！"

司马迁将文书递给太守，说道："此乃朝廷有司大行的文书，着贵郡按惯例提供钱币缯帛，并遣精壮士卒随我出使筰、邛、昆明。"

太守请司马迁落座，自己也坐下，仔细阅读文书后说："士卒三十人，即刻可抽调；唯钱币缯帛数量太大，一时难以筹齐。前些年为修筑通往西夷的道路，耗费太大，郡里府库空虚啊！"

"我前至巴郡，其太守二话没说，即按朝廷文书规定备足钱物交我带上，为何贵郡却称困难？"司马迁脸色难看起来。

"贵使节有所不知，这些年敝郡收入不如巴郡，而开支却比巴郡大，难啊！"太守仍不松口。

司马迁正色道："我在朝中早有耳闻，称巴蜀殷富，为中原所不及，而蜀郡尤富，从太守大人一身的富贵相便可看出。勿要搪塞我，再等两日，第三日必携财物出使，耽搁了行程，朝廷甚至陛下责让，你是要负责任的！"说完起身告辞。

司马迁走出郡府，正要登车，一辆马车疾驰而至，车停后任安下来，大呼："司马迁啊，到底让我赶上了！"

司马迁见是任安，大喜过望，揖拜道："任兄别来无恙？"

任安一把抓住司马迁的手，不作寒暄，直接问道："这太守为难你了吧？"

司马迁点点头，说："他称府库空虚，钱物一时筹备不及。"

"别听他的！此人一贯欺软怕硬，你与我一同进去，看我治他。"任安边说边牵着司马迁的手又进了郡衙。

太守看见任安来了，赶紧迎上，满脸堆笑地说："任大人来敝郡为何不事先通报，我也好去郊外恭迎啊。"任安虽然仅是秩级四百石的丞相史，但他是监察巴、蜀等四郡郡守和监御史的，太守当然得恭维他。

任安鼻子哼哼，冷笑道："下官何敢有劳太守大人！本不想来叨扰，只是我这好朋友、好兄弟司马迁奉陛下诏出使，到了我巡察的区域，我在巴郡听说了，怎能不赶来捧场？"

"甚是，甚是。"太守看见任安领着司马迁再次进了郡衙，知道这是兴师问罪来了，赶紧先表态，"司马使节所携文书上所列各项，吾必一一照办，且今日办毕。"

任安见太守戾了，笑道："我想太守大人也不至于小瞧我这位使节朋友，他可是陛下派来的，太守定不会因为其秩级不高而慢待吧？当年司马相如出使西南夷，到达蜀郡时，可是太守郊迎而成都县令背负弓矢先驱啊。前后两位姓司马的使节，不至于大不同吧？"

太守一脸尴尬，连称"失礼，失礼"，向司马迁道歉。司马迁则淡淡地说："你我皆受陛下差遣，为朝廷效力，理当相互扶持。"

当晚，太守宴请了司马迁与任安。宴毕，司马迁与任安说了很久的话才歇息。任安告诉司马迁，他巡察刚至巴郡，听说司马迁去了蜀郡，担心蜀郡太守难缠，就紧跟着赶过来了。司马迁听了十分感动，称任兄是真朋友，讲情义，如同大牛、挚峻一样。任安问大牛、挚峻哪样，司马迁详细告之，包括如何娶到柳倩娘。任安屡屡大笑不止。

翌日，司马迁告别太守和任安，启程先往沈黎郡。巴、蜀二郡分别派遣了三十名精壮士卒，加上原先的十几名吏卒和运输物资的民夫，队伍共有百余人。蜀郡太守还专门派了一位胥吏作为向导。司马迁带着这百余人的队伍，浩浩荡荡，四百多里的路，走了十多天方抵达。司马迁头一次走如此难走的蜀道，走得很辛苦，但头一次带这许多人的队伍，心中还是挺自豪的。

沈黎郡对朝廷派使节前来视察甚为重视、热情，其太守还是个假（代理）太守，专门到郊外迎接司马迁一行。郡里尚无用于接待的馆舍，原先此地称筰都，部落头人筰侯屡屡反叛而被朝廷派来的大军诛杀，其大宅被没收，就暂时充作郡里的接待场所。宅子很大，司马迁一行全都住了进去。刚安顿下来，大宅门口就聚集了不少人，大声喧哗，要见朝廷使节。司马迁听闻后，传令这群人派三位代表进来。司马迁不顾车马劳顿，耐心地听取了他们的诉求。原来，这群人均为筰都的原住民，他们反映，朝廷诛杀筰侯，在此设置郡、县之后，民众不再缴纳赋税，负担大大减轻，但郡衙里的一班衙役在号称"五虎"的五个小头目带领下，常常为非作歹、欺男霸女，让民众叫苦不迭，而假太守却置若罔闻，希望朝廷为他们做主。司马迁听后当即表示，一定查清并予处置，这帮原住民才陆续散去。

司马迁当晚即至郡府单独会见假太守赖通，单刀直入，询问民众反映是否属实，赖通称完全属实。司马迁很惊讶，问道："既然完全属实，你为何不作处理？"

赖通面露难色，缓缓说道："贵使节有所不知，我等均属于驰义侯何遗将军带领的进攻南越的第五路大军，因在且（jū）兰国受阻，未能赶上参加平越之役，后来奉陛下诏令就地平定了南夷且兰国，接着迫使夜郎国归顺朝廷，之后又北上平定西夷邛国、筰国。我们这支军队由两部分人员组成，一是巴、蜀的罪人被赦后编入，二是夜郎国的军队。我是原巴郡的狱吏，从军后任司马，大军平定且兰、邛、筰并设郡之后，就从军中抽调相当人员出任郡、县官吏，我便成了沈黎郡的假太守。而我手下的这批衙役，原先均是巴郡狱中的罪犯，大部分是归我这个狱吏管的，后来编入军队又是我这个司马的部属。我任假太守要依靠他们维持治安。"

司马迁听了觉得不可思议，原先听说过征发罪人去打匈奴，没想到这里也是这种情况，于是对赖通说："各郡都有郡尉，有郡里的兵力，贵郡难道没有？维持治安要全靠徭役？"

赖通答道："咱沈黎郡在全国恐怕都是个例外，未设都尉，由蜀郡都尉代管。除非出了较大的事，才会去麻烦都尉，日常哪能老去麻烦他们，且道路又不那么通畅，多有不便。故我日常只能倚靠这班徭役。民众反映的'五虎'，确有不少恶行，但我暂时不能动他们，这五人在徭役中很有影响力，挫伤了徭役们的积极性，一旦有事，我能用谁？"

司马迁看赖通一脸的老实相，说的话也中肯，便问："那依你该如何做呢？你不办他们，又如何向民众交代呢？"

"这不有使节大人您嘛！"赖通突然笑起来，说道，"大人您出使、巡察至此，正是救我的好机会。"

司马迁不解："此话怎讲？愿闻其详。"

赖通说："使节大人您带了不少精壮士卒，可下令将'五虎'逮捕起来，押往蜀郡，交蜀郡代为处置。我可以拟好文书，将他们的罪行及有关情况写清楚，由押解者带去。如此则既回应了民众的诉求，又解决了我的难题，而对其他徭役也是个警告，一举多得。"

司马迁也笑了："看你老实，主意倒是不少。"

次日一早，司马迁下令将"五虎"抓来，严加看押，然后派原蜀郡的士卒十几人将"五虎"锁上押往成都处置。司马迁分了一些钱币和缯帛给郡里，嘱咐尤其要好生安抚受到"五虎"戕害的民众。

赖通还告诉司马迁，郡属五个县均是万户以下的小县，所设县长亦皆为假县长，与自己一样，都不太安心。其实，沈黎郡这一地区于秦时先属蜀国后属蜀郡，不如撤了沈黎郡仍属蜀郡，但原筰都这里还是要单设一都尉，专管这里的治安。司马迁说，你的建言甚好，回去后我一定奏报朝廷和陛下。

司马迁继续南下，数日后抵达越巂郡。此郡有十六个县，地广人多，郡太守和各县长都是正式的而不是代理的，都还比较安心，吏治还算清明。加之原先这里的邛都国头人即邛侯凶狠残暴，对自己部落里的子民压榨甚重，故朝廷诛杀邛侯，受到广大民众拥护，加之朝廷免征赋税，民众当然高兴，社会比较安定。司马迁还在郡太守的陪同下看了几个县，都是不错的。

司马迁问太守："为何本郡的郡、县长官都是正式的，而沈黎郡却都是代理的呢？"

太守笑道："大军依次平定了南夷的且兰和西夷的邛、笮，先后设置了牂（zāng）牁（kē）郡（今贵州黄平县西南）、越巂郡、沈黎郡，调了军中相当人员充任郡、县官员，到沈黎郡时，已经抽不出相当人员，只能是以较低级人员充任，只好代理了。我原在军中任校尉，任郡太守还是相当的。而沈黎郡的那位，只是个司马，当然要任假太守了。"司马迁一听也笑了。

司马迁留下一些钱物后即继续南下，前往滇国。此时滇国尚未归属朝廷，从越巂郡到滇国的道路亦十分难走，司马迁一行走了半个月才靠近昆明。途中遇到昆明东北的靡莫国一伙军士，有二三十人，称汉朝人经此，须留下买路钱。

司马迁大声呵斥："匈奴、南越都不是大汉对手，尔等几个蟊贼也敢挡路？"

靡莫人见司马迁一行人多势众，才灰溜溜地走了。

到了滇国，司马迁代表朝廷向滇王赠送了丰厚的礼物，并多次与滇王开诚布公地交谈，向其介绍了大汉北征匈奴、南平南越、归顺西南夷的情况，劝说滇王认清形势，早日回归中原，不要阻挡大汉通好身毒、大夏等国。滇王乃战国时楚将庄硚（qiáo）后人，当年庄硚奉楚王之命征服滇池地区后，因归路被秦军切断，便留下遵照当地习俗建立了滇国，传续至今。滇王对司马迁讲，近年来亦有归顺中原之意，奈何附近的靡莫、劳浸两国并不同意，而他们与己同姓，故不忍违忤。司马迁数日中多次与滇王交谈，滇王始终迟疑不决，司马迁只好告辞返回。

第四章·为太史令……

1. 俯首受父命

武帝刘彻派遣大军平定南越后，东越王余善又反，刘彻再遣三路大军击败东越，将其民众迁徙至江、淮之间，遂虚其地，即将原先东越人居住的地区空置、荒废起来。至此，刘彻即位之后大汉帝国的开疆拓土差不多完成（仅余滇国，两年多以后归顺），可以说已达到巅峰。先是卫青率军驱逐匈奴，收复了河南即河套地区；然后霍去病从匈奴人手中夺取了河西走廊，在那里设置四郡；刚刚平定南越，设九郡；平东越，虚其地；还采取恩威并施之手段，使西南夷归顺，于其地设六郡。

刘彻这一时期志得意满，心情极好。汉军攻破南越时，刘彻巡幸途中正行至河东郡左邑县（今山西闻喜县西南）桐乡，喜获捷报，即将桐乡改为闻喜县（今山西闻喜县）；过后行至河内郡修武县（今河南修武县）新中乡获报，汉军捕获反叛的南越国丞相吕嘉，即将此地析置为获嘉县（今河南获嘉县）。回到长安，刘彻举行了盛大的祭祀活动，感谢天地神灵的帮助。且第一次在祭祀活动中，让李延年以歌舞参与其中。

不久，刘彻诏令十二位将军率领十二部骑兵共十八万人，随自己巡察边陲，出长城，至朔方，临北河，沿途旌旗猎猎绵延千余里，向匈奴炫耀大汉军威。同时派遣使臣郭吉到达匈奴单于庭，通报单于曰："南越王头已悬汉北阙。今单于能战，天子自将待边；不能，即南面而臣于汉，何徒远走，亡匿于漠北寒苦无水草之地，毋为也！"

刘彻勒兵十八万骑至朔方巡边示威，震慑匈奴是目的之一，尚有另一个目的，那就是为后面的泰山封禅做准备。先前群臣于宫中殿上议论，称古时先振兵泽（释）旅即收缴兵器、解散军队，然后方能封禅。刘彻当然不能做到收缴兵器和解散军队，但可以做到宣耀军威后不再进行大规模战争，为封禅创造条件。

《左传》云："国之大事，在祀与戎。"刘彻即位以来就将此奉为金科玉律。如今，刘彻感觉到，关于戎，关于战争，已经做到了极致，捷报频传，大获全胜。而关于祀，关于祭祀，也是甚为重视、周全，天上的、地上的、人间的大大小小的神灵都祭祀了，而且不是一次两次，是常态，是定制。但祭祀未到极致，没有达到巅峰。巅峰为何？封禅大典也。此乃刘彻心中始终挂念的一件特别重要的大事。

上有所好，下必甚焉。刘彻刚登基为帝，公卿朝臣即有劝谏，称进入太平盛世，应改制、封禅，此后议论封禅、奏请封禅的鼓噪不绝。司马相如临死前还专门写好一卷书，待朝中人来取，内容即为请求封禅之事。儒生们亦热衷于此，武帝即位以来，收藏于石渠阁的儒生议封禅的对策就有十九篇之多。

方士则直接参与祭祀之中，先后有方士李少君、少翁、栾大等大获刘彻信任，而齐人公孙卿则成为泰山封禅的最后有力推动者。公孙卿上奏札书称，元鼎四年（前113年）于汾阴再得宝鼎的时间与当年黄帝得宝鼎的时间相同，都是"朔旦夏至"，即初一夏至日。后来黄帝封禅，得以登天成仙。刘彻阅后甚悦，立即召见公孙卿。

公孙卿说，我的老师申公与仙人安期生相通，受黄帝言，得到两大预言。刘彻问是何预言。

公孙卿说，一条预言是说："汉兴复当黄帝之时，汉之圣者且（抑或）曾孙也。"陛下您得宝鼎的时间与黄帝得宝鼎的时间相同，陛下您是高祖之曾孙，这句预言当然是指陛下您在位即是大汉兴旺之时，大汉之圣君就是作为高祖曾孙的您啊。另一条预言是说："唯黄帝得上泰山封。汉主亦当上封，上封则能仙登天矣。"陛下您要去了泰山封禅，也会像黄帝一样登天成仙。

公孙卿的话正中刘彻下怀，刘彻这才最后下定了到泰山举行封禅大典的决心，且非常高兴地对公孙卿说："嗟乎，朕若如黄帝登天成仙，离妻、子如同脱鞋履耳！"即任公孙卿为议郎，备顾问。

元封元年（前110年）正月，刘彻令太子刘据留守长安，自己亲率文武百官加上扈从侍卫的庞大队伍，从长安出发，前往泰山举行封禅大典。太史令司马谈当然应该随行。这年正月的天气出奇的寒冷，身体瘦弱的司马谈已经感染风寒，咳嗽不止，妻子劝他还是向太常请个假，否则扈从皇帝出巡时间有四五个月，其间还要操心、办理一些事务，年老有病的身体可能撑不住。儿媳妇柳倩娘也劝，称司马迁出使在外，暂时可能赶不回来，万一您老人家生病，身边连个照应的人也没有。

司马谈听了大光其火，斥道："尔等妇人懂什么？真是不知轻重！皇上亲往泰山主持封禅大典，乃国家百年未有之旷世隆重大礼，能够参与其中，是何等的荣幸！吾身上这点小毛病算什么，又不是去征战大漠、上马击胡！"

一番慷慨之语，惊得婆媳俩哑口无言，哪里还敢阻拦？

在关中尚可，出关后司马谈就感到更加寒冷，马车在驰道上行进，常常因道上有冰而打滑。到了河南郡郡治洛阳县，司马谈病倒了，连续高烧不退。太常的官员们都在紧张地商议和准备封禅的相关事宜，郡、县的地方官吏们更是忙于侍奉皇帝和一众公卿大员，没人关注司马谈这样一个六百石的太史令。司马谈知道自己作为太史令，此时最应该全身心地投入封禅的准备事项，哪知自己身体不争气，不能去做事，怎能麻烦别人来照顾？于是他只能咬牙忍着，自己扛着，直至倒下。

众人刚刚住下不久，传来皇帝新的诏令，称议郎公孙卿建言，缑（gōu）氏县（今河南洛阳市偃师区）城曾有仙人出没，宜至附近中岳太室山（今嵩山）祭祀太一（北极神）。朕即遣公孙卿持节先行，太常诸员随后往缑氏县及太室山准备。

太常周建德接诏后要求所属官员立即启程，这才发现司马谈卧于榻上不能起身，于是派员去洛阳县衙求助，县衙一胥吏随即找来一位医匠，为司马谈诊治。医匠认为司马谈患了风温肺热病，必须隔断风寒、卧榻休息并服药，宣肺透邪。司马谈被病魔阻滞在前往泰山封禅的途中，内心无法接受，听了医匠之言，竟涕泗横流，不能自已。周建德安慰了几句，又交代县衙胥吏好生照顾，称太史令就交给你了，然后匆匆带领部属赶往缑氏县。

司马迁完成出使任务返回长安时，皇帝的大队伍已经前往泰山封禅。司马迁先向留守的顶头上司郎中户将报到，又到主管民族、对外部门，向其首长大行令交差，并请求能追随皇上参加封禅大典，寻机向皇上当面复命。大行令禀报太子刘据，获准。司马迁回到茂陵邑家中方知，父亲临行前已经染上风寒，母亲甚为担心，故司马迁次日一早就骑马沿驰道追赶，沿途至驿站换马，日夜兼程。到达洛阳时已看不见大队人马，去河南郡衙询问，得知皇上带领众官员已至太室山祭祀完太一，去往东海，郡衙里大小官员刚刚侍奉完返回洛阳。司马迁又问朝廷官员中有无留下的，被告知那要问洛阳县衙。司马迁到县衙打听，傍晚才见到卧病在榻、苟延残喘的父亲司马谈。

司马谈看到司马迁，惊喜非常，两眼放光，大呼："迁啊，迁啊，你终于来了！我要是见不到你，会死不瞑目的。"

司马迁扑到榻边，跪于地上，两眼饱含热泪，对司马谈说："父亲大人，不孝儿来迟了！不孝儿不能侍奉父亲于榻前，真是罪过，请父亲大人惩罚！"

"不要说这些，我的时间恐怕不多了。"司马谈抓住司马迁的手，以无比慈爱的目光直视司马迁，说道，"我知你出使数月，甚是辛苦，回来后又从长安赶到这里更是辛苦，不要跪着了，坐在榻边，听为父说话。我有许多许多的话要说予你，向你一一交代清楚。之前我好怕没有这个机会，苍天有眼，还是给了我这个机会。"

司马迁起来坐到榻的边沿，望着父亲纷乱白发裹着的头颅和瘦削到仅仅是蒙了一层皮的苍白面孔，重新抓住父亲骨瘦如柴的双手，点点头，说道："父亲大人您训示，迁儿听着。"

司马谈露出些许笑容，说道："真好！真好！我还有机会向迁儿交代。"

刚说完这一句话便猛烈咳嗽起来，原先苍白的面孔竟通红通红。

司马迁惊慌不已，赶快请住在隔壁的医匠进来看看。医匠说吃了十几服药后这两日病情缓和一些，烧也退了，不像一开始那样凶险，现在咳嗽是激动造成的。他老人家见到儿子，有好多话要说，太激动。医匠对司马谈说："司马大人，您有话慢慢对儿子说，万勿激动，一激动就要咳嗽。"司马谈点点头。医匠又喂了一些温水，司马谈慢慢就缓过来了。

司马迁对父亲说："您慢慢说，我一直在这里听着，好吗？"

"好啊，我怕来不及。"司马谈放慢了语速，缓缓说道，"迁啊，皇上去往泰山封禅，这可是大汉建立以来百年一遇的大典啊，特别重要的一件大事啊，你我这些臣子哪个不是翘首期盼？我作为太史令，有幸参与其中，我还曾向皇上建言，称自古以来之帝王，哪个不想封禅？但必须具备条件方可。要建立大功于世，要布德于天下，要有天降符瑞屡屡出现，而这些，如今均已具备，皇上您必须要至泰山封禅。《左传》曰：'三年不为礼，礼必废；三年不为乐，乐必坏。'故必须以封禅大典报答天之功、地之功、群神之功，否则太平盛世将衰甚至将息。陛下听进了我的意见。迁啊，陛下听进了我的意见！"

说着说着，司马谈又激动起来。司马迁赶紧劝道："父亲大人，您慢慢说，不着急。"

"好，慢慢说，不着急。"司马谈嘴上说不急，但还是控制不住激动，"我作为太史令有幸参与其中，我向陛下建言而有幸被采纳，然而，然而，我却困在这里，不能去参加封禅大典，看不到、体会不到百年一遇的隆重典礼的宏大场面和热烈气氛。这就是命啊！这就是命啊！"说完竟痛哭流涕。

司马迁见父亲为其人生中的大憾事而痛心疾首，随即安慰道："父亲大人，迁儿将来书写新的大史书，一定要写封禅这件特别重要的大事，也一定将您的参与、您向皇上的建言写进去，载之史册，传之永远。"

司马谈听了才停止哭泣，暂时安静下来。稍稍停顿了一会儿，又哭泣着拉住司马迁的手说道："迁啊，你还记着将来书写新的大史书，甚好！甚好！吾心甚慰！我们的先人即周朝的太史，咱司马氏是治史世家啊，中间停顿了很长时间，到我复为太史，又续上了。迁啊，还记得你小时候我教你读《孝经》吗？你一定记得的。所谓孝，始于侍奉父母，中于侍奉国君，终于扬名立身。你有成就、有显赫的名声就会显耀你的双亲。此乃最好、最大的孝。吾将逝矣，尔必为太史。我最放心不下的大事即是，如今大汉正兴，海内一统，明主贤君忠诚死义之士创造了前所未有的伟业，而我职任太史令，却没有来得及将之载于史册。这就是我内心最大的惶恐！这就是我此刻最为挂念的事情！"

司马迁听了，俯首痛哭流涕，连连点头，说道："父亲大人放心，迁儿虽不敏，但一定继承您的事业，实现您的愿望！"

司马谈语重心长地说："迁啊，周公之后五百年而有孔子，孔子逝后至今也有四百多年了，如今仍然处在孔子之后又一个五百年的阶段。谁能继承孔子？谁能如同孔子成就一番大事业？迁啊，是你吗？难道不应该是你吗？不应该？不应该吗？迁啊，孔子著《春秋》而大显耀，你小子难道不能继《春秋》而著成新的史书？不能吗？不能吗？"

司马谈一连串的追问，淋漓尽致地表达出自己最重要最急迫的希望。司马迁跪叩于地，热泪盈眶，答道："父亲大人，您的愿望在此，迁儿何敢避让？岂敢！"

司马谈这才闭目休息了一会儿。而司马迁，仍旧跪于榻前。

大约过了一个多时辰，司马谈醒了，见司马迁还跪在那里，头枕着榻沿睡着了，心里老大不忍，呼道："迁啊，迁啊，快起来！"

司马迁起身又坐到榻沿上，问："父亲大人，您还有什么吩咐吗？"

司马谈说："我没有什么吩咐，已近午夜，你去休息吧。"

"儿子哪儿也不去，就在这里陪着您。您尽管休息。"司马迁十分坚决地说。

司马谈见状，说："那么睡在哪儿呢？此处仅有一张榻。"

司马迁说："父亲，小时候，我常常愿意睡在您的脚头，今晚就让我在您的脚头再睡一次吧。"

司马谈听了，眼眶不禁湿润了，说："随你吧。"

司马迁一路奔波，疲劳至极，和衣倒在司马谈的脚头就又睡着了。房间里的灯未熄灭。还好生着火，不冷。

司马谈却再也睡不着了，他感到这可能是与儿子最后在一起，有千言万语要说。刚才称没什么吩咐是看儿子太累，想让他早点休息。

天快亮的时候，司马迁仍然在熟睡，司马谈虽然不忍心，但觉得此时必须叫醒儿子。他像儿子小时候那样，用脚轻轻地碰了几下儿子身体，没有反应，于是用手指在儿子的脚心挠了几下，司马迁一骨碌翻身坐了起来，然后站到地上。

司马迁问："父亲大人，是否该起身了？"

司马谈说："迁啊，你有好多天没有休息好，为父本不想叫醒你，但天快亮了，我必须让你起来，有两件事交代给你。"

"父亲大人您说。"司马迁道。

司马谈这下说得比较慢："迁啊，你已表示要完成我未竟之事：首先，必须始终遵循当初在多位大师启发下我所确定的纪传体体例，以记载、书写人物为中心。其次，我这些年已抽空先动笔写出了一部分人物的列传，你可酌情增删、调整。再次，我这些年搜集、整理了大量备用的资料，可供写作时使用，资料及索引均在我日常理事的天禄阁房间里。天禄阁藏有大量本朝的资料、文书律令，石渠阁中则藏有萧何入关后收集的秦朝藏籍，你任了太史令，即可方便使用这些石室金匮之书。迁啊，这就是我要你继任太史令的原因。不任太史令，你何以依靠这类基础条件？你要安心地担任太史令，放弃其他晋升的希望。继孔子《春秋》而写出新的史书，胜过任何公卿二千石的历史贡献，这是不可同日而语的。迁啊，你懂吗？"

司马迁立即答道："父亲大人苦心，迁儿明白。"

"明白就好。"司马谈继续说，"第二件要交代的是，你必须在天亮之后立即去追赶封禅的大队伍。我已经不能参加封禅大典了，遗憾终生也是没有办法的事，你却千万不能错过，千万！"

"不，不！"司马迁打断了父亲的话，说道，"父亲大人，我一定要留下侍奉您，您的病如此严重，作为儿子怎么能离开呢？"

司马谈一听，竟大声呵斥道："你说的是什么混账话！忠孝不能两全，公私必须分明。你是皇上的扈从，能不侍卫皇上参加封禅大典吗？再者，你奉皇上之命出使归来，能不尽快当面向皇上复命吗？怎么能守着一个病入膏肓、奄奄一息的老朽而耽误正事、大事呢？"说着即猛烈咳嗽起来。

司马迁见状赶快说道："父亲大人息怒，迁儿照您说的办即是。"

司马谈咳嗽慢慢缓和后叮嘱道："迁啊，你去驿站，出钱雇人用快马给家里送信，不是给茂陵，那家中老的老、小的小，多是女流之辈，指望不上，只能给夏阳你的堂叔送信，让他的儿子和大牛尽快赶过来，服侍我，办理后事。这样你也就放心了。"

司马迁一听，失声痛哭，跪伏于地，连连叩首："父亲大人，迁儿遵命！迁儿立即去办。"然后爬起来就要向外走去。

"迁儿！"司马谈大声喊道，"再让为父看你一眼。"

司马迁回身，快步走到榻边，扑在父亲怀里，司马谈则用双手捧着司马迁的脸，任由儿子的涕泗沾满，看了好一会儿，才说："去吧！完成我未竟之事，取得大成就，你就是最孝顺的儿子。为父信你，指望着你！"

司马迁泣不成声，只是连连点头，就这样辞别了父亲。

他知道，此即永别。

2. 获任

司马迁先是向陪护父亲的县衙胥吏和医匠再致谢意并多有拜托，然后到驿站办好了雇人送信事宜，领了一匹马，骑马出城。在城门口，一眼瞅见郎中令徐自为坐在威武的驷马兵车上，前后有一些司马、亲兵相随，司马迁迅即翻身下马，到徐自为车前行礼问候。徐自为一年前奉刘彻诏令，与将军李息率领大批人马前往西北，平息西羌十万人反叛，平定后又在当地驻扎了一段时间，待局面完全稳定才返回长安。徐自为返朝后顾不上休息即追赶皇帝的大队伍，不想在洛阳遇到出使归来的司马迁。他吩咐司马迁随同一起走。

司马迁跟随徐自为到了泰山郡新的郡治奉高县（今山东泰安市），郡太守禀报，称皇上先前在中岳太室山祭祀太一神时，众位官员在山下听到"万岁"的呼喊声三次，皇上大悦，诏令以山下三百户新置崇高邑，专以奉祀太室。到了泰山下的泰山郡郡治博县（今山东泰安市东南），皇上依照前例，诏令割出博县、瀛县（今山东莱芜市一带）部分新置奉高县，专以奉祀泰山，专为皇帝的泰山封禅服务，且作为泰山郡新的郡治。新县刚设，皇帝又很快在此举行封禅大典，郡、县正忙于增添行宫、明堂，太常一帮官员亦在泰山下紧张地做着封禅的各项准备，特别是正按照皇帝要求，在泰山顶上树立一方大石碑，向上天预告大汉皇帝将来此封禅。

这里正在准备着，刘彻则率领百官前往东海边的东莱郡（今山东烟台、威海一带），继续寻找仙人。徐自为、司马迁仅在奉高县歇息一夜，便赶往东莱郡。终于在郡治掖县（今山东莱州市）见到了刘彻。

徐自为一人进内庭谒见刘彻，禀报平定西羌叛乱的情况。刘彻早已接到捷报，现在看到徐自为凯旋，对他大加赞赏，并嘱咐还是回到郎中令岗位上。徐自为提及途中遇到司马迁出使归来，与自己一同赶来侍奉皇上。刘彻吩咐有空时让他觐见。

次日因大雨滂沱不能外出寻仙，刘彻即召见了司马迁。

司马迁见到刘彻，跪叩于地，说道："陛下，微臣奉诏出使西南，至筰、邛、昆明，完毕归来，谨向陛下复命。"

"平身。"刘彻虽然一路巡幸，寻找仙人未果，但那日在太室山下听言山中有三呼"万岁"之声，甚为受用，认为这是上天授意的颂赞，故这些天很兴奋，昨日见到凯旋的徐自为，亦是高兴。

他和气地对司马迁说："司马迁，你可将出使情形说予朕听。"

司马迁道："谢陛下！"然后站起来一一禀报。

刘彻听了，高兴地说道："看来朕当年听从唐蒙、司马相如建言，决定经略西南夷地区，恩威并施，将其大部收归朝廷，设置郡县，还是甚有成效的。"

"陛下英明！"司马迁见皇帝满意，趁机进言，"陛下，微臣斗胆建言，不知可否？死罪死罪！"

刘彻笑了，说："司马迁你说，朕听着，不必拘谨。朕刚才听你禀告，你出使中诸项举措还是适当的嘛。"

司马迁说："谢陛下谬赞！微臣至沈黎郡即原来的筰地，那里的郡太守因秩级不够，还是个假太守，所辖五县也都是假县长。那假太守说，筰地曾属蜀郡，管辖甚有效；且当初奉陛下旨令，在筰地专门增设了一名都尉，管理那里的治安，免得蜀郡都尉因相隔太远而难以顾上，也很有效。故假太守建议，可适时撤去沈黎郡，仍由蜀郡管辖，但在筰地恢复设置都尉。微臣窃以为他说得有理，故斗胆奏报陛下。"

刘彻稍稍思索了一下，说："朕准奏。原先司马相如出使后，朕即诏令筰地属蜀郡，但可多设一都尉。后来那里的头领屡屡反叛，被汉军平定后才新设了沈黎郡。既然不如当年归属蜀郡，那就恢复以前的建制。朕会让丞相商大行令后适时改变。你还有什么话要与朕说吗？"

司马迁受到鼓励，继续禀报："陛下，微臣此次奉诏到昆明一带，搞清了滇王为何一直犹疑、不愿回归朝廷而阻隔了大汉向外通好之途，原来是滇国旁边的靡莫、劳浸俩小国作梗。微臣此次出使途中即遭靡莫国军士阻挠，据说这俩小国多次侵犯路过那里的朝廷使者乃卒。微臣斗胆向陛下建议，可仿照先前陛下诏令平定夜郎国旁边小国且兰国、迫使夜郎国归顺的成功做法，派大军平定靡莫、劳浸俩小国，敲山震虎，必使滇王下决心归顺朝廷。"

"好，甚好。"刘彻大悦，"朕以前派遣王然于出使滇国，他说的与你一样，滇国确实已成为大汉通往大夏、身毒等国途中的梗阻，已到必须解决之时，朕将遣熟悉西南一带的将军去。滇国归顺了，整个西南夷的问题就全都解决了。"

司马迁心中一块石头落了地，觉得没有辜负皇帝信任。

刘彻又问："司马迁，朕听太常周建德说，尔父司马谈因病重留在了洛阳，你去看过吗？情况如何？"

"谢陛下关怀！"司马迁感动得热泪盈眶，即刻跪叩道，"微臣在洛阳看望了家父，家父因重病不能参与封禅大典的诸项准备而致痛哭流涕，严令微臣赶过来当面向陛下复命，扈从陛下，称忠孝不能两全，公私务必分明。"

刘彻叹道："惜哉！"

刘彻于东莱郡待了将近一月，领着方士、群臣数次巡幸海上，始终未遇仙人，只好告一段落，返至奉高县。

郡、县官员及太常周建德均见驾禀告，封禅大典基本准备就绪，唯祭祀方式待皇上定夺。刘彻斥道："祭祀方式尚未定夺，何称基本就绪？即传太史令司马谈、祠官宽舒至前备问。"

周建德被斥，有些灰头土脸，赶紧答道："陛下，臣准备不妥，请陛下治罪！然司马谈并未前来，尚在洛阳养病。"

刘彻自觉失言，却说："司马谈不在，传其子司马迁至。"

刘彻心里想，看来这太史令虽然位阶不高，但在祭祀这样的国之大事上，还是不可或缺的，祭天祭地都还要有太史令参与。

宽舒、司马迁来了，刘彻称儒生、方士主张的封禅方式各不相同，问二人以何种形式为好。

宽舒说："陛下，微臣多年来侍奉陛下祭祀众神，最为隆重者于雍县祭祀五帝，之后奉陛下诏祭祀后土。元狩五年陛下还曾于长安郊外祭祀太一神，并采纳太史令与微臣建言，三年一郊祀。而祭祀太一神的规格与隆重程度均胜过祭祀五帝。如今泰山封禅为天下至高祭祀，当然应仿照祭太一、祭后土的方式。"

刘彻又对司马迁说："尔父不在，朕问你。想必尔父教过你。"

司马迁刚被传来就想到了父亲可能向皇上请求过，让自己继任太史令，皇上这是要考我，心中有了准备。听到皇上询问，立即答道："陛下，微臣听家父说过，如今陛下郊祀太一乃天下祭祀天神的最高礼仪，祭祀后土乃祭祀地神的最高礼仪，宽祠官所言甚合时宜。太一神乃最高天神，五帝为其佐助也。"

"司马迁讲清了太一与五帝的关系，甚好，不愧是治史世家子弟。"刘彻听了点头称是，"就依你二人所言，周太常可速去准备。"

周建德指挥众人在泰山东麓堆砌了一个很大的圆形土坛，直径一丈二尺，高九尺。堆土为"封"。如同祭祀五帝一样，是圆形的土坛，取天圆地方之意。土坛之下，埋藏有皇帝的玉牒书，即刘彻报告太一神的书函。所谓玉牒，即以美玉装饰简片而成，皇帝的书函写在玉牒上，尽显珍贵、庄重。书函乃刘彻亲自写就，秘而不宣，封装在金匣里，交最亲信的侍中、奉车都尉霍嬗（霍去病之子）捧至现场，置于土坛之下，然后封土筑坛。霍嬗自始至终监视，直至封土完毕。刘彻于玉牒中自是仿照古之帝王笔法，表明自己受命于天，取得伟功厚德，郑重向天神报告，亦报答、酬谢天神之眷顾，祈求永无灾害，延续太平盛世，且望登天成仙云云。

四月十五日下午，天气特别晴朗，风和日丽。盛大的祭天大典在泰山东麓举行。随行的朝廷百官、扈从侍卫和所在郡、县地方官员全都参加。还专门邀请了济北王刘勃及其王国一众官员。因刘勃早先就预料到皇帝要到泰山封禅，于是主动上书，将济北国范围内的泰山及旁边县、邑献给朝廷直辖，便于皇帝到泰山封禅。刘彻大悦，诏令调整他县予以补偿。当日参加大典的共有两千多人，面向祭天圆坛站了十多排，四周插满旌旗，猎猎展动。太常周建德高声呼喊："恭请大汉帝国皇帝陛下亲率吾等臣民祭祀太一神！"刘彻以稳健有力的步伐走到坛前，一名中郎握着彩色长杆横亘于皇帝面前，长杆头上绑着一块松脂，刘彻点燃了松脂，然后接过长杆，将点燃的松脂伸到封坛之上整齐堆放的木柴下面，一会儿，坛上众多木柴燃烧起来，熊熊大火直冲苍穹。两千多人整齐地跪下，同声高呼"万岁！"连呼三声，震动山岳、旷野。刘彻听了，心花怒放，无比陶醉。

司马迁站在祭坛两边侍卫的郎官们中间，瞪大眼睛看着，觉得那祭坛上熊熊燃烧的大火，正如同大汉帝国蓬勃向上之势。因为靠近祭坛，离大火很近，加之心中非常激动，司马迁全身燥热，内衣已经湿透。

待祭坛上众多木柴全被燃尽，封坛祭天大典结束。但刘彻意犹未尽，招呼霍嬗一人陪着，要上泰山，郎中令徐自为跪叩道："陛下，天色已暗，可否明日再登泰山？"

"起来吧，不要跪着。"刘彻却说，"朕前日即令周卿在山腰适当位置筑有一祭坛，当然要小得多，坛上亦置放了木柴。朕须携子侯（霍嬗字）再祭一次。徐卿不必阻拦。"

徐自为见拦不住，请求道："陛下执意要去，臣领几位中郎护卫，否则臣不放心。"

"有何不放心？子侯虽然年纪不大，但身壮力大，武艺高强，护着朕足矣。"刘彻说，"朕与子侯去，有话要对太一神说，此事秘，不可外宣，尔等不必去。"

徐自为听皇帝如此说，当然就不能跟着了。霍嬗与其父霍去病一样，长得人高马大，一身功夫了得，可毕竟只是个十三岁的孩子，徐自为如何放心得下？于是待皇帝和霍嬗离开后，徐自为火速布置一些郎官在自己带领下，于皇帝的前后左右悄悄跟着，不走路，从杂草荆棘丛中穿行，决不能让皇帝发现。同时严令将进出泰山的道路封锁，不让闲杂人员上山，并在各个路口等着皇帝下山。郎中司马迁被分配到山北的一个主要路口值守。

原来，刘彻亲自写就玉牒书交霍嬗送去放在祭坛下后，突然想起尚有一个重要的向太一神的请求没有写进去，那就是，战功赫赫的霍去病不幸于二十四岁英年早逝，留下一子霍嬗，这孩子自小就有头痛的毛病，后来进入大内侍中，刘彻还见他犯过头痛病，故刘彻此次泰山封禅，不仅要请求太一神让自己登天成仙，还要让霍嬗头痛的毛病消失，健健康康地长大成人。但刘彻在写玉牒书的时候竟将为霍嬗请求的内容漏掉了，所以必须再祭一次，将此项内容补充告知太一神。

刘彻携霍嬗走到山腰一处比较开阔的地方，看见早已准备好的祭坛，便再次祭祀，请求太一神让大汉皇帝登天成仙，保佑霍嬗消除疾病、健康成长。翌日清晨，刘彻与霍嬗方从泰山北面下山，司马迁等一众郎官正好在那里等到了皇帝，大家又是激动地三呼"万岁！"刘彻神采奕奕，霍嬗兴高采烈，均无疲态。

过了两日，刘彻率朝廷百官到达泰山东北梁父县（今山东济南市莱芜区西北）的一座小山——肃然山下，清出一大块场地，按以往祭祀后土的仪式祭祀，是为"禅"。此次于肃然山下祭祀后土，刘彻第一次身着黄色龙袍，尽展黄色旗帜，表示崇尚黄色。又尽用乐舞，命协律都尉李延年指挥乐府人员奏乐、歌唱、起舞。李延年高唱司马相如作词、自己配乐的《汉郊祀歌》。司马迁在祭坛一侧值守，第一次看到潇洒飘逸的李延年，全场人员静默，听他在乐曲伴奏下唱出天籁之音，佩服得不得了，觉得耳闻真是不如眼见，心想天下何以有如此人物！

刘彻返至奉高县，坐于明堂之上，接受群臣对于圆满完成封禅典礼的祝贺，心情大好，诏令泰山周围的博县、奉高县、蛇丘县（今山东肥城县东南）、历城县（今山东济南市）、梁父县免除本年租税，赐天下子民爵升一级。并确定今后五年一次至泰山巡狩、封禅。还仿照元狩、元鼎年号，将封禅的本年改称元封元年。

刘彻至泰山封禅后，果然没了风雨之灾，方士们又鼓噪起来，称封禅已见效果，正是寻求神仙的好时机。刘彻于是复至海边，欲亲自乘船至蓬莱求仙，群臣劝谏均无效，唯东方朔称："夫仙者，得之自然，不可躁求。若其有道，不忧不得；若其无道，虽至蓬莱见仙人，亦无益也。臣愿陛下至静处等候，仙人将自至。"刘彻这才打消亲赴蓬莱的念头。

正在此时，霍嬗突然暴发头痛病，太医医治无效，一日内竟去世。刘彻大恸，完全打消了寻仙的想法。之后刘彻率百官沿海边向北到碣石（今河北昌黎县北）、辽西郡（今辽宁义县），再沿着北部边境向西至五原郡九原县（今内蒙古包头市），五月份返回甘泉宫。

司马迁一路扈从，直到六月回长安后才得以请假回到茂陵邑家中，方知父亲在自己离开洛阳的第七日去世，堂弟和大牛之前赶到算是见到了最后一面。司马迁听了泪流满面，这才深切感受到，永远失去了最可亲的父亲、最可敬的引路人，心中还有许多要对父亲说的话，再也没机会说了。

次日，司马迁匆匆赶往夏阳，到高门塬上父亲墓旁结庐住了几日。大牛当然又是给司马迁送吃送喝，陪着司马迁说话。他告诉司马迁，司马谈临终前，两眼睁得很大，嘴里不停地呼喊着"迁儿，迁儿"，直至完全闭上双眼。司马迁知道那是父亲临终前的无限不舍与满心希望，于是他跪在父亲墓前，坚定地说道："父亲大人，迁儿不惧耗尽此生心血，务必完成您未竟之事，立身扬名，以显父母，做一个大孝之人！"

司马迁还祭扫了祖父司马喜的墓，自然想起儿时受到祖父关心呵护的点点滴滴，免不了又是唏嘘良久。

司马迁回朝四个月后，又侍从皇帝外出巡幸。泰山封禅之后，不仅没有风雨之灾，还频出祥瑞，夜晚有夜光闪烁，天明时有白云从祭坛升起，江淮间出现三年不枯的茅草，等等。这些都让热衷于祭祀的刘彻再度兴奋，率领百官离开长安，先至雍县祭祀五帝，返回后在长安郊外祭祀太一神，然后又去泰山祭天。转了一圈后于元封二年（前109年）四月，率百官来到河水（今黄河）瓠子（今河南濮阳县西南）决口处巡察。

河水在瓠子这里决口之后，二十多年未能堵塞，梁、楚地尤遭其水害。

147

本年初，刘彻诏令汲黯之弟、位列九卿的汲仁与将军郭昌负责堵塞决口。汲仁、郭昌征调了数万士卒，夜以继日地施工数月，已见成效。看到皇帝亲自到来，将士们深受鼓舞。刘彻亲临河边，下令沉下白马和玉璧，以慰劳河神，然后下令群臣、将校及以下从官、侍卫，全部参与劳作。当时施工方式是用大量的竹子成排密集插入决口水中，再塞以柴草，之后填上石块和泥土。刘彻亲自背负柴草，手下官员将士亦人人争先。辛苦劳作的数万将士看到皇帝和百官都负薪塞河，群情激愤，人声鼎沸，宽广的河面上，修长的堤坝上，附近的大道小路上，人流穿梭不息，场面甚为宏大壮观。经过数日不懈努力，终于堵塞住了决口。汲仁又在河水北面疏通了大禹治水时的行洪渠两条，完全消除了这一广大地域的水患。

刘彻看到肆虐二十余年的洪涝灾害被自己亲手治服，胜利豪情油然而生，下令于决口附近筑一宫室以为纪念，命名为"宣房宫"。宣者，疏泄也；房者，防也，堵塞也。还乘兴写就《瓠子之歌》，诗中描述了洪水泛滥之害及塞河之不易，表达"宣房塞兮万福来"的喜悦心情。

司马迁自始至终随从皇帝、百官一起负薪塞河，又读了刘彻的《瓠子之歌》，想到曾经追随大禹足迹，深刻感受到水的利与害。司马迁突然有了灵感：将来继承父亲的事业，创作一部新的大史书，其中必须包含一篇《河渠书》。

塞河成功之后，刘彻休息两日，即率百官一路向西，经河东郡皮氏县（今山西河津市）渡过河水，再次来到夏阳县。刘彻兴致不减，从渡口刚下船，就让徐自为传司马迁来跟前，问道："司马迁，此次朕经过夏阳，与上次相比，有何不同？"

司马迁当然先跪叩行礼，获准站立后回答："陛下，微臣以为，陛下上次从这里渡河向东，是往河东郡汾阴县祭祀后土；此次是陛下亲临瓠子口塞河大获成功，返回长安。前为往，今为返，这是不同。然均是办成了彪炳史册的大事，这又是相同之处。"

"彪炳史册？那得有人载诸史册才行啊。"刘彻兴奋地指着耸峙于两岸的龙门山说道，"当年大禹治水即是从这里凿开龙门山开始的吧？大禹治水早已被史籍记载，朕于瓠子口塞河如何载诸史册呢？司马迁你说。"

司马迁早有考虑，故立即答道："陛下，微臣曾追随大禹足迹而壮游南北，从此处龙门山起始，一直到了会稽山，那里有大禹治水最后的杰作了溪，现如今仍然造福于民。大禹的事迹，还有这次有幸跟随陛下负薪塞河，拜读陛下《瓠子之歌》，让微臣有了新的想法。"

"什么想法？"刘彻问。

司马迁胸有成竹地说："陛下，微臣以为，治理水患、尽用水利乃民生大事，亦国之要事，在史籍中必须占有一席之地。微臣都想好了，如果我来书写新的史书，定会写一篇《河渠书》。此书从大禹治水写起，其后主要记载陛下诏令开建长安至河水的漕渠、引洛水至山东的龙首渠、郑国渠旁的辅渠等，尤其着重记载陛下亲至瓠子口塞河、筑宣房宫、作《瓠子之歌》。"

刘彻再问："那朕泰山封禅，还有汾阴祭后土、雍县祭五帝，是否也应载诸史册？"

"陛下，那是当然。"司马迁脑子反应很快，立即答道，"《左传》曰：'国之大事，在祀与戎。'祭祀何等要紧，怎能不入史籍？微臣与家父皆多次侍奉陛下祭祀，亲眼所见，亲身经历，微臣亦想好了，定要写一篇《封禅书》。陛下即位以来，祭祀不断，大小百神皆获报偿，尤其封泰山，禅梁父，宣示天命，泽被众生，告太平于天，报群神之功，达到巅峰。所谓前无古人而后无来者也。"

"尔父曾向朕建言，恳请朕让你继任太史令，说你定堪此任，也算是内举不避亲吧。朕后来有犹疑，曾想过让你任个大夫，备朕顾问。如今看来，你确是继任太史令的最佳人选。"刘彻甚悦，说得很肯定。

司马迁立即跪叩于地："微臣叩谢陛下恩典！"

司马迁侍从皇帝返回长安后回到茂陵邑家中，妻子柳倩娘又为他生下次子。司马迁想到随从皇帝负薪塞河的大场面十分壮观，便为此子取名为司马观。司马迁在十分高兴的同时，不禁为柳倩娘担心起来。父亲去世以后，母亲身体每况愈下，不仅做不了家务，还需要人照顾。隔壁住着的挚山夫妇，年岁大了，身体也大不如前，都需要柳倩娘照顾。好在如今女儿司马英已经十四岁了，又曾在挚山那里学习过，故照顾挚山老两口就主要由司马英承担。现在柳倩娘坐月子，司马迁坚持请了一位佣工帮助，柳倩娘还说，坐完月子就让她走。

这年秋天，刘彻派遣将军郭昌、中郎将卫广率领巴、蜀郡兵进军昆明地区，按照朝廷前后俩使节王然于、司马迁的建议，攻灭了靡莫、劳浸俩小国，迫使滇国归顺朝廷。朝廷在那里新设置了益州郡，同时仍赐滇王王印，如夜郎王。至此，西南夷地区完全归属朝廷。

元封三年（前108年），司马迁在亡父司马谈的禅祭结束、脱去丧服之后，方被皇帝正式任为太史令。其年司马迁三十八岁。

3. 新制《太初历》

司马迁继父职获任太史令后，随即向郎中令徐自为辞别，至太常周建德处报到。这样，司马迁就从内朝的郎官擢升为外朝的太史令，秩禄六百石，跻身中级官吏下大夫之列，取得了参加朝会的资格，不过是站在班列的最末尾。

到了父亲司马谈任事多年的地方，司马迁不禁想起以前有空时来此翻阅文书典籍，与父亲讨论一些有关写作新史书的问题。如今却再也看不到父亲了，免不了心里空落落的。他看到父亲留给自己的两大类资料：一类是查阅两阁典籍和文书律令的索引，按照时间、朝代顺序分门别类地细细罗列着；一类是父亲已经写出的一些历史人物的列传初稿，主要是先秦诸子，如孔子、老子、孟子、荀子、墨子、韩非子等，那是父亲在多年研究的基础上写出来的，殊为珍贵。这些都包含着父亲多年数不清的心血，再加上父亲为新史书确定的纪传体体例，为自己今后书写大史书奠定了雄厚坚实的基础。司马迁再次默默下定决心，务必完成父亲未竟之事，决不让他老人家抱憾于九泉之下。

司马迁上任不久，任安从巴、蜀一带巡察回到长安。司马迁听说后立即登门拜访，并盛情邀请其在冬至假期到茂陵邑家中做客。任安自是祝贺司马迁升任太史令，见司马迁春风得意的样子和甚为诚恳的态度，当然不能驳面子，只能接受邀请。

到了司马迁家中，第一次见到柳倩娘，任安便说："迁老弟是否记得在蜀郡时对我说的话？"

司马迁不解，问道："任兄所指何言？"

"当然是说你如何娶到柳倩娘、如何心满意足啊。"任安笑道。

柳倩娘一听害羞得脸红，司马迁则兴高采烈。

任安说："今日一见，方知柳倩娘果然是你司马迁的福气，清丽中显露典雅，质朴中透着贤惠，平淡中含着坚韧。听你说过，令尊与你从不顾家，令堂又常年生病，还有老师、师娘需要照顾，更兼有三个儿女要养育，柳倩娘太过辛劳了。这样的好妻子，哪里去找！"

柳倩娘听了微笑着走开。司马迁则问："任兄难道会相面不成？"

"当然。我看人甚为准确，我相柳倩娘如何？"

司马迁忙不迭地说道："甚是，甚是。"

柳倩娘使出浑身解数，做出有家乡华阴特色的美味猪肉夹馍、荞麦凉粉、羊肉泡馍等，任安大快朵颐，直呼过瘾，酒当然也与司马迁喝了不少。柳倩娘先让女儿司马英送到隔壁腿脚不便的挚山老两口那里，然后还要服侍婆婆，照看幼子，忙得不亦乐乎，自己也顾不上吃饭，待所有人都吃上了，才能对付吃上一口。

任安边吃边对司马迁说："我是荥阳人，离华阴并不算远，吃的东西差不太多，但柳倩娘做的就是好吃。是不是因为华阴在关内，而荥阳在关外，做法不相同呢？"

司马迁骄傲地说："不在于关内关外，应该看是何人所做。"

任安大笑，突然又停住。

司马迁不解，问道："任兄是否酒吃多了，怎么怪怪的，说笑就笑，说停就停？"

"你的话让我想起一个人。"任安说。

司马迁问："何人？"

"公孙卿啊。"任安说，"你说如今方士多为齐人，像李少君、少翁、栾大均为齐人，均称自齐地至蓬莱可寻仙人，虽则一度为皇帝宠信，然结局皆不妙：李少君病死，有人说是被吓死的，而少翁、栾大先后被诛。唯公孙卿不同，甚得皇帝信任，且长久不衰，真是令人不解。不过，你刚才一句话提醒了我，要看何人所做。公孙卿比前面的方士，恐怕要高明许多。"

"任兄所言甚是。"司马迁说，"这几年我扈从皇上参加了多次祭祀活动，亲眼所见，皇上何等睿智，竟对公孙卿言听计从。为何皇上如此听信公孙卿的呢？因为公孙卿摸透了皇上在想什么、要什么。皇上早就想至泰山封禅，也想成仙，公孙卿便以黄帝为例，称黄帝至泰山封禅成功，之后还登天成了仙，且称从古至今，有七十二位帝王封禅不成，唯黄帝和当今皇帝能成，大汉也会在当今皇帝治理下兴旺发达。皇上要寻仙，公孙卿便称哪儿哪儿有仙人出没；皇上让他领头去寻，他屡称看到了仙人的巨大足迹，甚至还遇到高达数丈的仙人真身；屡屡寻不着仙，皇上不耐烦，说你想如同少翁、栾大一样被诛吗？他对皇帝说，暂未寻着仙人，那是因为皇上到一地往往太匆忙，而仙人并不急，仙人非有求于人间君主，是人间君主有求于仙人。公孙卿还说，黄帝是一百一十一岁方登天成仙的。意思是您皇上还早着呢。他又说黄帝是在鼎湖登天的，也常去甘泉一带，这两处都有可能登天成仙，而这两处恰恰是皇上多年来常去之处。"

任安不禁击掌道："这公孙卿真是聪明绝顶之人，总能找出回复皇上的话语，一直能保证自己的安全，而且不断升迁。"

司马迁说："公孙卿确实有大智慧。他不会像少翁、栾大一样去做牛腹中藏书、装神弄鬼一类的勾当，他只是让皇上一直保存着希望。他还很有学问，对天文、地理、祭祀、历法及历朝历代的典章制度都很熟悉。我刚上任太史令，他便来找我，与我进行了内容广泛的交谈，我觉得他懂的甚多。上次扈从皇上在梁父县的肃然山祭祀后土，我亲眼看到协律都尉李延年表演，真觉得李延年是个了不起的音乐大家，虽然曾遭腐刑和顶着皇帝男宠的秽名，但仍是个人物。其实，公孙卿也的确是个了不得的人物。"

翌日，任安告辞返京。司马迁专门去看望老师挚山和师娘。二位老人其实早已卧榻不起，全靠柳倩娘与司马英照顾。柳倩娘曾告诉过他，称几次请医匠来诊治，都说二老的生命快到尽头了。司马迁坐在挚山的榻沿，挚山则紧紧握住司马迁的手不放，边流泪边说："迁啊，我们老两口已来日无多了，我们心里有数。唯一的愿望和要求，就是在离世前能见到峻儿，让峻儿能送我俩最后一程。迁啊，你能帮助为师实现这个愿望吗？你能找到峻儿，说服他回家一趟吗？如果他能回来，将我们老两口送走后，他仍然可以再去隐居。我和他娘，对他仅有此一个要求，再无其他，再无其他矣！"

司马迁听了，禁不住热泪盈眶。他如何能拒绝恩重如山的老师最后的请求？于是说道："老师，您老人家放心，弟子一定设法找到峻兄，一定让他回来侍奉您二老！"

其实司马迁并不知道挚峻究竟在什么地方，这些年忙于公事，也没工夫去寻他、看望他，现在其父母在临终前迫切地要见到他，司马迁情急生智慧，突然想到当年与挚峻一同远游时进入终南山，挚峻看到一个幽谷，称那里是隐居的好去处，想留下不走了。

对，极有可能是那里。

司马迁正好有几天假期，就骑了一匹快马，到终南山的那个山谷中找到了挚峻，将他带了回来。挚峻回来后，其父母竟在一月内先后去世。

司马迁帮助挚峻办完丧事后，力劝挚峻不要再去山里隐居，说如今大汉蒸蒸日上，朝中人才济济，应该入仕做一番事业。但挚峻不为所动，后来见司马迁老是喋喋不休地劝说，便搪塞说回到山里再考虑考虑。

挚峻回到隐居地后很久也未给司马迁回复，司马迁就给他写了封信，再予劝说，称："君子所贵于道者有三：太上立德，其次立功，其次立言。峻兄材能绝大，高尚其志，以善厥身，冰清玉洁，固然可贵，然未尽君子之道也。愿峻兄再作考虑。"

司马迁起先与挚峻约好，来往信件可交挚峻隐居处最近的驰道驿站，择时去取。过了一段时间，挚峻给司马迁回信，称"利不可以虚受，名不可以苟得"，"不肖者自屏，亦其时也"。坚持隐居不出。司马迁只好由他去了。

司马迁担任太史令的次年起，公务便多了起来，主要是侍奉皇帝巡幸各地。如北出萧关（今宁夏固原县东南），经涿鹿（今河北涿鹿县）至代县（今河北蔚县）；南至南郡盛唐（今安徽庐江县），登天柱山、庐山等。又再次至雍县祭五帝，至泰山封禅。司马迁日夜所思皆是如何竭智尽力，一心营职，以求皇上信任、满意，尤其是在经办祭祀的有关事项时，更是小心谨慎，唯恐有细微疏漏。

正当司马迁随侍皇帝在外的时候，母亲在家病逝了。司马迁既未见到母亲最后一面，也未能赶上母亲的丧礼，后来回到家，痛哭了整整一宿。

元封六年（前105年）三月，刘彻再次经夏阳至河东郡汾阴县祭祀后土。司马迁渡河时，与太中大夫公孙卿同船。公孙卿主动对司马迁说："司马太史，这些天一直想着找你，真是巧，竟在船上遇见了。"

司马迁赶紧客气地说道："不知公孙大夫有何赐教？在下洗耳恭听。"

"何言赐教！是商量。"公孙卿缓缓说道，"前不久陛下对我说，封禅已过，改制是否及早考虑。陛下要我去与太中大夫壶遂沟通。我与壶大夫议论，壶大夫提出，改制乃大事，而其中首要的是改正朔即改历法，有关历法诸事属太史令，必得与你商议。我赞成壶大夫意见。"

司马迁一听，觉得此事干系甚大，必须问清楚："请问公孙大夫，皇上的想法是何时进行？"

公孙卿说:"皇上登基之初,即听从众儒生之言,欲行改制,开始涉及改历法、易服色诸事,但被窦太后制止。后来征匈奴、平两越、收西南夷,无暇顾及,如今大功告成,又完成泰山封禅,改制自然被提上议程。吾窃以为,以皇上不能无为且雷厉风行之性情,咱们越早考虑、准备越好。"

"公孙大夫所言甚是。在下记住了。"司马迁恭敬地表示赞同。

扈从皇帝至汾阴县祭祀后土后回到长安,司马迁立即找来属下的历官邓平、星官射姓等商议,均认为改历不仅很重要,而且很必要,大汉承秦制一直实行的《颛顼历》已经不适应农时的实际需要,到了非改不可的时候了。邓平提出,改历十分重要但却非常复杂困难,朝中现有人员的力量是不足的,需要建言皇上征召民间专门大家参与,方可完成。

司马迁仔细翻阅了石渠阁、天禄阁中的典籍和文书律令,进一步厘清了改历的来龙去脉。自上古以来,历法便是帝王治理天下的极重要依靠,制历、改历均由帝王决定、颁布。历法成为历朝历代最重要的制度之一,且上升到是否受天命的至高程度。战国时阴阳家邹衍提出"五德终始"学说,称天下是按照木、金、火、水、土五德不断替代、反复循环,最早的黄帝是土德,后来到夏朝是木德,商朝是金德,周朝是火德,秦朝统一天下、代周是水德。以此类推,大汉代秦应是土德,土克水嘛。然而刘邦得天下后因天下初定无暇顾及改制,仍坚持自己是黑帝,是水德,汉承秦制,一切依照秦朝制度施行。汉文帝时,贾谊提出应按土德来改制,但被老臣们否定;之后鲁人公孙臣也上书称汉朝是土德,被丞相张苍否决。武帝刘彻继位后,从受天命的高度考虑,决心办成两件大事:一件是泰山封禅,一件就是按照"五德终始"学说改制。这也是对其曾祖父、祖父、父亲三代大汉皇帝来不及改制的必要补救。刘彻起初即接受大汉乃土德的说法,后来公孙卿称黄帝是土德,而武帝刘彻将会与黄帝一样振兴天下,则更加坚定了刘彻按土德的要求进行改制的决心。改制中首要的是改历法,时称改正朔。正者,一年的第一月;朔者,一月的第一天。正朔即指一年的第一月第一天,岁首也。当时汉朝实行《颛顼历》,以十月初一日为新年的第一天,为岁首。这种规定已经出现许多漏洞，不利于农业生产，也是非改不可。

司马迁经过一番梳理思考，觉得公孙卿转达的皇帝意图不是个一般的事，乃是与封禅同等的非同小可的大事，绝不能马虎。但他未想通，如此特别重要的大事，为何不交予丞相而要交予公孙卿呢？

正在此时，任安前来辞行，称皇上不久前强化了监察制度，原先将全国划分为九州，每州派一位丞相史监察郡太守和监御史，现在改为刺史制度，除京辅、三河加弘农共七个郡设司隶校尉予以监察外，其余地区划分为十三个刺史部，每部设一刺史负责监察。自己已被任命为益州刺史，即将赴任。

司马迁当晚请任安饮酒，恭贺荣升。任安笑道："迁老弟，有何好贺的！原来的四百石的丞相史如今成了六百石的部刺史，看起来是擢升了，但责任太重了。我那个益州刺史部包含了十个郡，除巴、蜀等老郡外，大半都是原先的西南夷地区，部刺史驻于益州郡治滇池县（今云南昆明市晋宁区），天高皇帝远的，多是蛮荒之地。说起来还要感谢你呢。"

司马迁不解："为何要感谢我？"

"要不是你出使滇池地区，回来后向陛下建言，恩威并用，将滇国那一带收归朝廷，我怎么会去当那个益州刺史？"任安笑道。

司马迁没笑，而是说："任兄一下子跑那么远，见你一面不易，今后遇有难事和不明之处，就没人可请教了。"

任安一下子也收敛了笑容，说道："请教谈不上，能常在一起交流倒是很开心的。离开你去益州，不知猴年马月才能回来，我对你迁老弟甚是不舍啊！"

司马迁停顿了一会儿说："任兄，我最近有一事不明，听公孙卿说，皇上要改制，首先从改历法开始。如此重要的大事，为何不交给丞相办，而要交公孙卿办呢？"

任安说："这有何不明的？现今的丞相是石庆，小心谨慎的老实疙瘩，办改制这事不成。而公孙卿甚得皇上信任，尤其是称皇上与上古的黄帝一样，必能使大汉兴旺发达，还能使皇上封禅成功且将来登天成仙，皇上已经将他看成是与上天、黄帝、神仙沟通的极重要渠道了。改制这事关系到证明大汉朝、皇上是真受天命的，不交给他办还能交给谁？"

"任兄所言是这个道理。皇上信大汉是土德，土德应崇尚黄色，上次封禅时在肃然山皇上已经一改黑色为黄色，身穿黄色龙袍，下令插展黄色旌旗，急于改制之心已现矣。"司马迁恍然大悟。

过了一个多月，一日公孙卿急匆匆地来到天禄阁找司马迁，催问对改历法一事考虑、准备得怎么样了。司马迁将有关情况告知，公孙卿表示最近即以他、壶遂和司马迁三人的名义上书皇帝，请求正式开始改历相关事宜。

司马迁询问为何如此着急，公孙卿说："只有皇上准许，方可征召一些民间专门大家来京，这需要时间，不急怎么行？另外，另外……"他似乎不想往下说了。

司马迁笑道："不便说也罢。"

"倒也没什么不便说的。"公孙卿被激，干脆说道，"前不久皇上与我说又梦见已去世两年多的李夫人，可惜未讲两句话她就不见了。皇上说方士可通鬼神，以前王夫人去世后，少翁有办法让王夫人再现，坐于帷帐之中，朕可以在不远处看到她，你也要让我再见到李夫人。我对皇上说，微臣不擅此法，如今少翁虽被诛，但他有个弟子尚在京师，不如召他进宫作法，让陛下见一下李夫人。少翁弟子进宫后，采取与少翁相同的办法，让皇上看到李夫人坐在帷帐之中，但不能靠近，更不能对话、触摸，短暂的一会儿就没了。皇上问为何这样，那弟子说，李夫人称其长兄李广利未获重用，心里有些不痛快。皇上过后心里久久不能平静，写就《李夫人赋》，尽抒赞美、思念之情，赋之末尾有'呜呼哀哉，想魂灵兮'这样感人肺腑的句子。后来皇上要我再找那位少翁弟子，却找不着了。我见皇上哀愁至极而不得排解，惧怕哪天皇上怪罪于我，细思甚恐，就想着要抓紧办理改制这件皇上极关注的大事，以转移皇上的注意力。"

司马迁感慨地说："竟有此事。不想皇上对李夫人如此深情，真让人感叹。"

公孙卿以极诚恳的语气对司马迁说:"司马大夫,我们都不能低估皇上对李夫人超出常人的至深宠爱和思念。依我看,李夫人是生也倾国倾城,死亦倾国倾城。"

"此话怎讲?"司马迁问。

公孙卿说:"李夫人生前极获皇上宠爱,死后以皇后之礼陪葬于茂陵,与霍去病、卫青^①陪葬墓同列,极尽哀荣。如今皇上仍然常常想着她,护着她的亲属,我认为,谁要是玷污了她或者攻讦了她的亲属,必定没有好下场,会遭覆灭。李夫人虽未真的倾覆国家,但覆灭一两个人是没有问题的。司马太史,你记住我的话没害处。"

司马迁淡然一笑:"多谢公孙大夫提醒,不过在下绝不会去讲李夫人的不是,与她的亲属也不沾边,怎么可能会得罪他们?"司马迁正值春风得意、踌躇满志,对公孙卿的话当然不会放在心上。然而司马迁怎么也想不到,多年后竟因无意中攻讦李广利而招来杀身之祸。

公孙卿两日后即以太中大夫公孙卿、壶遂和太史令司马迁的名义上书皇帝,称"历纪坏废,宜改正朔"。刘彻诏令御史大夫儿宽与相关博士议论,皆附议曰可,称"帝王必改正朔、易服色,所以明受命于天也"。于是刘彻令公孙卿、壶遂、司马迁主持,具体由司马迁组织。

司马迁首先去见尚未动身的任安,请他至益州赴任途中经过巴郡时,将朝廷征召大天文学家落下闳的文书带给巴郡郡府,由郡府派人速送巴郡阆中县(今四川阆中市),请落下闳尽快赴京。另一大天文学家唐都乃司马谈老师,刘彻登基之初即以专门才技征召至京,待诏太史,即由朝廷供养,在太史方面随时备皇帝和朝廷顾问。司马迁当然要亲自上门,恭恭敬敬地请年迈的老师出山助自己一臂之力。经过一段时间的张罗,司马迁组织起了朝野专门人才二十余人,开始了新历的编制。

落下闳进京后,与唐都一样任待诏太史,负责最为繁杂的运算。而唐

---

① 卫青已于元封五年(前106年)逝世。

都负责观测天象。其他各人均有明确分工。众人齐心协力，通过对之前的《黄帝历》《颛顼历》《夏历》《殷历》《周历》《鲁历》仔细剖析，分析比较，汲取优点，排除缺陷，并综合当时天文、地理、气象诸方面情况，运算观测。经过数月夜以继日的共同努力，到元封七年（前104年）五月，终于形成了十八个改制方案。在对十八个方案进行比较时，多数人以为邓平、落下闳的方案是较为合理的，而司马迁起初并不认为这一方案是最优，但此方案接近《夏历》，司马迁想到孔子将"行夏之时"作为治国方略之一，最后也就同意将此方案定为最优，报皇帝定夺。刘彻也即选定邓平、落下闳的方案，颁行全国。刘彻且将元封七年改称太初元年，新历随之冠名《太初历》。

《太初历》测定一年为365.2502日，一月为29.53086日，每19年中设置七闰月，纠正了《颛顼历》的累积误差；以正月初一为岁首，科学地反映了春夏秋冬四季；将二十四节气纳入历法，适应农时季节；还测算出135个月有23次日食，纠正了人们对日食的错误认识；等等。这些都是新制历法的大进步。

新历法编制成功，刘彻甚悦，擢升邓平为太史丞。又欲任落下闳为侍中，落下闳坚辞不受，返回故乡继续天文学研究。壶遂则被擢升为詹事，主管皇后、太子家事，秩二千石。司马迁虽然未获升迁，但受到皇帝的称赞，心中很是感动，此后很多年都觉得自豪，认为这是人生中不可多得的一项大成就。

刘彻诏令推行《太初历》后，乘势继续改制：决定易服色，由原先的崇尚黑色改为崇尚黄色，与大汉乃土德相一致；定官名，即更改了部分官名，郎中令更名为光禄勋，大行令更名为大鸿胪，大农令更名为大司农，中尉更名为执金吾，右内史更名为京兆尹，主爵都尉更名为右扶风，等等；实行"数用五"，印章用五个字，如丞相印章刻"丞相之印章"五字；至于协音律，实际上早已成立乐府，任李延年为协律都尉，并已取得明显成效，乐府中产生了一大批高质量的音乐作品。

至此，刘彻一鼓作气，完成了改制，与泰山封禅一起，充分表明大汉受命于天的无比正当性。

正如公孙卿预料的那样，刘彻这一时期主要在关注改制，对寻找神仙、对与李夫人相见都淡了些，但一旦改制完成，刘彻便又要寻仙，他对公孙卿老是以某时某地发现神仙的巨大足迹来搪塞很是不满。公孙卿又怕皇帝逼他作法与李夫人见面，还联想起颁行《太初历》后，壶遂升了职，自己却不得升迁，察觉不妙，借一次侍奉刘彻外出巡幸之机，悄悄溜走了，不知所踪，后来也不知所终。

刘彻获悉公孙卿悄悄逃走了，很是生气。有人说，公孙卿曾在皇帝面前称神仙喜好住楼上，皇帝便让他建楼屋以待仙人。公孙卿从中赚取了不少金钱，恐东窗事发，故逃之夭夭。刘彻听闻更加生气，然无奈。先前少翁弟子逃走，刘彻真的想过要让公孙卿作法，如今公孙卿也逃了，刘彻就再也无法与李夫人相见，但仍然记得少翁弟子说的话，李夫人对其兄李广利未获重用不满意。

正在此时，大鸿胪禀报，称张骞第二次通西域，知大宛（yuān）国（今中亚乌兹别克斯坦、吉尔吉斯斯坦一带）有汗血宝马，陛下派车令为使节，持千金及金马前往大宛国求宝马。大宛王以为大汉相距甚远，难以派大军讨伐，坚持不予宝马，却留下财物，并在返程道上杀死车令。

刘彻大怒，决意征讨大宛国。而此时卫青已去世，朝中并无统军大将，大鸿胪却说，听出使过大宛国的使节姚定汉等言，大宛国人少兵弱，以三千汉兵持强弩射之，即可攻破大宛。刘彻犹疑，大鸿胪又说，不久前将军赵破奴不是仅以七百骑就攻破西域楼兰国、俘楼兰王而因功封侯了吗？刘彻这才觉得此番正是重用李广利的好机会，于是任命李广利为贰师将军，率四万余大军前往大宛国贰师城（今吉尔吉斯斯坦奥什城）取宝马。

刘彻适时给予李广利建功封侯的机会，一心想着尽快实现李夫人的愿望。

4. 绍明世而继《春秋》

司马迁六年前参加泰山封禅，如今又主持、组织并完成了改历，躬逢盛世，有幸参与大汉建立以来最为重要的两次大事，且颇有建树，当然是引以为荣，极为兴奋，觉得整个人神清气爽，浑身有使不完的劲。他不禁想起父亲曾对自己说过"上世典天官事，汝复为太史，则续吾祖"的遗训，觉得改历是实现了父亲续祖做好"天官事"的一个愿望，可以告慰九泉之下的父亲了。当然父亲还有一个更大的愿望，那就是继《春秋》而书写新的大史书。太初元年五月编制完成《太初历》不久，司马迁接着就开始了新史书的著述。

起初公孙卿、壶遂、司马迁三人共同上书皇帝，建言改历，完成后领衔的公孙卿突然消失，具体组织的司马迁未获升迁，唯壶遂由比千石的太中大夫擢升为二千石的詹事，大获重用。于是朝中便有闲言碎语，称壶遂出力最少而获益最多，似有不公。司马迁也听到此种议论，但并不在意，前几日散朝后还专门走到壶遂面前致贺。

后有一日，年近六旬的壶遂专门来到天禄阁，司马迁一见，赶紧请壶遂上座。壶遂说："司马太史，老朽蒙陛下恩典，擢升詹事，不过是侍奉皇后、太子家，做些杂事而已，不想朝中却有些议论，称我逼走了公孙卿，压制了你司马太史。我觉得荒唐，别人我不必去一一解释，任他去说，公孙卿也不知所踪，对你，我还是要道出真相。"

司马迁听了甚感诧异，揖拜道："壶大人您是前辈，竟如此客气，折煞在下了！壶大人早先即为天下名士，被韩安国大人荐举入朝，一直为我这晚辈所敬仰，晚辈怎会忌妒大人？"

"还是说清楚了好。你是个人才，应该会有大的发展，不要因此事在心中形成疙瘩而有影响。"壶遂说得不紧不慢，"陛下先前即欲遣我任詹事，适逢编制新历，恐有闪失而不成，让我参与，与公孙卿一起做，称我老成持重如同韩安国，让他放心。这样就暂未任詹事。"

司马迁听了，有些感动，觉得壶遂真是忠厚谨慎，大可不必向他这个小小太史令解释，于是说道："壶大人扶掖后进之心确令在下感动不已。其实在下能有幸参与封禅、改制两大盛事，已经心满意足，如何能再有其他奢求？况且，在下承父命，正开始继《春秋》而撰写新史书，吾父有言：若能著就新史书，其成就将胜过一般公卿大夫之作为也。"

"哦，司马夫子要续《春秋》？"壶遂未料到司马迁有如此大志，立刻肃然起敬，"夫子"称呼脱口而出，但也有疑惑，于是问道："当初孔子为何作《春秋》哉？"

司马迁答道："周道衰废，孔子知言之不用、道之不行，自以为徒立空言，不如因循当时之事作出评判、褒贬，于是删削《春秋》，分别嫌疑，明辨是非，确定犹豫，扬善惩恶，敬贤贱不肖，拨乱世反之正。《春秋》者，礼义之大宗也。"

壶遂尚有不解，再问："孔子之时，处于乱世，礼崩乐坏，上无明君，臣下不得任用，孔子于是给予挞伐、批判，故作《春秋》。如今夫子适逢朗朗乾坤，上遇圣明天子，臣下各守其职、各宜其事。当今处于盛世，夫子仍要继《春秋》，欲以何为？"

司马迁以十分认真的口气解释道："壶大人说得是，但并不完全。《春秋》中亦有推崇上古三代即夏、商、周之德，尤其褒扬周代，并非全是讥刺贬斥之议。而汉兴以来，今朝天子圣明，获符瑞、封禅、改制、易服色，到处云蒸霞蔚，确为太平盛世。吾父曾言，如果明主贤君和忠臣义士的诸多事迹不能载诸史册，不能在史册上向后世介绍当今清明盛世，作为太史是失职，是不可原谅的罪过。因此吾继《春秋》，就是要突出地将大汉明君贤臣的业绩记载下来，传播下去，此即吾父所谓'绍明世'也。吾之继《春秋》，乃绍明世而继《春秋》也。"

壶遂没有继续发问，一会儿即离开了。

壶遂走后，司马迁沉思良久，他发现壶遂并未完全信服自己所言，而壶遂是皇帝甚为信任的大臣，时常能见到皇帝，壶遂有疑问，可能会影响到皇帝的看法。壶遂的疑惑，一定要设法消除。

司马迁觉得真是万事开头难，著述刚开始，就被人怀疑究竟要干什么。开头难，开头难，司马迁脑中突然灵光一现：开头就写一篇范文，送壶遂过目，用事实说服他，如何？

司马迁曾多次与父亲讨论新史书的写法，确定了以人物为中心，以历朝天子的前后为顺序，划分为本纪、世家、列传三个层次。先易后难，先写准备已成熟的，后写难度大的，最后再将分别写好的各篇按顺序组装起来。第一篇要送壶遂过目，写谁呢？当然是韩安国！韩安国历两朝，平定"吴楚七国之乱"建有功勋，后历任梁国内史、北地都尉、大司农、御史大夫、护军将军、中尉、材官将军，集功臣、名臣、重臣于一身，完全应该列入立传的范围；同时韩安国是壶遂入仕的荐举者、恩人，壶遂对他一定感兴趣。

韩安国字长孺，为表敬重，司马迁将篇名定为《韩长孺列传》。韩安国逝于元朔二年（前127年），相距时间不长，涉及资料、逸闻甚丰富，司马迁很快写毕，登门请壶遂览阅。

壶遂一眼看到"韩长孺列传"五个大字，陡生兴趣。标题不直呼韩安国而尊称韩长孺，开篇第一句冠以韩安国所任之最高官职，写道："御史大夫韩安国者"云云，均显示了作者对本篇主人的敬重，令壶遂心中非常舒畅。壶遂几乎是一口气读完了全篇，几度拍案称好，且忍不住又重读了两遍。

之后壶遂对司马迁说："司马夫子不愧为文章大家，今日有幸拜读大作，确是文采飞扬，精妙绝伦，故一连读了三遍。佩服！佩服！"

"壶大人谬赞！"司马迁说，"绝非在下文笔尚好，而是因为韩长孺大人本身德高才盛，经历丰富，颇具功绩。"

"韩大人经历确实十分丰富，但要载入史册，还得精心剪裁，取舍得当。"壶遂感慨而言，"司马夫子写得太好了。写韩大人奉梁王之命力抗叛军，持重取胜，同时写其作为梁使赴京，在太后、长公主面前力称梁王忠孝表现，说梁王'念太后、帝在中都，而诸侯扰乱，一言泣数行下，跪送臣等六人将兵击退吴楚叛军'。从而消除了母后、长公主姐姐和皇帝兄长对梁王的疑虑。写韩大人之大度，曾入狱受到狱吏羞辱，韩大人称：'死灰难道不可复燃乎？'狱吏说：'燃即溺之。'后韩大人出狱不久升官，却善遇狱吏。诸如此类，均写得鲜活生动，读之如亲眼所见。"

司马迁有些忐忑地说："在下秉承自古以来史官直笔实录的传统，在篇中亦写了韩大人的短处，即自身贪财，又贿赂过时任丞相田蚡。不知是否恰当？请壶大人指教。"

"属实，并无不可。"壶遂说，"篇中称韩大人'推举皆廉士，贤于己者也。于梁则壶遂、臧固、郅他，皆天下名士，士亦以此称慕之，唯天子以为国器'。虽然恰如其分，但将老朽列于其中，似有不妥。"

司马迁笑道："壶大人太过自谦了，朝中谁人不知，论贤德，壶大人最类韩大人，且有过之而无不及也。"

"惭愧惭愧，韩大人已逝，此生再无报答之机会矣。"壶遂稍作思索后说道，"今日读罢《韩长孺列传》，方真正理解司马夫子绍明世而继《春秋》的初衷。甚好！甚好！"

司马迁消除了壶遂的疑虑后，信心大增，著述进度加快。他根据近些年来的亲身经历和已有资料，较快写出《河渠书》《封禅书》。这是他在皇帝面前承诺过的，唯恐哪日皇帝问起，自己无以交代。在书写《封禅书》时，他记起父亲司马谈关于自古以来受命于天的帝王均应封禅的观点，将此写在全篇的开头部分，也算是告慰极想参与封禅而不得的父亲。司马迁刚刚主持改历，资料均是现成的，据此又写就《历书》。司马迁觉得，此三书乃瓜熟蒂落、破茧成蝶，撞上了自己的笔头，不得不写而又极易完成。写完三书后审视，司马迁知道这已经突破了原先的设计，冒出来一种新的体裁——书。书者，典章制度也。这是对纪传体的一个重要补充，不可或缺；这也是在人物传记中难以完整记载的，必须单列。当然，历代典章制度远非此三项，尚有其他。司马迁深思熟虑，确定了还要写《礼书》、《乐书》、《律书》（兵书）、《天官书》、《平准书》。此五书准备不足，尚须进一步搜集、整理资料后方可动笔。当前与今后还是要写人物传记。

司马迁排列出要写的人物，首先列出帝王本纪要写十一篇：五帝（黄帝、颛顼、帝喾、尧、舜），夏，殷，周，秦，秦始皇，高祖，孝惠帝，孝文帝，孝景帝，孝武帝。帝王本纪乃自古至今的大纲，绝不可断，司马迁仔细斟酌后发现，秦始皇传位秦二世皇帝，然后到汉高祖刘邦，这中间就断了几年。事实上那几年天下大乱，群雄并起，最有实力者乃项羽，项羽力拔山，气盖世，狂飙突进，摧毁暴秦军队主力，自号西楚霸王，封天下反秦英雄为十八诸侯王。司马迁认定，项羽虽然没有皇帝名号，却是秦汉之际无可争辩的实际帝王，于是增加一篇《项羽本纪》。再斟酌《孝惠本纪》，觉得汉惠帝刘盈软弱无能，且即位七年便早逝，大汉帝国其时实际最高统治者乃其母、太后吕雉，吕太后实际执政了十五年。司马迁于是将《孝惠本纪》改为《吕太后本纪》。如此一来，帝王本纪即为十二篇。

三十年曰世，诸侯乃本家，可世袭，故称世家。列入"世家"的多为历朝之诸侯王。先秦诸侯王甚众，司马迁只是选择那些在历史上起过较大作用的著名诸侯王：吴、齐太公、周公、燕、管蔡、陈杞、卫、宋、晋、楚、越王勾践、郑、赵、魏、韩、田敬仲完（田氏代齐），罗列了先秦十八家诸侯，其中管、蔡两家合一篇，陈、杞两家合一篇，有十六篇"世家"。之后司马迁特别将孔子、陈涉列入"世家"。司马迁极为尊崇孔子，仰之弥高，认为孔子的学说传了十余世而不衰，是至圣，胜过许多帝王将相。司马迁最欣赏孔子弟子子贡的评价："他人之贤者，丘陵也，犹可逾焉；仲尼，日月也，无得而逾焉。"司马迁也赞成贾谊对陈涉的评价，认为陈涉称王虽仅有六个月，但其斩木为兵，揭竿为旗，率先起事，致天下云集响应，终灭强秦，功绩不输诸侯王。对于汉朝以来的列了十二篇：外戚、楚元王、荆燕王、齐悼惠王、萧（何）相国、曹（参）相国、留侯（张良）、绛侯（周勃）、陈（平）丞相、梁孝王、五宗（高祖五子）、三宗（文帝三子）。这其中将萧何、曹参、张良、周勃、陈平等列侯而非诸侯王列入"世家"，如同对待孔子、陈涉一样，着眼于实际功德而不拘泥于地位。"世家"合计三十篇。

至于"列传"要写多少篇，司马迁一开始并未确定具体篇数，但觉得至少要有"世家"的两倍，古往今来有多少杰出人物应该载入史册啊！只怕是受限于自己的时间、能力而不能如愿。司马迁初步考虑，功臣、公卿、贤大夫及社会名流、特立独行人士、不同阶层代表人物等，还有周边的少数民族，都是应该立传的。这都有待于发掘、筛选。

正当司马迁兴致勃勃地开始写作时，这年的八月，刘彻行幸安定郡（郡治高平县，今宁夏固原市原州区），司马迁理所当然地要暂时搁置著述，随从皇帝出行。安定郡是刘彻于元鼎三年（前114年）诏令从北地郡分出十二县而新设置的郡，主要是为加强关中西北门户萧关（高平县境内）的防守。新郡设置后，刘彻曾于元鼎五年（前112年）、元封四年（前107年）两次巡幸安定，出萧关察看边防，这是第三次了。司马迁三次皆随从，觉得皇帝特别重视萧关一带的防守，本次尤为隆重，不仅公卿大臣，还有多位将军随行。刘彻率诸将出萧关后巡察了好远才返回，且人人表情严肃，似有大事发生。

后来住在高平县的一个晚上，司马迁遇见壶遂，便向他打听。壶遂告诉他说，皇上正在布置一个大局。元狩四年（前119年），卫青、霍去病与匈奴单于伊稚斜、左贤王在漠北决战，匈奴大败，损失惨重，元气大伤，之后便收缩于漠北，无力侵扰大汉边境。伊稚斜单于实行休养生息，其子乌维继任单于后继续休养生息。这样，汉匈之间有十五年左右基本相安无事，没有大的冲突。乌维死后其子乌师庐继位，因年纪不大被称为儿单于。儿单于年少气盛，认为匈奴经多年休养，人、畜皆恢复，便开始觊觎大汉西北的河西走廊一带，汉匈之间的战争一触即发。儿单于对内亦好杀伐，引起其国人不安，故其左大都尉密谋杀死儿单于，并派人秘密告知大汉朝廷，相约汉军往迎时即发动事变。刘彻获讯大悦，以为这是打击匈奴的一次极好机会，于是派因杅（yú）将军公孙敖率军至朔方郡以北的塞外草原上建了一座受降城

（今蒙古国境内），接应匈奴左大都尉。萧关是长安、关中的西北门户，对长安的安全极为重要；萧关也是关中通往河西走廊最便捷的出口，大汉用兵河西走廊，必走萧关。此次匈奴左大都尉欲杀儿单于来降，事关重大，所以刘彻带了多位将军来安定郡萧关，既商议如何接应，也商议汉匈战事重启后如何加强萧关的防卫，确保关中和长安的安全。

司马迁听了有些吃惊，半晌没有作声，停了好一会儿才对壶遂说："多谢壶大人信任，将如此重大的军国机密告知在下，让我对匈奴、对汉匈之间的战事、对皇上与朝廷的用心布局都有了进一步的了解，对我书写匈奴的历史大有帮助。汉匈之间已经多年未有大的战事了，不想又将重开血腥大厮杀，真不知是福是祸！"

壶遂说道："是福不是祸，是祸难躲过。但愿此次匈奴左大都尉刺杀儿单于并率部归汉取得成功。"

"但愿公孙敖将军能顺利接应上。天佑大汉！"司马迁也说。

司马迁下意识地将自己关注的重点由是否有益于史书著述，一下子转移到对匈奴战事的胜负上，也关注着每一位参战将军的命运。如今领兵作战的将军大多是卫青、霍去病过去的部将，如公孙敖、赵破奴、徐自为、韩说、郭昌、路博德等，还有卫青的儿子卫伉。他从内心希望他们如同当年卫青、霍去病一样所向披靡、无往不胜。然未料之后的对匈战事竟胜少负多，更让他未料到的是竟将自己牵扯进去，至万劫不复之境地。

侍奉皇帝巡幸回到长安后，博士陈赐来约司马迁一同去茂陵邑，看望其师杨何的家人。陈赐曾拜杨何为师学习《易经》，后被征召入朝为《易经》博士，这两年参与改历，才与司马迁熟悉起来，知司马迁父子皆为杨何学生，也有了更多交谈内容。杨何夫妇已去世多年，陈赐挂念老师家人，有时去探望。这次与陈赐同行的，还有他的学生、博士弟子杨敞。杨敞通过陈赐认识了司马迁，对司马迁的学问、人品很敬佩，时不时地去天禄阁翻阅文章典籍，还向司马迁请教一二。司马迁对杨敞的印象甚好，觉得杨敞是个谦逊有礼、勤奋好学的年轻学子，又出身于华阴县曾经两度封侯的大家族，前程不可限量。

到了茂陵邑，司马迁陪陈赐、杨敞先去看望杨何儿孙一大家子，然后就安排陈赐、杨敞住到隔壁空着的挚家屋里，当然吃饭肯定在司马迁家中。柳倩娘和女儿司马英忙得不亦乐乎，准备给两位客人接风。

饭菜尚未做好，杨敞第一次来茂陵邑，就一个人外出转悠，东瞅瞅，西看看，信步走到了小河边。小河乃渭水一小支流，河面不很宽，河水缓缓流淌，水深且清。此时正值晚秋，河边汲水的、淘米洗菜的、捣衣的人众多，河面上还有往来穿梭的小船，说话声、嬉笑声、捣衣声、摇橹声混合嘈杂，此起彼伏，显得生气勃勃。杨敞驻足看了许久，舍不得离去。

突然，不远处传来高声喊叫："有人落水了！"杨敞循着喊声跑去，中途又有喊声："又掉下去一个！"杨敞飞快地跑到两人落水之处，那是一块长木板支撑起来的跳板，旁边水中有一年轻女子和一小男孩正在挣扎，那女子一只手紧紧拉住小男孩的手，另一只手则死死抓住跳板的支撑腿，眼看两人就要支持不住。

水性尚好的杨敞来不及脱去外衣就跳入水中，先将小男孩捞起并举上跳板，然后帮助女子爬上跳板。幸好救援及时，年轻女子和小男孩均无大碍。小男孩吓得一直在哭，那年轻女子上来后，即向杨敞行礼表示感谢。

旁边有人说道："刚才那少年洗手跌入水中，这姑娘是为拉住那少年才掉到水中的。"杨敞听了不禁仔细打量了一下年轻女子，才发现她长得甚是端庄秀丽，浸透了水的衣服紧紧裹在身上，更显得其身材之修长美妙，心中突然有了一种莫名的冲动。杨敞连连颔首，对其表示敬意，并提出要送两人回家。女子称自己回去即可，希望杨敞将小男孩送回家。

杨敞将小男孩送回家后返回司马迁家，一进门便看见刚才那位落水的姑娘已换了干净衣服，正在收拾饭桌摆放碗筷，大吃一惊，问道："你怎么来到这里？"

姑娘笑道："这是我家。"

正说着，司马迁与陈赐有说有笑地从院中进来了，活泼多智的陈赐对杨敞大笑道："看来刚才你出演了一场英雄救美。司马小姐先前回来说去河边洗菜时落水，有位不认识的公子模样的人救了她，我猜准是你。有缘相会有多种方式，倒是极少有相会于水中。《诗经》中那句诗是怎么说来着？叫作'宛在水中央'，那是指可以相会于水中央的小块陆地，如何能够真的相会于水中，置危险于不顾呢？"

司马英脸上大红。杨敞则心中暗喜，以为老师真是善解人意。

"朝中人皆称陈博士学识渊博且诙谐多智，今日得以见识。"司马迁转而向杨敞介绍道："这是小女司马英。"又指着杨敞对司马英说："这是杨博士的学生、博士弟子杨敞公子。"

司马英、杨敞相互致礼，算是认识了。杨敞这才在司马迁的安排下去换了衣服。

席间，陈赐与司马迁把酒言欢，而杨敞却寡言少语，酒也喝得不多，司马英只要端菜上来，杨敞的眼光就不离她，看得司马英都不好意思了。司马迁劝杨敞多吃多喝，陈赐说不要管他，他有他的事，咱俩喝。

司马迁问杨公子有何事，陈赐说反正他的心思不在喝酒上。

司马迁似乎听懂了，苦笑了一下，便不再劝杨敞。

杨敞回到长安后，始终寝食不安，眼前总是出现司马英立于河边的样子，从头到脚都是湿漉漉的、水灵灵的，完完全全的出水芙蓉。杨敞缠着陈赐，要陈赐去跟司马迁说合，希望司马迁能赞成他娶司马英。

陈赐去见司马迁，司马迁听了沉思半晌没有作声。

陈赐急了，催问道："你司马太史到底啥态度，明白着说，半天不作声急死人了，难道是不中意杨敞？"

司马迁这才说道："不是我不中意杨敞，只是，只是……"

"只是什么？"陈赐说，"真是急病患遇上了慢医匠。到底什么意思说出来嘛。"

司马迁这才说出自己的担心："陈博士，我很欣赏杨敞，觉得他与小女也很般配，但两家的差距太大了，我这小小六百石太史令何能攀上他侯门？

门不当户不对啊！所以那日在敝宅我才以苦笑相对。"

陈赐哈哈大笑："我早就看出你司马太史中意杨敞，否则我也不会答应杨敞前来说合。杨家的确是侯门，是华阴县第一大户。但这列侯爵位是捡来的，而且是两次封侯两次失却。故杨家并不那么傲慢，更谈不上盛气凌人。"

"此话怎讲？"司马迁不解。

陈赐继续说："杨敞的曾祖父杨喜，汉王二年（前205年）先任郎中骑，于宫中侍奉高祖，后跟随骑将灌婴征战，垓下之役项羽大败后南逃，灌婴率军紧追，至乌江项羽自刎，杨喜等五人分抢到项羽遗体，均封侯，杨喜是封为赤泉侯。这侯爵不是捡来的吗？算不上有多少值得骄傲的显赫战功。后来爵位传到杨喜的孙子杨胤，也就是杨敞的父亲，袭爵六年被罢爵，多年后又复封为临汝侯，到元光二年（前133年）因有罪再被罢爵。杨敞的父亲杨胤两度被罢爵，使杨门蒙羞，杨家地位一落千丈。"

司马迁想起樊他广，虽被夺爵，仍很有势力，于是说道："瘦死的骆驼比马大，毕竟是大户人家，我最宠我这唯一的女儿，唯恐她嫁过去会受气。"

"你多虑了。"陈赐说，"杨敞的父亲杨胤早已去世，如今家中一切均由杨敞母亲李老夫人主持。李老夫人十分贤德，是华阴县有名的大善人，你女儿嫁过去是不会受苦受气的。"

"哦。吾妻亦华阴人氏，我回去与她商议一下。"司马迁其实心里已经赞成了。

陈赐笑道："你是不信我，想让弟妹核实一下？其实还有一事要告诉你，杨喜的父亲也就是杨敞的高祖父杨硕，秦末隐居华山，洞习天文，秦始皇五次征召不赴，大汉建立后应高祖征聘入朝为太史。你说，两家均为太史，是否算门当户对？"

"竟有此等巧合？看来杨敞与小女确有姻缘焉！"司马迁愈加高兴，说道，"真佩服你陈博士，帮助自己的弟子如此不遗余力。"

"我是有备而来，来之前让杨敞将他家的情况仔仔细细都给我说清楚了。"陈赐有些扬扬得意。

休沐日司马迁回到茂陵邑家中，问柳倩娘意见，柳倩娘当然赞成，还说杨敞的母亲李老夫人确实心善，且还是自己的远房亲戚，论起来应该叫她大表姐呢。夫妻俩告诉女儿，司马英害羞地笑了笑，只说了一句："他能救我于河中，应该会对我好。"

杨家很快来司马家提亲。到年底，十九岁的司马英风风光光地嫁到华阴杨家，与二十一岁的杨敞正式结为夫妻。

侍奉武帝巡幸回到长安后的几个月中，司马迁不仅嫁了女儿，还见缝插针，写就了其他几篇列传。

整个太初元年，司马迁主持改历，开始了新史书的著述，写就多篇列传，还风光地嫁了女儿，觉得眼前一片灿烂阳光。他甚至再次到终南山中见好友挚峻，苦口婆心地劝其出山入仕，遗憾的是又未果。

第五章・至辱腐刑⋮

1. 诸事不顺之太初二年

太初元年，改制成功，大汉帝国武功文治达到巅峰，不想一转眼进入太初二年，诸事不顺，致皇帝刘彻多次雷霆震怒，甚至以霹雳手段惩治臣下。司马迁一旁看着，屡屡惴惴不安，有时甚至胆战心惊，不得不时常停下著述，用好长的时间平复心情后才能继续写作。

正月，丞相石庆病逝，刘彻原想让壶遂接替丞相，不料壶遂卧病不起，刘彻只好任太仆公孙贺为丞相，封葛绎侯。在朝会之上，当刘彻宣布任公孙贺为丞相、封葛绎侯时，众臣皆以为公孙贺会立刻跪叩谢恩，但出人意料的是，公孙贺竟出列跪伏于地，连连叩首，大呼："陛下，臣何德何能，蒙陛下如此大信任？臣愧不敢受，愧不敢当焉！"刘彻令符节令将印绶授予公孙贺，公孙贺竟痛哭流涕不起，说道："陛下，臣有罪，臣不可受也！"刘彻大怒，吼道："没出息的家伙！你自己看着办吧。"然后起身乘辇而去，将公孙贺晾在那里，公孙贺这才不得已接受了印绶。

司马迁列于阶下众臣队伍的末尾，看了这一幕十分不解，次日去看望壶遂时便请教。壶遂说："公孙贺乃将门之后，其父公孙昆邪于景帝时为陇西郡太守，吴楚七国之乱爆发，以将军从太尉周亚夫平叛，因功封侯。公孙贺少时即从军为骑士，数有功，任太仆已多年，其妻卫君孺乃卫皇后长姐，因此甚得皇上信任。"

司马迁问道："既然他与皇上是连襟，很近的亲戚，又甚得皇上信任，为何不愿任丞相呢？"

壶遂笑道："谁个不想获高官、封列侯？但如今竟有公孙贺这样的，我

175

想他是怕了。"

"怕任丞相?"司马迁觉得理解不了。

"是的。事实告诉他,丞相虽然是皇帝一人之下、众臣之首,现如今却成了最危险的位置。"壶遂解释道,"公孙弘老奸巨猾,上下左右之间闪转腾挪,任丞相得以在八十岁高龄于任上善终,其后任丞相的李蔡、严青翟、赵周、石庆,前三位皆不得善终,唯有谨慎到装痴卖傻的石庆得以善终,但也常常被严厉呵责。如今皇上严责大臣成为常态,为丞相者首当其冲,公孙贺当然畏惧。况且公孙贺曾经跟随卫青征匈奴因功封侯,后又因酎金问题被夺去爵位。有过这次经历,我听人说,那日公孙贺不得已接受了丞相、葛绎侯印绶,出殿后对人说:'吾从此殆矣!'"

司马迁说:"听说原先是要任您壶大人为丞相的,哪知您竟生病卧榻不起。"

壶遂苦笑道:"如此说来,这病生得正是时候?"

司马迁笑道:"在下冒昧地问一句,您壶大人是否也惧任丞相?您不会是装病吧?"

壶遂立即变了脸色,斥道:"这玩笑话可不能乱讲,欺君之罪是要灭族的!"

司马迁连连作揖,连连道歉。

司马迁回去后仍然难以理解为何有人怕当丞相,自己仅是个六百石的太史令,地位低下,怎知高处不胜寒?他不禁翻出整理好的汉初四位做过丞相的萧何、曹参、陈平、周勃的资料,一边研读,一边写出《萧相国世家》《曹相国世家》《陈丞相世家》《绛侯世家》。写就四篇"世家",懂得了做丞相的不易。像萧何那样起事前即与刘邦有深厚情谊、夺取天下居功第一、享有带剑上朝入朝不趋特权的相国,为避免刘邦猜忌,竟自泼污水,故意与民争田,自消好名声,不使个人威望超过高帝刘邦。又如绛侯周勃,灭诸吕、迎文帝立有大功,由太尉晋丞相,因功高盖主自请归相印回到封地,即使如此退避仍然被文帝关入狱中,后被薄太后救出,感慨言之:"吾曾将百万军,安知狱吏之贵乎！"

司马迁带着疑问写，写成后疑问也消除了不少。但感觉如今皇帝与丞相的关系似乎与前面尚有区别，以前的功臣任丞相主要是避免功高盖主，而如今皇帝雄才大略，朝臣如家臣，丞相不过是一个大管家，只有仰皇帝鼻息的份儿。

三月，司马迁随侍皇帝至河东郡祭祀后土，再次看到李延年在祭礼上奏乐及歌唱，那风采，真是天下无双！返回途中在夏阳县歇息时，李延年找到司马迁，称原先司马相如为乐府写了许多诗赋，由他配乐唱出，如今司马相如不在了，恳望司马太史能为乐府写些诗赋。司马迁推托，说写不出司马相如那般精彩篇章，李延年称朝中谁人不知司马太史文章与司马相如不相上下，何必客气？司马迁只好说，容我有空时试试吧。

哪知回到长安后，毁灭却渐渐降临到李延年头上。掖庭令状告李延年胞弟李季淫乱后宫，刘彻震怒，诏令将其逮入廷尉狱中，严加讯问。风流成性、细皮嫩肉的李季哪里经得起大刑，刚用刑就全部招了，供出与后宫中哪些嫔妃及宫女有奸情，并牵扯出次兄李延年。

原来，有次李季与一长期被刘彻冷落的嫔妃私会，不巧被掖庭令撞见，李季惊慌失措，哀求掖庭令帮助隐瞒下来，掖庭令起初不答应，李季称可让次兄李延年在皇上面前说些好话，有机会拔擢掖庭令，掖庭令这才答应暂时不声张。李季告诉李延年，李延年大惊失色，说外面的女人多得是，你李季竟吃了豹子胆要去后宫寻欢，这可是杀头灭族的大罪啊！李季一再哀求李延年在皇上面前为掖庭令说项，李延年没办法，说那要看机会，哪有那么容易？李延年后来几个月里都没有找到机会，掖庭令也是宦者，原本就十分嫉妒李延年，见几个月无动静，就把李季告了。李季供出李延年知道此事，李延年就有了包庇兄弟、知情不举的罪名。

廷尉将讯问情况禀报刘彻，刘彻立即下令将与李季有染的嫔妃、宫女全部逮入掖庭狱，以乱杖扑杀之；然后下令诛杀李季，灭其家族。对于李延年，刘彻虽然很生气，但李延年风流倜傥，侍奉多年甚得刘彻欢心，且李延年领着乐府创作出许多高质量的音乐作品，成绩卓著，既好女色又好男色的刘彻一时还舍不得惩治李延年。

李季被诛后，刘彻有多日未曾召李延年侍寝，双方内心都不痛快，勉强在一起也无愉悦。大约过了十日，刘彻想念李延年，同时想到李延年毕竟是李夫人的兄长，也正是李延年将李夫人领到自己身边的，于是以行猎为名，移驾上林苑，上林苑里有离宫七十余所，刘彻一行就住进了离乐府最近的一处离宫。打了两天猎，刘彻觉得索然无味，第三日下午便带着光禄勋徐自为与少量的侍卫郎官，在太乐令的引领下，乘辇来到乐府。

正是此日，同属太常的协律都尉李延年邀约太史令司马迁来到乐府，向司马迁介绍乐府的乐曲主要是三个方面：祭祀乐，享宴乐，从民间采集后整理的民间诗歌音乐。他希望司马迁能为祭祀乐、享宴乐写作诗辞，谱以乐曲即可奏唱。为使司马迁有个直观印象，李延年专门安排了奏唱司马相如作辞的几首乐曲，让司马迁观摩。正在进行中，刘彻进来了。

侍从刘彻的太乐令于进门之前即高呼："陛下驾到！"奏唱暂停间隙中的众人随即匍匐于地，同呼："吾皇万岁！"唯李延年正在与一女乐交代着什么，没有听到太乐令的喊声，看到众人全部跪下这才发现皇帝来到，迟疑着慌忙跪下，但已被眼尖的刘彻瞅见。刘彻心中怒气已生，而忌恨李延年抢了自己风头的太乐令见状，乘机靠近刘彻小声说道："陛下，微臣早已听说李大人与此弹拨箜篌的女乐交往甚密，果不其然，竟不知陛下之幸至。"

刘彻一听，妒火升腾，手指女乐厉声说道："将此贱倡送祠庙中劳作，舂谷！"

李延年立即走到刘彻面前，扑通跪下，三叩首，请求道："陛下，罪臣正在指其弹拨之谬，不知陛下已至，责在罪臣，万望陛下饶恕女乐！乐府中能操箜篌的乐人甚缺啊！"

"朕罚贱倡，伤了你李延年的心？真乃物以类聚，人以群分。朕并未忘记，你李延年原本即倡优！"刘彻愈怒，喝道，"连你李延年一并惩治，押送廷尉狱。"

李延年不停地叩首，额头叩出了血，污秽了整个脸面，一边痛哭一边喊道："陛下，罪臣以刑余之身，有幸侍奉陛下，罪臣深谢陛下大恩！然罪臣心中至痛，时常椎心泣血。陛下，罪臣身已全毁，心亦尽死啊！"

刘彻不再理睬，转身出了乐府。

司马迁见了这一幕，为才华盖世、风流倜傥的李延年惋惜，为命途多舛、惨痛至极的李延年怜悯，早已热泪盈眶，同时也被皇帝的雷霆之怒吓得心惊肉跳。

李延年送廷尉狱后，经审理，仍定下包庇有罪兄弟、知情不报属诬罔欺君大罪，应诛灭全家族。刘彻诏可。李延年原想着以钱赎死，但家中财产全被抄没，分文不存，朝中也没人帮他。以腐刑代死更无可能，其早年已受过腐刑，已经没地方下手。于是不久，李延年就追随其弟李季而去了。

李延年被诛，给予司马迁以强烈震撼。天下有才者，有几人可胜过李延年？天下受辱者，又有何人比李延年惨痛？每思及此，司马迁觉得心如乱麻，手中之笔竟有千斤重，拿不起，当然就写不出一个字。

李季、李延年先后被诛不久，李广利率师伐大宛不利，返回敦煌，士卒剩余不过十之一二。李广利遣使快马飞报朝廷，称出师后沿途各小国不肯供给食物，只好以攻伐取食物，攻得下来就有食物，攻不下则不得食物。攻打大宛边境郁成国时损失重大，道远乏食饿死者甚众，难以继续去攻大宛都城，只好领兵返回。

刘彻闻报大怒，派使节至玉门关，宣读皇帝诏令："军有敢入者辄斩之。"李广利只得率师留屯敦煌。当然，刘彻不让李广利回朝还有一层考虑，他刚刚杀了李广利的两个弟弟，如何向李广利去说呢？李季罪大当诛，而李延年确实罪不至死。其实，刘彻诛杀李延年不久，自己也后悔了。

让刘彻糟心的事接二连三。紧接着，浞（zhuó）野侯、浚稽将军赵破奴属下一军吏快马驰入长安，禀报了赵破奴二万余骑全部没入匈奴的惊天噩耗。原来，刘彻诏令因杅将军公孙敖筑受降城以迎匈奴左大都尉之后，匈奴儿单于常常不驻单于庭而驻于西边浚稽山附近的右贤王庭，并将匈奴的大量兵力集结于这一带，企图进犯大汉河西走廊，左大都尉亦随之率军驻扎在浚稽山一带。刘彻认为，受降城相距太远，不能接应左大都尉，于是重新派出浞野侯、浚稽将军赵破奴率二万余骑兵自朔方郡（今内蒙古杭锦旗北）出塞，向西北方向进军二千余里，靠近了浚稽山。然左大都尉密谋泄露，不及发动即被儿单于诛杀。之后匈奴军队即向赵破奴军发动攻击，赵破奴且战且退，距受降城四百余里时，匈奴八万骑兵围了上来。汉军扎营后缺水，赵破奴夜晚独自一人外出找水，被匈奴人发现生俘。之后匈奴大军便急击失去主将的汉军，汉军护军校尉郭纵与早先归降的匈奴维王等商议，惧怕侥幸突围回去也会因失去主将而被诛，加之本部有不少归降匈奴人，于是决定放弃抵抗而投降。

刘彻闻讯，痛心疾首，相隔多年重开对匈奴战事的首战，不仅里应外合的密谋失败，还遭到如此挫折，二万多精锐骑兵尽没与匈奴，觉得无法接受。一个堂堂的大汉皇帝，竟失手于一个乳臭未干的毛小子，太让人丢脸了！刘彻在朝堂上询问众臣：怎么办？朝臣们几乎众口一词：停止对大宛用兵，集中兵力，痛击匈奴！

刘彻眉头紧锁，用威严的目光扫了一遍朝臣，心想为何没有一个人理解朕，懂得朕此时在想什么，他有些想念张汤、公孙弘，如果他俩在，早就出列说出朕的想法了。

刘彻见无人能说出自己想说的话，就自己说道："众卿难道不知，吾大汉业已出兵伐宛，如此小国尚不能征服，则大夏等国之后必渐渐轻视大汉，不仅大宛汗血宝马取不来，西域乌孙、轮台诸国必然为难大汉使节，大汉将成为天下各国之笑柄。朕发誓举全国之力，多增兵力，多备粮草、兵器，再遣贰师将军，必破大宛，必取汗血宝马。"

司马迁听了，觉得皇帝如此执着地遣师出征大宛，耗费巨大、劳民伤财不说，所任的李广利实在不是合适人选。他心中有几次冲动，跃跃欲试，打算出列建言，但看到公卿大臣们起先纷纷说话，一看到皇帝不高兴就都鸦雀无声，自己也不敢说话了。

正在此时，曾在赵破奴麾下效力的校尉邓光竟出列奏道："陛下，臣以为继续伐大宛尤为不便。大汉当今之最大威胁，仍为匈奴，且匈奴儿单于此番重创汉军，必须集中兵力予以迎头痛击！如今大汉马匹尚缺，朝廷及郡县往往还要向民间借马，兵力也并不充裕，如果既伐大宛，又征匈奴，所需马匹和兵力必然捉襟见肘。臣愿陛下罢宛军而专力击胡，如此则天下幸甚！"

"一派胡言！"刘彻发怒道，"朕知你曾为赵破奴属下，只想着快点去救赵破奴。为何吾大汉不能同时向两个方向用兵？当年卫青、霍去病不是分兵同时出击吗？"

"陛下，恕臣再作胡言，贰师将军何能与大将军、骠骑将军相比？即使伐宛，也要派出一骁将，速决速返。"邓光真是一根筋，直接说到皇帝的痛点上。

刘彻听了震怒，一拍扶手站立起来，大声斥道："邓光大胆，你是指责朕所任非人，不该任用贰师将军？"

邓光这才清醒过来，怕了，跪叩道："陛下，臣有罪，请陛下治罪！"

刘彻说："当然要惩治，即着廷尉追究。"

司马迁大惊，心想自己与邓光的看法是一样的，而且刚才都想好了，要说出"安危在出令，存亡在所任"这句话。这句话是前不久写作《楚元王世家》写在最后"太史公曰"一段中的话，当时所发感慨挺契合现在的情况。司马迁想，幸亏没敢说出来，否则必定会被皇上斥为大不敬，下场可能比邓光更惨。司马迁这次虽然没有说出来，但他心中的这种认识却是根深蒂固的，总有一天会冒出来。

过了两日，听说壶遂病情加重，司马迁匆匆赶到壶府。壶遂卧于榻上，气息奄奄，看到司马迁来了，还是有些高兴，说道："司马夫子还能赶来看我，吾心甚慰。吾心里有数，时日不多了，今日权当诀别矣！"说完两眼竟流下泪水。

司马迁见状，也不禁眼含热泪，对壶遂说："壶大人万勿说出诀别之类的话，在下总是要常常向壶大人讨教的，您千万不能丢下我。"

"看来司马夫子有疑惑之事?"壶遂说。

司马迁迟迟疑疑还是说了出来:"正是。壶大人正在病中,本不该叨扰您,让您伤神,可我无人倾诉、无人商议,只能向您请教。"

"说来听听。"壶遂勉强挤出点笑容,说道,"似我这般病入膏肓之人还能有点用处,岂非甚好?"

司马迁便将今年以来所遇到的朝中诸事说出,称自己总是兴趣浓烈、情感浓烈,为他人喜,替他人悲,常常极苦闷、极寂寞,心往往静不下来,极大地阻碍了自己正在进行的新史书著述,有时一个字也写不出来。

壶遂叹道:"当一个人权力膨胀到不受任何约束而完全予取予求的时候,个人的尊严、声誉和面子就比什么都重要,丝毫不可冒犯,帝国的利益、子民的福祉往往也得让路,喜怒无常会经常出现,你若随之起伏,必然一事无成。况且,参加朝会的起点是六百石官员,即是说,你在朝堂之上是站在最末尾的那几位,你去操心本不该由你操心之事,你去多说本不该由你说出之言,如何能静得下心来写你的大书?如何能不受挫折甚至牢狱之灾?如何能避免功亏一篑、前功尽弃?"

壶遂说得有些激动,且说得多了,有点累,闭目休息了好一会儿,又睁开眼,苦口婆心地说:"司马夫子,听我的,明哲保身最要紧!身体不保,遑论其他?明哲保身亦是一大智慧。压制住你浓烈的情感和兴趣,平复你心中的苦闷、寂寞和郁结,完完全全地静下心来,去完成你了不起的千秋大业!"

司马迁听了,觉得这像是从父亲口中说出的话一样,感动得向壶遂深深揖拜,满含热泪地说道:"在下敢不从壶大人之谆谆教诲哉!"

三天之后,壶遂逝去。司马迁想,真是人之将死,其言也善,其言也真。在今后的人生中,恐怕再也遇不到这样亦师亦友的贤德之人了。他随即将已写成的《韩长孺列传》找出,专门在最后加了一段:

太史公曰:余与壶遂定律历,观韩长孺之义,壶遂之深中隐厚。

世之言梁多长者，不虚哉！壶遂官至詹事，天子方倚以为汉相，会遂卒。不然，壶遂之内廉行修，斯鞠躬君子也。

借篇中主角韩长孺传记而同时褒扬了与之相关的配角壶遂，这是司马迁在著述中采用的新写法。之后有些传记可有一个、两个甚至多个配角。

2. 真的静下心来

司马迁真心遵循壶遂的教导，摆正自己作为朝堂上最末尾之臣的位置，明哲保身，不瞎操心，不多说话，除了自己太史令职位分内之事，其余均置身事外，慢慢静下心来，重新投入著述之中。

太初二年十二月，御史大夫儿宽病逝。次年三月，刘彻任胶东郡太守延广为御史大夫。仍在益州刺史任上的任安，得以回京向新任御史大夫述职。述职结束的当天下午，任安即来看望司马迁。

自元封六年赴任，任安有两年多未曾回长安，故一见面，司马迁便埋怨道："任兄别来无恙？别的刺史皆是每年有一定时间，少则一两个月，多则三四个月，到所察各郡巡视一番即回京歇着了。哪个像你，住在益州，两年多也不回来。"

"看来迁老弟是想念愚兄了。"任安笑道，"当年我就说过，此乃拜你所赐，不是你出使后朝廷收了滇国、设了益州郡，哪里有什么益州刺史？归我监察的有十个郡，其中七个郡均为原西南夷地区，情况复杂，矛盾纠纷甚多，反映各郡官员的问题也多，搞得我脱不开身。"

司马迁不信："真有那么多问题？"

任安说："可不是。我举两个例子，都是你熟悉的。一个是沈黎郡，你元鼎六年出使时去过，那假太守叫赖通，至今还是赖通在那里，还是个假太守，下面各县也还是假县长。至于治安，仍旧不好，郡里未设都尉，由蜀郡都尉代管，应付不过来。当年赖通向你反映，希望将沈黎郡并入蜀郡，在沈黎郡老地区增设一都尉专管治安，你向朝廷反映了，我也多次上书，包括去掉郡、县长官头上那个'假'字也一并禀报，但七八年过去了，至今未解决。沈黎郡屡屡出现治安问题，百姓意见很大。"任安边说边叹息不止。

司马迁见状，很是同情，说道："任兄真是辛苦！天高皇帝远的，事情往往难办。还有一个例子呢？"

"益州郡的问题就更严重了。"任安说，"当年朝廷派郭昌将军率师入滇，平定了靡莫、劳浸两小国，迫使滇王归顺朝廷，皇上准许滇王仍保持王号，新设置了益州郡。开始一两年情况尚好，朝廷使节出使大夏、身毒等国路过时，滇王热情接待，给予方便。后来又不行了，常常有人于途中暗杀使节及随员，劫夺财物。于是朝廷再派郭昌将军挥师入滇，然效果并不好。如今这条出使通道不得不关闭了。陛下怪罪郭昌，把他撤职了。我也差点受牵连，责我督办不力，吓得我都不敢回长安。"

司马迁听了，忍不住说道："说起郭昌将军，我觉得他还是甚有功绩的，为何就不用了呢？起初他跟随大将军出征匈奴，后来参与平定南越和且兰，再后驻屯朔方，率大批士卒于瓠子口塞河，两次入滇平乱。这样常年担负重大任务的将军不用，非要任用李广利那样根本不懂打仗的无能之辈，真让人不理解。"

"打住，打住！不可妄议啊！"任安赶紧劝道，"迁老弟入仕已多年，难道不知大不敬罪名是要杀头灭族的？"

司马迁笑道："我只是在任兄面前一说，多谢任兄提醒。其实这几年我已听从壶遂大人的告诫，明哲保身，除分内之事，其他一切置身事外，一门心思著述。今日是说到郭昌，不由得联想到李广利，胡说了一通。"

任安诚恳地说："当然你迁老弟在我面前说说没什么，一般人面前可不能瞎说，于朝堂之上更不能瞎说，尤其是你这对于李广利不屑的情绪，千万不能在皇上面前流露。壶大人要你明哲保身是对的。依你迁老弟的性情，你肯定憋得慌，但你有说的地方啊。"

"去何处说？"司马迁不解。

任安说："何处？去你的著述中说啊。你不是在继《春秋》著大史书吗？孔夫子当年于《春秋》中褒贬评判，不正是你可以仿效的吗？于史书中评判，可能比你在朝堂上褒贬更加有力。"

司马迁感动地说："知我者，任兄也！我一定控制好自己，真正做到明哲保身，把我的所思所悟和对人对事之欲言写进我的史书中去。"

当晚，司马迁为任安接风，竟至夜阑方罢。辞别时任安说很快就要回到益州去，下次回来一定去茂陵邑迁老弟府上。司马迁则说小女去年出嫁时任兄不在长安，欠你一顿喜酒务必补上。俩人恋恋不舍，站在门口叙了好长时间才分手。

任安离京后，司马迁加快了著述的步伐。他先是将多年积累、整理的有关匈奴的资料找出，基本写成《匈奴列传》，一直写到赵破奴二万余骑尽没于匈奴。当然今后还要补上后续事件。掩卷沉思，司马迁觉得今朝以来的这几十年中，匈奴有两位单于最恶，一是伊稚斜单于，侵犯汉朝边郡最多的数他，卫青、霍去病出征也大多是与他或他的部属作战；二是他的孙子儿单于，如今觊觎河西走廊，重启战端且让汉军遭遇重大损失。而在大汉与匈奴作战的众多将领中，近塞防卫作战时间最长且战绩最突出者莫过于李广，长途征战乃至于大规模会战则莫过于卫青、霍去病。现如今已找不出如此杰出的将领，对匈奴作战理应更加谨慎。

司马迁在《匈奴列传》结尾处的"太史公曰"里感慨言之：

　　　　尧虽贤，兴事业不成，得禹而九州宁。且欲兴圣统，唯在择任将相哉！唯在择任将相哉！

重复"唯在择任将相哉",就是隐喻对比李广、卫青、霍去病,李广利算是什么货色!

每篇结尾处的"太史公曰"成了司马迁臧否人物,评价时事,宣示观点最好、最恰当的所在,何须在朝堂之上冒大风险地去直言?司马迁这才体会到当年孔子没有机会在朝堂之上慷慨陈词,而于《春秋》中对许多人与事做出裁判甚至审判,这种载入史册传至千秋万代的历史审判可使"乱臣贼子惧"(孟子言)。孔子《春秋》所承载的这种历史裁判功能,不正是自己应该继承的吗?

乘兴,司马迁接着写了卫青、霍去病的合传《卫将军骠骑列传》。在列传最后一段"太史公曰"里,专门以十分感慨的语气写了两位功勋卓著、至尊至贵的将军从来不敢招士,以免引起皇帝的猜忌。在卫青、霍去病这两位主角的后面,还分别罗列了好多个部属,当然包括郭昌。司马迁觉得郭昌在历史上应有一席之地。写了卫青、霍去病这样的将帅,司马迁自然联想起与之媲美的韩信、周亚夫。这两人的资料准备得比较充分,又有壮游南北时搜集的一些生动事例,写起来得心应手。不称韩信为楚王,也不直呼其名,还要与另一个叫韩信的人相区别,就尊称其为淮阴侯,写成《淮阴侯列传》。另一位韩信则称韩王信。周亚夫的事迹就写在周勃的后面,与其父合篇。司马迁自然想起韩信家乡淮阴百姓对他的敬佩和怀念,于是在篇中极为充分地记述了韩信率大军驰骋征战,攻拔赵魏,平定齐燕,使三分天下有其二,并最终击灭项羽,认为其功绩可比周朝太公、周公、召(shào)公,不禁为其兔死狗烹、不幸遭诛而惋惜。对于周亚夫,亦记载了其统率三十六将军、百万大军,仅用三个月时间即平定了吴楚七国之乱,认为其功绩可比伊尹、周公、司马穰苴。司马迁也采用同情、惋惜的笔触写了周亚夫被景帝关入大狱、绝食而死,字里行间包含着对景帝刘启的贬责。

司马迁受壶遂、任安的劝导、启发,到自己的著述中去议论、评判、褒贬,完全平复了自己的情绪,真的静下心来。从此心无旁骛,自由地徜徉在大史书的著述之中,虽然甚为劳神,心情却愈益平静、愉悦。除去处理太史令职位的分内事和随侍皇帝外出巡幸、祭祀，司马迁抓紧将已经准备成熟的篇章写出，如因亲身出使而熟悉，一气呵成《西南夷列传》；连带着写出曾经出使西南夷的司马相如的传记，里面特别收录了这位辞赋大家的代表作品。

因为现实需要，因为临时起兴，因为准备得极成熟而自然涌出，司马迁断断续续地写出了一些"书""列传""世家"。此时他觉得，需要进行比较系统的著述了。他要抓紧将先秦的"本纪""世家"写出来，当然这是最难的，因为年代过于久远，所存资料、文献不足甚至没有，只能从上古以来存续的卷帙中尤其是"四书""五经"等典籍中去寻觅、钩沉、核实、接续。好在父亲司马谈已经做了一些基础性工作，使自己查阅、搜集起来顺手许多。司马迁先是自己壮游南北，后又有幸随扈皇帝巡幸各地，有心尽可能地搜集了不少传闻逸事，此时加以考信，写入书中。依据上古传下来的《世本》，厘清了帝、王、卿大夫世系。还及时吸收了当代学者的研究成果，如对五帝的界定，便是以当今尚不出名的年轻学者戴德《大戴礼记》的观点为依据，以黄帝、颛顼、帝喾、唐尧、虞舜为五帝。考信传闻逸事与钩沉史料结合，司马迁花了很长时间，终于写成《五帝本纪》。其中舜帝的事迹相对较丰富，主要得益于自己当年亲身追随舜帝南巡足迹，浮沅湘而观九嶷。

刚写完《五帝本纪》，朝廷下达皇帝诏令，朝中所有六百石以上官员翌日一早，全都到城北的横（guāng）门外集中，为伐宛大军送行。刘彻坚决排除朝臣们议论，决定举全国之力，调集各郡骑兵，兵员不足即赦免囚徒从军，还征发了不少恶少年，组成六万余人的大军；征集牛十万头、马三万匹、驴及骆驼上万匹；调集粮草、物资无数。从事征战和运输的校尉有五十余人。又从全国征发十八万戍卒至河西走廊戍守，这其中包括"七科谪"人员，即吏有罪、亡命、赘婿、贾人、故有市籍、父母有市籍、祖父母有市籍等七种人充军。整个规模相当于当初卫青、霍去病远征，有过之而无不及，使得天下骚动，民怨沸腾。李广利作为大军统帅，驻屯敦煌等候，其余各支军队从长安和各地出发，向敦煌集中。当日从长安出发的，有三位校尉分别率领的三支军队。刘彻让朝臣们去送行，既是为远征军鼓劲，也是让朝臣们受教育。

横门前旌旗招展，鼓角齐鸣，人头攒动，喧闹非凡。丞相公孙贺站在最靠近城门的位置，之后便依官秩高低一直分两边排列下去，司马迁当然是站在最后。最先出城门的是校尉王申生率领的队伍，王申生骑在高头大马上，威风凛凛的，在他身后两三个人之后，有一人骑在马上，一直低着头，看来有些沮丧。司马迁仔细一瞧，那人正是在朝堂之上竭力反对出兵大宛的邓光。看来他是从狱中被赦免出来去打大宛了。司马迁心里抖了一下，想起刚刚写作《五帝本纪》过程中读到《论语》中孔子的一句话："尧曰：朕躬有罪，无以万方；万方有罪，罪在朕躬。"帝王并非皆圣人，只有尧帝那样的人，认为自己有罪不能牵连万方吏民，而万方吏民有罪的责任却全在自己一人。有如此胸怀、格局和如此厚道、自律的帝王才称得上是圣人！绝大多数的帝王成不了圣人，包括当今皇帝。

司马迁继续抓紧写出《夏本纪》。《夏本纪》实际上即禹帝本纪，主要叙述大禹自尧执政时即治理天下滔滔洪水，经十三年艰苦努力，终于治服洪水，设置九州，致天下安宁。司马迁将当年一路追随大禹治水足迹，直至会稽山的记录简片找出，读到山阴县禹祠祠官的一番言语，记忆犹新，感触颇深。祠官称大禹是"劳身焦思"，司马迁就围绕此四字来写大禹治水。祠官称大禹后辈子孙中，唯越王勾践最类大禹，而勾践的特点是"苦身焦思"。司马迁在写完《夏本纪》后，顺便围绕"苦身焦思"四字写了《越王勾践世家》。司马迁想一想那位了不起的祠官，说出的那些了不起的话语，至今仍从心底佩服。也不知其是否尚健在、是否安好，心中甚念。

著述《五帝本纪》及《夏本纪》，司马迁依据的是典籍中零散记载的上古传闻和自己考察搜集的民间传闻，因为那时尚无文字，当然也就没有文字记载。到著述《殷本纪》，情况便大不相同，殷商时已有文字，即刻在龟甲和牛骨上的记载占卜情况的文字，称甲骨文，这就有了当时文字的依据，以及根据当时甲骨文记载而被后来有关典籍引用的一些内容，可信度与准确性也大大增加。司马迁著述《殷本纪》，清晰地记载了绵延五百余年的殷商王朝共传了十七世三十王，重点是详细记述了开国之君商汤和亡国之君商纣王的事迹，将商汤的贤明和商纣王的昏暴作了鲜明对比，甚为生动，予人以深刻印象和启示。

著述《周本纪》，依据的资料就太过丰富了。文字由甲骨文逐渐演变为籀（zhòu）文（大篆），后来还有小篆、隶书，书写材料由甲骨、钟鼎、石碑而发展到竹、木制成的简片。整个周朝尤其是春秋、战国时期的文化教育蓬勃兴旺起来，传下的文化成果浩繁巨大，司马迁只能择优选择，选择那些经典的书籍文献，诸如儒家的经典《诗》《尚书》《易经》《礼记》《春秋》《论语》《孟子》《左传》《谷梁传》《公羊传》等，当然还有其他诸子百家文献以及《世本》《国语》《战国策》《楚汉春秋》《吕氏春秋》《竹书纪年》《山海经》，等等。这样从优选择后再辑录、编排、综合而写出来的《周本纪》，自然比《五帝本纪》《夏本纪》《殷本纪》要丰满翔实得多。

仗着有丰富典籍文献的支撑，司马迁一鼓作气，接着写就《秦本纪》《秦始皇本纪》。之后又写了先秦的"世家"十六篇。在这些篇章中，司马迁写了许多非常生动精彩的故事，或给人愉悦，或增长见识，或启示人生，司马迁越写越觉得，精彩的历史一定会影响后世人们的整个生活。这也就是自己书写大史书的意义。

写完先秦六篇本纪和十六篇世家，司马迁发现了一个问题，那就是纵向的从前到后的历史大脉络清楚了，但横向的联系、同一时期同一年份发生在不同地方不同层级的大事尚未交代清楚。于是司马迁经过深入思考，反复分析比较，新创出"表"的体裁，设计出三篇"表"来，第一是《三代世表》。夏、商、周三个朝代的祖先均出自黄帝，均与五帝有关，司马迁就将黄帝、颛顼、帝喾、唐尧、虞舜五帝与夏、商、周三代放在一个表里，具体年份无法搞清，只能按世系排列，故称"世表"。《三代世表》以黄帝为标杆，将五帝之间，五帝与夏、商、周三代之间在各个时期的关系表述清楚。第二是《十二诸侯年表》。春秋时期的十二诸侯均是周天子属下的诸侯，当然以周天子为标杆，周朝排在第一位；而十二诸侯国的历史又是以鲁国《春秋》为参照的，故鲁国排第二位；其后十一诸侯国先以实力为序，齐、晋、秦、楚先后称霸，排在前面，后面以地位为序，按爵位高低排列：公爵（宋），侯爵（卫、陈、蔡），伯爵（曹、郑、燕），子爵（吴）。《十二诸侯年表》以周朝国人暴动赶走周厉王、周公召公共同执政史称"共和行政"时为起始，这一年称"共和元年"（前841年）。司马迁以共和元年校准各诸侯国的纪年，逐年记载各国发生的大事、要事。这是中国历史上有确切纪年的开始，是司马迁的一个伟大贡献。有了确切的纪年，当然也就有了"年表"。第三是《六国年表》。《十二诸侯年表》起自共和元年，止于孔子逝世，是春秋时期的大事记，而《六国年表》则是记载战国时期的大事。其时，周天子尚在，当然得排第一位；秦国后来统一天下，理当排次位；其余六国则按被秦灭亡的顺序排列：韩、赵、魏、楚、燕、齐。司马迁新创之"表"，不仅讲清了历史上一个时期的横向联系，同一时期、同一年代在不同层级、不同区域发生的要事、大事，还能起到一个作用，那就是有些人物够不上立传、写传记，但又不容湮没，就可以通过在"表"中有所反映而载入史册。

司马迁真正静下心、沉下心，著述突飞猛进，朝中任何风吹草动乃至纷纷攘攘皆无以干扰得到。太初四年（前101年）春，贰师将军李广利终于率大军连续攻破轮台、大宛、郁成等国，取得大宛善马数十匹、中马以下三千余匹，携大宛王、郁成王首级，凯旋回长安。刘彻甚悦，大肆赏赐，封李广利为海西侯，封斩杀郁成王的骑士赵弟为新畤侯，拔擢攻破郁成的搜粟都尉上官桀为少府，军官军吏任九卿者三人，任诸侯国相、郡守、二千石者百余人，任千石以下者千余人，参战士卒所获赏赐高达四万余金。刘彻诏令将大宛王、郁成王首级悬挂于北阙示众。为安慰李广利，同时也是为了对逝去的李夫人有个交代，又下诏将告发李延年的掖庭令、太乐令以诬罔欺君之罪斩首弃市。刘彻于未央宫前殿举行盛大宴会，欢宴征宛众将士，朝中百官作陪。司马迁置身其中，看着情绪高亢的刘彻、兴高采烈的李广利及其麾下将士，看着众人频频称觞上寿，盛赞皇帝英明，似乎提不起兴趣，因为他知道，此番征宛，李广利所率六万余大军，攻到大宛城下仅剩三万人，一路上战死的、病死的、失踪的不计其数，如果再加上为大军转运粮草物资的人员损失，那就更多了。司马迁在宴会中找到自己认识的一位校尉，向他打听邓光，方知邓光跟随校尉王申生第一次攻打郁成国，王申生战死，邓光不是战死就是失踪了，仅有数人逃出。后来是上官桀第二次攻打郁成才获胜。司马迁唏嘘良久，深为邓光惋惜。

从宫中宴会的第二天开始，司马迁即着手著述《大宛列传》。照说汉朝与大宛国的关系，就是先礼后兵、取得汗血宝马的过程，主角应是贰师将军李广利，而司马迁反对征伐大宛，对李广利也是不屑一顾，于是采取了一种颠覆性的写法，将张骞写成了主角。《大宛列传》开篇第一句即称："大宛之迹，见自张骞。"说汉朝知道有大宛国，是从张骞那里获得的。然后以大量的篇幅写张骞的事迹，完完全全的一篇张骞列传，写张骞两次通西域的不朽功绩，包括亲至大宛国、获悉其有汗血宝马。后面写李广利，仅有很小的篇幅。不仅在篇幅格局上厚张骞而薄李广利，且清楚地写明刘彻任李广利为贰师将军，完全是为了让死去的宠姬李夫人的家人封侯；写明李广利两次率军伐宛，物资耗费巨大，人员损失惨重，给天下百姓造成极重负担。司马迁以此表明，为取得汗血宝马，为让李夫人的家人封侯，启动伐宛之战是多么的不值！司马迁还不忘在篇中将邓光于朝堂之上反对伐宛一事写上一笔，不使这位有识之士在历史长河中白白湮没了。

对于当今皇帝的功与过，司马迁入朝已超过二十年，而且肩负着书写大史书，包括书写当朝帝王将相业绩的使命和任务，这是回避不掉的，免不了要常常仔细观察并认真思考。对于皇帝刘彻，司马迁从入朝为郎中、后来任太史令，一直以来都认为刘彻是受命于天、雄才大略的贤明君主，不拘一格选拔才俊致朝中人才济济，拔擢卫青、霍去病大败匈奴、收复失地并夺取河西走廊，平定两越、征服西南夷而不断开疆拓土，颁行"推恩令"、扑灭淮南衡山谋逆于未发之时，泰山封禅成功，完成改制，诸如此类，功德齐天。司马迁敬重、佩服皇帝，日夜思考的是如何尽自己才力，务必一心营职，以求皇帝赏识。大汉皇帝刘彻的文治武功在太初元年达到巅峰，六百石小吏司马迁对皇帝的崇敬也达到了巅峰。变化是太初二年出现的，刘彻变得暴躁残忍，而司马迁也对皇帝开始有了不好的看法。

前些日子，司马迁写《秦始皇本纪》，写毕掩卷沉思，突然觉得笔下的秦始皇怎么与当今皇帝刘彻有许多地方相像：一样的雄才大略，一样的丰功伟绩，却也一样的残忍不仁、刻剥吏民。司马迁很吃惊：按照自古以来史官直书实录的传统，无论是谁，功是功，过是过，不虚美，不隐恶，今后要写当朝皇帝的本纪即《今上本纪》该是多么多么难写啊！司马迁想起著述《秦始皇本纪》时再读贾谊集中评价秦始皇的《过秦论》，竟是那样的中肯、深刻而尖锐。司马迁此时不禁又将《过秦论》找出，仔仔细细地又读了两遍。贾谊充分肯定了秦始皇"奋六世之余烈，振长策而御宇内，吞二周而亡诸侯，履至尊而制六合，执敲朴以鞭笞天下，威振四海"的巨大功绩，但传至二世即被凡夫俗子陈涉启动的大起义所推翻，其根源在于"仁义不施而攻守之势异也"。司马迁决定将贾谊《过秦论》全篇加在《秦始皇本纪》后面的"太史公曰"里。贾谊的话就是自己要讲的话，贾谊的评论正是自己要做的评论，这种评论放在当今皇帝身上也是恰当的。如果将来自己真的写不出《今上本纪》，有贾谊的这篇评论在，是否也算是一种交代呢？总不会有人说我指桑骂槐、指秦骂汉吧？

3. 遭遇李陵之祸

司马迁写完了五帝至秦的本纪、世家之后，又新创了表的体裁，著就三表，接着便著述《孔子世家》和先秦有影响的重臣名将贤士的列传三十余篇。司马迁一门心思扑在著述大史书上，心想再有个三五年时间即可完成，却不曾想到，飞来横祸突然降临到自己头上，打断甚至差点完全毁灭了整个著述，更没想到，这场大祸竟与对匈奴战争有关。

匈奴年轻气盛、嗜血好战的儿单于在位三年，便于太初三年（前102年）病死了，他的儿子太小，匈奴贵族们便拥立他的叔父呴犁湖为单于。不料这呴犁湖也短命，一年就死了，其弟且（jū）鞮（dī）侯被立为单于。此时正值汉军攻破大宛国，西域震惧，刘彻亦欲借伐宛之威以困匈奴，且鞮侯刚即位，恐大汉攻伐，就暂时服软，声称："我儿子，安敢望汉天子？汉天子，我丈人行（háng）也。"行者，辈分也。刘彻见匈奴单于将大汉皇帝尊为老子、丈人一辈，大悦，即于天汉元年（前100年）春，派遣中郎将苏武出使匈奴，赠予单于丰厚礼物，以酬答其善意。且鞮侯见到大汉如此厚赂自己，就倨傲无礼起来，又不把大汉放在眼里。

就在苏武出使期间，原先随赵破奴一同出征而投降的缑（gōu）王与早前投降匈奴的大汉长水校尉虞常以及一班降者私下谋划，伺机将单于的母亲大阏（yān）氏（zhī）劫持归汉，将功赎罪。虞常与苏武的副使、副中郎将张胜早年相知，故私下对张胜说，大汉天子甚为怨恨投降匈奴的卫律，他不仅要劫持大阏氏，还要伺机杀了卫律，报答大汉对其家人的优待。张胜赞许之。缑王、虞常等人趁单于外出行猎之际，集合了七十多人，去劫持大阏氏，不料其中一人叛变告密，单于子弟发兵与战，杀死缑王，虞常被活捉。

张胜闻虞常失败，方告知苏武，苏武大惊，称此事必涉及我，为不负国，只有自杀，被张胜和另一属吏常惠制止。虞常供出张胜，单于下令杀了张胜、虞常，苏武引刀自刺，被卫律抱住并召医救活。卫律劝苏武降匈奴，苏武大骂卫律。单于愈益看重苏武，折磨以逼降，苏武坚持不降。单于下令将苏武迁徙至北海（今俄罗斯贝加尔湖）牧羊，称等到公羊产仔方可归汉。苏武坚持民族气节，在匈奴待了十九年，到汉昭帝时方回归汉朝。此乃后话。倒是原先被匈奴俘获的浞野侯赵破奴，想方设法逃回了大汉。刘彻未予追究。

经此突然变故，大汉与匈奴之间短暂的缓和又中断，战端再启。

天汉二年（前99年），刘彻派贰师将军李广利率三万骑兵为主力，出酒泉郡击匈奴右贤王于天山一带。同时派出因杆将军公孙敖、强弩都尉路博德分别率万余骑出塞千余里会师于涿邪山（今蒙古国境内），骑都尉李陵率五千步兵出居延塞（今内蒙古额济纳旗东南）向浚稽山进军，以三路军队吸引匈奴兵，掩护贰师将军李广利。

李广利所部与匈奴右贤王部发生了甚为惨烈的大战，汉军消灭了匈奴万余人，但自身损失了十之六七约两万人左右。李广利甚至被匈奴人包围多日而无法逃脱，幸亏假司马赵充国率百余军士溃围陷阵而救出李广利。赵充国身被二十余创，李广利上奏后，刘彻亲自接见并亲视其创，嗟叹良久，即提任其为中郎。李广利所部损失的将士有战死的，也有多日缺乏食物饿死的。

公孙敖与路博德两路汉军会师涿邪山，均未曾遭遇匈奴人，撤回。

骑都尉李陵这一路就惨了。原先刘彻曾接见李陵，要他率手下五千步兵为李广利部押送辎重粮草，李陵却向刘彻叩首自请，称自己手下五千人皆是荆楚勇士、奇才剑客，战力甚强，愿自成一队进击匈奴，分单于兵以掩护贰师将军。刘彻则称，你是不想归属贰师将军指挥，但朕发兵甚多，再无军马拨给你了。而李陵豪言称：不需马匹，臣以少击众，即以所属五千步兵直捣单于庭。刘彻壮而许之，且诏令路博德率军于中途接应李陵。路博德曾以北平郡太守身份随霍去病出征匈奴，因功封符离侯、升任卫尉，后又任伏波将军平定南越，后犯事失侯改任强弩都尉，驻屯居延要塞。这位功高资深的老将不愿配合李陵进军，故而上书皇帝，称恰逢秋季，正是匈奴草盛马肥之时，不可与其交战，不如明年春季再与李陵一起出战。刘彻接书大怒，怀疑是李陵后悔了才教路博德上书的，于是诏令路博德出兵抗击入侵西河郡（今内蒙古准格尔旗西南）的匈奴骑兵；李陵则于九月从居延出发，北上直至东浚稽山以南龙勒水（今蒙古国西部），徘徊观望，若不遇匈奴人，即退往受降城休整。

李陵奉诏率五千步兵从居延出塞，向北行军一千余里，三十日后到达浚稽山扎营。李陵派麾下骑从陈步乐返回长安，向皇帝禀报，称李陵及部属已深入匈奴地区，定将拼死力作战。刘彻获报甚悦，即升任陈步乐为郎，群臣则纷纷奉觞上寿，贺称唯陛下英明，方得如此骁勇果敢之战将！

实际上陈步乐走后不久，李陵部就被匈奴单于率领的三万骑兵包围。当时李陵所部扎营于两山之间，以大车拦在外围。李陵率部下出营列阵，前排持戟盾，后排持弓弩，奋力与匈奴骑兵搏杀，千弩俱发，射杀数千匈奴人，迫使匈奴人上山躲避。单于增兵至八万骑，李陵率部且战且退，南行至另一山谷中，下令搜出隐藏在军中的士卒妻子杀掉，不使影响士气。再迎战，又杀死匈奴骑兵三千多人。四五日后退到大泽芦苇中，匈奴人从上风放火，李陵则令逆向纵火以自救，之后又杀死数千匈奴人。汉军且战且退，引起匈奴单于怀疑，担心有大量汉军埋伏在前面，打算还师撤去。

正在此时，李陵手下有一军候管敢，因为被其上司所辱，竟偷偷跑去投降了匈奴，告诉其汉军并无后援，且全军仅剩下三千余人，箭矢将尽，李陵与校尉、成安侯韩延年各率八百人为前锋。单于大喜，下令加紧进攻，将李陵全军堵在峡谷之中，从山上滚下礌石，杀死了大部分汉军。此地离居延塞仅百余里。

当夜，李陵说道："如果我等每人有数十支箭，还是可以脱身的，但现在没办法了。"他见难以整体突围，下令剩余的每个军士持二升粮、一块冰，分散突围，争取返回居延塞。

夜半时，李陵与韩延年上马，率十余名壮士溃围而出，匈奴有数千骑兵追击。韩延年英勇战死。李陵则曰："无面目报陛下！"下马投降。

此役历十余日，汉军杀死匈奴兵一万余人，而汉军几乎全军覆没，分散陆续回到居延塞的仅有四百多人。

居延要塞将李陵战败投降的消息，通过驿传火速禀报朝廷。此时已是第二年即天汉三年（前98年）初，刘彻闻报震怒，于朝堂之上厉声责问正在殿门内执戟守卫的郎中陈步乐，陈步乐吓得魂飞魄散，当场撞柱而死。朝臣们众口一词，纷纷指责李陵战前大话唬人，危难时却没了气节，恳请陛下万勿为此败类气坏了龙体。刘彻仍旧怒气冲冲，长时间地一言不发，后宣布散朝。

司马迁原本有好多年对朝中大小事项皆漠不关心，完全置身事外，沉下心专心著述，偶尔心中起点涟漪，通过将自己的看法写进大史书也就很快平静下来。唯有这次，司马迁静不下心来，心中陡然起了波涛，屡屡欲出列为李陵说上几句话。但看到朝臣们无例外地均谴责李陵，皇帝又是那样的愤怒、声色俱厉，甚至吓得陈步乐当场撞柱自杀，惧怕自己可能会踏入万劫不复的深渊，犹豫再三，竭力压制住内心的冲动，还是没敢出列陈言。

散朝后回到住所，司马迁内心仍旧无法平静。

不久之前，已经居住于京城多年的女儿司马英携俩小儿来看望父亲。司马英嫁到杨家一年多，杨敞母亲李老夫人便去世了。杨敞一直在朝廷为官，就把家从华阴搬来长安城里。司马英常来探望，见司马迁整天埋在文献典籍之中奋笔疾书，虽然精神尚好，但整个人瘦了一圈，脸色蜡黄。司马英知道父亲只顾著述而简于生活，一日三餐只是对付，有时忙到只食一餐，心中十分焦虑，就想着劝父亲歇歇。为此她动了不少脑筋，也与夫君杨敞几次商量，最后觉得只有俩小家伙才能动得司马迁，就把他们带过来了。

司马迁见到两个外孙，高兴得不得了，马上放下毛笔，摸摸外孙的头，拉拉外孙的手，问是否想外公了。

杨忠说："想是想，但外公成天在书写，又不带我们玩，没劲。"

杨恽则说："上次说带我们去您老家夏阳，到现在也不带我们去，老是说话不算话的。"

司马迁笑道："这次一定带你们去夏阳，大丈夫一言既出，驷马难追。"

杨忠、杨恽雀跃欢呼，还不忘提醒：这次外公可不能再糊弄我们了。司马英一旁见已达到目的，忍不住会心一笑。

司马迁向太常请了几天假，带着司马英和杨忠、杨恽，先回到茂陵邑，之后柳倩娘和俩儿子司马临、司马观加入，一大家子浩浩荡荡来到夏阳高门塬上。已经高龄的堂叔司马靖看到司马迁一大家子回来，欣喜非常，自是嘱咐儿子、媳妇安排、款待好。翌日一早，司马迁就一手牵着杨忠、一手牵着杨恽，如同小时候祖父牵着自己一样，去瞻仰三义墓。他在墓前给俩小外孙讲述三位大义士程婴、公孙忤臼、赵武的故事，两个小家伙听得似懂非懂，杨恽问："外公，什么是义士？"司马迁想起小时候父亲的解释，便答道："义士就是尽力帮助别人的好男人。"杨恽说："我知道了，我长大了也要做义士。"司马迁疼爱地看着杨恽，欣喜地笑了。俩小孩在旁边的草地上玩，司马迁则坐在墓旁，久久地沉思。他有很多年都没来瞻仰三义墓，这次来，似乎让儿时就有的对三义士的深厚情感一下子泛滥起来了。

回到长安后，司马迁正好写到前面遗漏的《管晏列传》，虽然主角是两位名相——管仲和晏婴，但鲍叔牙的事迹却大放光彩。鲍叔牙对管仲的友爱、理解、仗义真乃千古楷模，亦成就了管仲。原是齐桓公政敌公子纠属下的管仲被鲍叔牙极力举荐，化敌为友，得以辅佐齐桓公九合诸侯，称霸天下，成为历史上的名相。管仲感慨道："吾始困时，尝与鲍叔贾（gǔ），分财利多自与，鲍叔不以我为贪，知我贫也。吾尝为鲍叔谋事而更穷困，鲍叔不以我为愚，知时有利不利也。吾尝三仕三见（被）逐于君，鲍叔不以我为不肖，知我不遭时也。吾尝三战三走，鲍叔不以我为怯，知我有老母也。公子纠败，召忽（人名）死之，吾幽囚受辱，鲍叔不以我为无耻，知我不羞小节而耻功名不显于天下也。生我者父母，知我者鲍子也。"司马迁写完这段话，被鲍叔牙的高义感动得热泪盈眶，不禁唏嘘良久，觉得帮人帮到这个份儿上，世之罕见、垂之永远也。

司马迁这一时期心中充满"义"，头脑里想着的是如何仗义帮人，适逢李陵兵败投降，所以在朝堂之上几次欲出列陈言。虽然当时既被那种氛围吓着了，也觉得自己可能人微言轻说了没用，终究没能说出自己的想法，但欲向皇帝陈言的想法始终都在。

朝会后的第三个晚上，李陵堂弟李禹突然悄悄至司马迁住所造访。李禹乃李广三子李敢的儿子，其姐是太子刘据的家人子（侍妾），有宠；李禹本人亦给事太子府，得太子刘据信任。李禹对司马迁说，李陵有一亲兵设法逃出重围，回到居延塞，然后历经千辛万苦赶来长安，向李禹禀报，称李陵曾交代他，若遭遇不测，希望李禹能保护母亲和家人。李禹求刘据为李陵说情，刘据颇有些为难，后来经李禹及其姐一再恳求，方勉强答应。李禹又去求奉车都尉、光禄大夫霍光和少府上官桀，这俩人皆与李陵同期为郎，交情甚笃，且均得皇帝信任，俩人均称要看机会。

李禹不踏实，不知霍光、上官桀会不会说，心想多找一个人多一点机会，突然想起太史令司马迁亦是与李陵同期为郎的，听人说关系还不错，这才上门来求司马迁。李禹说不相信李陵会真的投降，他一定是暂时保全，今后伺机报效国家、返回大汉，如同浞野侯赵破奴那样。司马迁这几天满脑子都是"义"字，也有满肚子的话要对皇上说，但就是没有机会。此时李禹来找，他又不禁想起李广、李敢先后任郎中令时对自己还是看重和信任的，自己也一直以来对李家三代将领均抱有好感，故李禹一请求，司马迁就答应了，称自己也相信李陵不会真投降。李禹见状告诉司马迁，说自己去求过太子和霍光、上官桀，他们三人都和您太史公一样，很爽快地答应去皇上那里为李陵求情。素无心计、不谙朝廷规则的司马迁一听，信心竟更足了。

皇后卫子夫听说刘彻为李陵战败投降一事很不开心甚至寝食难安，便要太子刘据前往探望、劝慰。刘据原本就不赞成四处征伐，伐了大宛还要继续与匈奴开战，但他不敢公开表示反对意见，只是尽量消极回避罢了。刘据到了皇帝寝殿麒麟殿，见到父皇，自是行跪叩大礼、问安，刘彻让刘据平身后一直沉默寡言，完全不同于平时滔滔不绝、神采飞扬的状态。

过了好一会儿，刘彻突然说道："据儿，朕这一段时间心里真的不是滋味，真的。李陵那龟孙子确实把朕给气着了。起先朕一直看重他，以为他有其爷爷李广之风，曾经遣他率八百骑深入匈奴二千余里，过居延视察地形，未遇匈奴人而还，朕即擢升他为骑都尉，统领勇敢士五千人，驻屯酒泉、张掖一带训练，时刻做好出击匈奴的准备。此次令他为贰师将军押解辎重，他不肯，自愿率五千步兵单独为一队，要直捣单于庭，朕欣赏他的勇气，便允准了。哪知这龟孙子战败不仅致全军覆没，自己也投降了！原先朝臣们纷纷奉贺朕识人，这下朕的颜面也给他丢尽了！朕想起就愤愤不已，想起就懊恼不已。陇西李氏自古以来忠勇的颜面，也给他丢尽了！"

刘据见父皇说了许多话，估计心里平和了一些，柔声劝道："父皇，您大可不必为李陵这事气坏了龙体，朝廷还有许多大事、天下还有众多吏民都指着您哪。儿臣以为，自古胜败乃兵家常事，况且损失了不到五千汉军，却也歼灭了一万多匈奴人，算不上大败仗。儿臣估摸着，其时李陵已经穷途末路，箭矢用尽，手无寸铁，打已没法打，自尽亦不得自尽，而匈奴人并不想杀死他，就是要俘获他，可能他也是没办法。"

"真是如此？"刘彻听了儿子一番话，似乎气消了不少，"那为何与他同时突围的韩延年战死了呢？"

"父皇，极有可能，匈奴人不要韩延年，只要李陵。"刘据见刘彻情绪好些，继续说道，"李陵是李广之孙，名气大啊。父皇您知道，当年匈奴人不就是俘获过李广而后来李广又逃回来了吗？前几年赵破奴也是夜晚一人出去找水而被匈奴人抓住，今年不也设法逃回来了吗？"

刘彻听刘据说得颇有些道理，气顺了不少。刘据又禀报刘彻，称属下李禹找过霍光、上官桀和司马迁，希望他们念着与李陵同时期为郎之谊，来向您求情。刘彻听了仅"啊"了一声，并未说什么。刘据不敢多问，就告辞了。

刘据回到太子府，李禹赶快来问，刘据说经过劝说，父皇的情绪似乎好多了。李禹问刘据是如何说的，刘据说主要分析李陵可能是不得已被匈奴人俘获的，不是真投降，将来可能会伺机返回大汉。

当晚，李禹旋风般地造访霍光、上官桀、司马迁，告诉太子是如何说得有效果的。

次日，刘彻想知道霍光等三人究竟会说些什么，便在处理政务的承明殿先召见霍光、上官桀，问他俩对李陵战败投降一事怎么看，一贯圆滑的二人几乎说得一样，均称李陵是大罪人，一切唯陛下裁决，丝毫没有为李陵求情。刘彻让二人留下，看看司马迁会怎么说。

司马迁听闻皇帝召见，非常高兴，心想终于有机会帮李陵说上话了。到了承明殿，先向皇帝行跪叩大礼，称"微臣叩见陛下！"还不忘向旁边的霍光叫一声"霍大人"、上官桀叫一声"上官大人"，觉得他俩可能已经为李陵求过情了，自己再求情已有基础。

"平身。"刘彻板着脸问司马迁，"司马迁，听说你有话要对朕说？"

司马迁站立后立即回答："陛下，微臣确要向陛下陈言。"

"说来听听。"刘彻说。

司马迁始终低着头，低眉顺眼的，没有看见刘彻板着的面孔，但听皇帝的说话口气虽然一如既往的威严，却并无愤怒，于是壮着胆子说道："陛下，微臣不自料卑贱，窃以为主上不必为李陵事太过于揪心，保重您的龙体安康，则大汉幸甚，天下吏民幸甚！想我大汉创建之初，高帝曾对雍齿屡叛恨得咬牙切齿，却听从张良劝谏，仍然封雍齿为侯；韩王信叛入匈奴，而文帝接纳其子韩颓当、其孙韩婴归汉，且均封侯，后韩颓当在平定吴楚七国之乱中立有大功，今游击将军韩说（yuè）乃韩颓当孙也；燕王卢绾叛降匈奴，其孙卢他之于景帝时归来，亦获封侯；陛下同样宽容英明，浞野侯、浚稽将军赵破奴前几年出征匈奴不幸被俘，今年归来，陛下未予追究。此即虽有叛亡，复归不诛也。微臣窃以为，李陵亦不得已被匈奴人俘获，非真降也，假以时日，将复归于汉。陛下，您一定要放宽心啊！"

"会是如此吗？"刘彻板着的面孔放松了，说话的口气也平和下来。

司马迁偷偷抬眼看了一下，见刘彻没有生气，接着就将肚子里装了多日的话一下子倒了出来，滔滔不绝："陛下，微臣与李陵虽然同时期俱处黄门内为郎，却仅是一般交往，多年也未曾相聚饮过一杯酒，然微臣观察李陵乃奇士，待亲孝，与士信，临财廉，取予义，分别有让，恭俭下人，常思奋不顾身以报国家急难。其平素养成的好品德，颇具国士之风。此次李陵率领五千步卒，深入匈奴王庭之地，与匈奴差不多是全国兵力的十万之师恶战十余日，转斗千里，矢尽道穷，救兵不至，士卒死伤如积，然李陵一呼皆起，沫血饮泣，拼死杀敌，李陵能得部下如此死力，虽古之名将亦不过也。李陵在前方拼着死命，一旦失败，朝中一些保全自己和妻儿身家性命的臣子即群起攻之。微臣真的为李陵心痛！"

刘彻越听越觉得不对头，司马迁称李陵有国士之风，说什么虽古之名将亦不过，甚至对谴责李陵的朝臣大为不满。刘彻于是打断司马迁的陈言，说道："不要再为李陵游说了！朕不想听。"

哪知司马迁竟然控制不住，此时他脑子中的"义"完全被激活了，起初小心翼翼地辩解，说着说着就有些仗义执言的味道，皇帝不让他讲，他却坚持要往下说："陛下，微臣以为，李陵虽败，几乎全军覆没，其功绩亦足以显示于天下矣。其损失不足五千步卒，却杀敌一万余人，杀敌远远超过损失，如此大功难道不是真实存在的吗？相比较以三万精骑也只有杀敌一万余人，而自身损失二万骑，谁之功更显？"

司马迁心中一直鄙视李广利，这里在说李陵，竟脱口而出，不点名地说出了李广利的事，并将李陵与李广利作了比较。

"满口混账话！一派胡言！"刘彻听到司马迁攻击李广利，震怒，拍案而起，指着司马迁大声吼道，"司马迁，你如此为李陵游说，且诽谤贰师将军，究竟要干什么？你是在指责朕不该任用李广利吗？"

司马迁一下子被吓清醒了，扑通跪到地上，连连叩首："陛下，臣知罪！"

刘彻怒气冲冲："司马迁，你知罪？朕不想听你说，你向廷尉去说吧！"

霍光与上官桀始终一言未发。

立即有两位执戟中郎上来，将司马迁押往廷尉诏狱。

廷尉吴尊审理后认为，司马迁的确有两条罪状：一是为投降匈奴的李陵辩解、游说，二是诽毁贰师将军李广利。但定什么罪名拿不准，于是去向顶头上司、刚任御史大夫的杜周请示。杜周原为张汤手下廷尉史，后来历任御史中丞、廷尉、执金吾，乃著名酷吏，拘人无数，杀人如麻，且最善阿承皇帝旨意。杜周告诉吴尊，司马迁这两条罪状，均是忤逆皇上圣意，按大汉律，应定为诬罔即欺君罪，是死罪。

廷尉将判决结果报上，刘彻诏可。

此时已是天汉三年（前98年）二月，依大汉律，每年十二月是对死囚执行之时，故司马迁暂羁押在监，没有执行。

李陵的母亲和妻儿早前已被收押。按大汉律，投降敌方要被灭族，也尚未执行。

4. 隐忍苟活以就腐刑

司马迁一被关入廷尉诏狱，就呼天抢地，大喊冤枉，一而再、再而三地喊道："陛下，微臣欲表拳拳之忠、欲效款款之愚，您如何竟将微臣关押于囹圄之中了呢？"疯了似的，十分地不配合、不消停。

狱吏让狱卒强制性地给司马迁颈部戴上木枷、脚部戴上镣铐、双手捆以绳索，一顿鞭抽棰击，然后扔到狱室地面的谷草上。一狱吏大呼："是老虎也要打成病猫，何况你这般的文弱书生？"受此摧残，司马迁一下子就消停下来，从此见到狱吏即跪地叩首，见到狱卒则作揖打拱。

到了第三日的上午，来了一位狱吏，看来位阶较高，其余狱吏、狱卒见了他都点头哈腰的。他来到司马迁的监室，让狱卒打开门，进来后到了司马迁身边，对睡在谷草上的司马迁说："太史公，您还认识我不？"

司马迁看到一狱吏到了身边，赶紧忍着浑身疼痛翻身起来跪着，就要叩首。狱吏赶快拉住，扶着司马迁重新躺下，说道："您真的不认识我了？"

司马迁仔细一看，认出来了，说："您不是徐士褒大人吗？为何在此？"

"万不可称大人，万不可称您，就叫我士褒吧。"徐士褒说，"我当年离开张汤后，辗转多处，并不得意，竟转到这诏狱做了个狱吏，目前任诏狱丞，是诏狱令的副手。我听说您进来后吃了大亏，赶快过来看您。"

司马迁见了熟人、老乡，如同见了亲人，两眼流出眼泪，之后竟痛哭起来。

徐士褒见状安慰道："太史公您是朝中的大才俊，这些年我虽然未曾再见过您，但还是始终关注您，一直挺敬佩您的。您不幸来到这里，务必要自我保护。此诏狱关过开国大功臣萧何、周勃，关过周勃之子也是丞相、大功臣的周亚夫，关过魏其侯也是皇亲国戚的窦婴和勇猛无比的将军灌夫，可以说达官贵人辈出，秩阶都比您高出许多，要说冤，哪个不比您更冤？您要往开处想，万不可闹腾，那样对您不利。其实也不是我们这些狱吏、狱卒能把您关进来的。您看看这里的狱吏、狱卒，哪个不是凶神恶煞的？囚犯是轮换的，而我们这些狱吏、狱卒却是长期的，时间长了必然变恶，必然拿囚犯出气。士褒奉劝您，您万不可再喊冤了，没用，还会引来狱吏、狱卒治您。我会关照他们，不准再欺负您，但您也不能再闹了，好吗？您这身板，有个两三次就交代了。"

司马迁听了，不再哭泣，说道："谢谢士褒老弟诚心劝诫，我不会再闹腾了，其实也闹不动了。一次就让我浑身散了架子，哪里还有本钱再折腾？"

"那就好，那就好。"徐士褒说，"我会让他们多关照您，给您送些比较软烂的饭菜，我知道您现在不太想吃东西，吃些软烂的可能好些。您一定要吃，吃不下也要吃，否则您会受不住的。"

司马迁频频点头，说："多谢了！多谢了！"

徐士褒见状，心生悲哀，说："今后您见了狱吏、狱卒，大可不必再跪地叩首或点头哈腰，我会知会他们，只要您安静即可。"

徐士褒临走时说："太史公您保重，我还会再来看您，也会告知您家人，让他们来探视。"

后来司马英和杨敞，还有柳倩娘都来看望，送了些衣被，多有安慰，但因为这是皇帝钦定的案子，家人毫无办法，一筹莫展，柳倩娘和司马英哭成了泪人，几至昏厥。杨敞此时在霍光手下任掾史，司马英求杨敞想办法，杨敞一贯胆小谨慎，哪敢去触犯龙鳞？

过了一段时间，刘彻觉得李陵战败乃至全军覆没还是因为孤军深入、没有援军，是上了路博德那个老奸巨猾家伙的当，本来是要路博德去接应李陵的，后来被路博德搪塞而改变了决定。刘彻又觉得刘据和司马迁说的话还是有道理的，李陵可能不是真的投降，之后会回来的。于是一边下令慰劳、赏赐李陵军中逃回居延的四百多军士，一边派遣因杅将军公孙敖率军深入匈奴，设法迎回李陵。

公孙敖深入匈奴后无功而返，仅捕得一匈奴俘虏，那俘虏称，听说有一投降匈奴的汉朝李将军正在教单于如何迎战汉军。公孙敖回朝复命，怕皇帝怪罪，就将未经核实的俘虏的话报上，刘彻听了雷霆震怒，也根本未想过要核实一下，便武断地下令将李陵家人灭族，同时要执行对司马迁的死刑。

其实俘虏所说的李将军是先前投降匈奴的汉将李绪。后李陵闻言因误将李绪当成自己，致全家族灭，派人杀死了李绪。

十月初，皇帝诏令传到狱中。

生存还是毁灭？司马迁面临生死抉择，危在旦夕。入狱以来，司马迁尚存幻想，幻想皇上会醒悟或怜悯自己，后来听徐士褒说，皇上确有悔悟，还派公孙敖到匈奴中去迎李陵。司马迁听说后就焦心地等待着，盼着公孙敖迎回了李陵，皇帝原谅了李陵，自己也就没事了，哪知等到的竟是死刑执行令。司马迁闻讯的一刹那，如遭雷击，一下子昏死过去。

司马迁醒过来的时候，一眼就看见徐士褒旁边还有一人，似曾相识，却又一下子想不起来是谁。

那人先开口了："太史公，我是赖通，西南夷地区沈黎郡的赖通啊。"

司马迁终于认出来了："啊，是赖通。你怎么来到这里？"

赖通说："我至廷尉府给事已多日，听说了你的事，就来看你。"

司马迁不解："给事廷尉府？你不在沈黎郡任职，调来京城了？"

赖通解释道:"太史公,你当初奉诏巡察沈黎郡,我向你建议,希望将沈黎郡并入蜀郡,拖了这么多年,现在终于有着落了,朝廷已决定将沈黎郡并入蜀郡,派蜀郡郡丞到了沈黎郡,具体操办有关事宜,明年初即可完成。朝廷看我以前做过狱吏,就把我调到廷尉府,担任秩禄千石的廷尉监,也算是对我多年辛苦的一个交代吧。说起来还得感谢你,不是你向陛下禀报,还不成呢。"

"好,好,你来得正好,为我送行。现在是十月初,到十二月执行,不到俩月。原来仅有士褒老弟一人为我送行,如今又添了新任廷尉监大人,多好啊!"司马迁说着说着,忍不住痛哭起来,先是撕心裂肺地大哭,后又是上气不接下气地抽泣。

赖通、徐士褒见了,也不禁为司马迁难过,热泪盈眶。

司马迁哭过后,跪在地面谷草上,双臂举起,昂首呼喊:"天哪,吾司马迁将被处斩,此乃为何呀?皇上召问,吾仅陈言数句而已,这就犯了死罪?老天,冤啊!不公啊!吾心何甘!吾心何甘!吾心何甘!"

赖通见了,既同情又担忧,唯恐其受不住会疯掉,于是赶紧劝道:"太史公,尚可计议,尚有设法之余地。不必如此,万不可如此!"

司马迁突然大笑:"计议?设法?哈哈哈……其实既是蝼蚁,蝼蚁,何须……?你们晓得吗?"

徐士褒真的以为司马迁失常了,说道:"蝼蚁,什么蝼蚁?狱室中有臭虫,有跳蚤,却从未见过什么蝼蚁。"

"我是说我就是蝼蚁。"司马迁说,"人固有一死,或重于泰山,或轻于鸿毛,似我这般小人物,一名六百石的小小太史令,近乎卜祝之间,主上戏弄,世俗所轻,假若伏法受诛,就如同九牛亡去一毛,与蝼蚁何异?刚才士褒老弟称监室中多有臭虫、跳蚤,我这样的人死了,不就如同捏死一只臭虫、一只跳蚤?谁将怜惜?谁又会记起?故吾心不甘,决不能就这样死去!"

"太史公是有大志向的人,壮志未酬,何能轻易离去?"赖通懂了,于是说，"正因此，要计议，要设法，事情尚未到无可救药之地步。"

司马迁听了，眼前一亮，说道："赖大人说还有办法，什么办法？说来听听，难道可以翻案吗？"

赖通说："太史公你这案子是皇上钦定的，绝对翻不了案。之前公孙敖去寻李陵，如果寻得，皇上原宥了李陵，你就可能无事。但后来公孙敖禀报皇上，称李陵在匈奴那边教单于如何对付汉军，李陵既然在为敌人效力，皇上这才诏令族灭李陵全家，顺带要执行你的刑罚。我到廷尉府后听说了你的事，便仔细翻阅了你的案卷，又认真研究了汉律的相关规定，知道你被定的罪名是诬罔罪，这是汉律中最重的罪名之一。当今皇帝登基以来，第一个被定诬罔罪的是方士栾大，你是第二个。"

"栾大那确实是诬罔，是欺君，我如何与他一样？"司马迁忍不住打断了赖通，"栾大欺骗皇上，称可炼就黄金、可塞住河之决口，骗得了四颗将军金印，骗得了列侯爵位，甚至骗娶了皇帝寡居的女儿卫长公主，那才是真正的诬罔，那才是欺君，一旦败露，即被腰斩，当然是咎由自取。而我，只不过是皇上召见时询问对李陵一事如何看法，我说了几句为李陵辩解的话，怎么就是诬罔、欺君了呢？"

赖通见司马迁老是想不通，无法与他商量下一步怎么办，于是开导道："太史公，我看过廷尉讯问你的笔录，你一开始说了一些宽慰皇上的话，称李陵可能不是真的投降，可能还会伺机逃回，那还是合适的。关键是李陵毕竟战败投降了，而你后来却说李陵有国士之风、虽古之名将亦不过之类的话就过头了。更为严重的是你竟拿李陵与李广利相比，这就直接刺痛了皇上。"

"我至今都想不通，记得李广利第一次远征大宛失败而归，皇上发怒，严令不准李广利进入玉门关，我以为皇上虽然宠信李广利，但对他还是严厉的，处置还是公正的。我就拿李广利与李陵比较了一下，为何就不行，为何就成了沮毁贰师甚至于诬罔了呢？"司马迁仍旧耿耿于怀。

赖通心想，这司马迁真是个迂夫子、一根筋、杠子头，死到临头还要分个是非，于是继续开导道："我的太史公啊，我仅仅是个在军中多年的赳赳武夫，刚刚入朝，不像你在朝已有二十多年了。但我想，皇上有多宠李夫人、有多信李广利，朝野皆知，你不知？皇上可以斥责甚至惩罚李广利，那是恨铁不成钢，但怎么能容忍别人指斥李广利呢？别人指斥李广利不是在责怪皇上不该信任、重用李广利吗？太史公啊，最简单的道理，人皆宠己子，但有时也骂也打，但绝不能允许别人欺负他。此类事体，怎能顺杆子爬呢？"

司马迁这下终于想通了，说："赖大人所言甚是，如醍醐灌顶，让我醒悟了。但已经迟了！当时我看霍光、上官桀在场，错以为他俩已经为李陵求过情且皇上也答应了，看来他俩啥也没说。我这入朝二十余年的人竟像个愣头青、二百五似的在那里夸夸其谈，直至冒犯了皇上。"

赖通见司马迁不再纠结了，赶紧说道："过去的不说了，目前最要紧的是商议怎么办。你们说呢？"

司马迁不住地点头。徐士褒则说："对的，想出办法最要紧。"

赖通显然是有备而来，此时缓缓说道："太史公刚才说得对，你的案件虽然与栾大的案子罪名相同，但毕竟有区别，区别就在程度不同。栾大欺骗皇上太恶劣、太张扬、影响太坏了，必须杀无赦；你太史公则主要是在言辞上冒犯了皇上，而且发生在小范围，并非大庭广众之下，没栾大那么严重，尚有转圜的可能。"

"赖大人快说，如何转圜？"司马迁这下迫不及待。

徐士褒也很着急："赖大人可得为太史公想出办法来。"

赖通说："大汉律文中有赎刑的条文，用金钱可赎刑，包括徒刑和死刑，但赎死必须禀报皇帝允准。当今皇上即位以来，出于爱才和征伐匈奴的紧迫需要，多次准许在对匈奴作战中因各种情形触犯刑律而应判死刑的将领以钱赎罪，夺去爵位，革去军职，免为庶人，并未诛杀，过一段时间又重新起用，李广、公孙敖、苏建、张骞都是如此。我觉得，你太史公也是可能以钱赎死的，因为也是个大人才，皇上会允准的。"

听赖通一说，司马迁确实看到了一线生机，于是问道："以金钱赎死，得要多少钱呢?"

"这我得问清楚。"赖通说,"汉律最初规定,赎死须黄金二斤八两,换成铜钱是二万八千钱,但这些年以来已经大涨了,尤其当朝,征匈奴、平两越、收归西南夷、封禅、治河,耗费极其巨大,国库枯竭,朝廷便采取各种手段聚拢钱财,赎刑的价码必然上涨,可能涨了一二十倍。具体是多少,我要去了解清楚。"

赖通回到廷尉府,搞清了当下赎死罪须四十万钱,而正在制定的新标准是五十万钱。赖通与上司、廷尉吴尊说起,司马迁想以钱赎死,吴尊称那得执行新标准。赖通说新标准尚未颁行,为何要提前执行新标准呢?吴尊称这是御史大夫杜周的意见,杜周说如今朝廷财力捉襟见肘,现在远征大宛、再伐匈奴花费有多大你看不见吗?我们都应该替朝廷着想、为陛下分忧。还称这也是有前例的。赖通问什么前例?吴尊说杜周跟他讲,元狩四年(前119年)陛下颁行《算缗令》,向工商业者征收财产税,但许多豪富大户隐匿不报,于是陛下令时任御史大夫张汤手下的御史杨可主持告发事项,对隐匿不报的工商业者一经查实,没收全部财产,且罚戍边一年,而告发者可获其财产的一半。而正式的《告缗令》到元鼎三年(前114年)方颁行。

杜周称,杨可告缗能在正式诏令颁行前五年执行,现在提前一年还不是理所当然的吗?

赖通听了吴尊一番话,觉得真是匪夷所思,杜周此类人竟可以将于法于理无据的事说得冠冕堂皇、理直气壮,还可以把前面做错的事当作后面再做错事的依据,这不将朝纲搞乱了吗?但他知道,杜周定下的事是不能改变的,不按他说的办,报上去肯定被否掉。

赖通搞清了情况,赶紧到狱中告诉了司马迁。司马迁听了,半晌未作声,一脸的沮丧。

赖通见状问道:"太史公你为何不讲话,是凑不齐这钱吗?"

司马迁不好意思地点点头,说道:"家父曾任六百石的太史令二十六年,我也曾任比三百石的郎中十四年,任太史令十年,家中收入主要依靠我们父子俩的俸禄，家父去世后，则依赖我一人的俸禄。六百石吏月俸七十斛谷，换作俸钱是七千钱，一年即八万四千钱，我任太史令十年为八十四万钱，还达不到中等人家的平均水平，家中先前有五口人要负担，女儿出嫁后还有四人，另外我的老师、师娘也是我妻子的姑父母也一直由我们照顾，直至去世，因为他们唯一的儿子隐居到山里去了。家中始终没什么结余。老家在祖父手上曾有四千多亩地，祖父在世时经营得尚好，有些收益，祖父去世后由我堂叔管，没什么收益，每年仅给我们一些粮食。五十万钱对于我来说，那就是骇人听闻的数字，如何能拿得出？"

赖通听了，很为司马迁悲哀，更是着急，立即说道："这可如何是好？时间紧迫，事不宜迟，得赶快筹啊，借啊！"

"怎么筹啊？从哪儿借啊？"司马迁眉头紧锁，一筹莫展。

赖通是个爽快、侠义之人，觉得司马迁帮过他，应该报答，于是说："我多年从军，后来在沈黎郡俸禄也不高，但我可以为你奉上四五万钱。"

"别，别，别！"司马迁推托道，"我怎么能用你的钱？咱俩仅有一面之缘，如今你一直在帮我，就已经让我过意不去了，如何能让你破费？"

"算是借的，好吧？你不死，将来会有发达之日，再还我好吧？我说你真是个迁夫子，什么时候了，还死要面子，矫情！"赖通一顿斥责，司马迁才不作声了。

司马迁嗫嚅道："要是任安在就好了，可惜他在益州。"

"别说那够不着的、没用的，说眼前还有谁可以帮忙？"赖通仍是着急。

司马迁说："那只有家里人了。"

司马英和杨敞来到狱中，司马迁说起赎死需五十万钱，司马英一听就哭了，她知道父母家中无甚结余，就逼着杨敞想办法，说："夫君，吾父危在旦夕，你务必要想办法，可不能见死不救啊！"

杨敞虽然才华横溢，但胆子甚小，唯恐帮岳父而得罪了皇上，影响自己仕途，但妻子逼着他想逃避也不成，沉吟半晌对司马迁说："岳父大人，您惨遭此祸，小婿痛彻心扉，尽力帮助那是分内之事。无奈吾杨家虽曾是大户人家，但失爵之后每况愈下，母亲大人又常常慷慨施舍，致家中仅剩下了空架子，并无多少积蓄。老家华阴尚有一老宅，如今也无人居住，我想立即将宅子卖了，好凑上一些。"

司马英听杨敞如此说，倒是有些感动，问道："夫君，那老宅能值多少钱呢？"

杨敞说："原来宅子很大，后来母亲将大部分割给了几位近亲，剩下的就不大了，大约可卖十多万钱。"

司马英对司马迁说："父亲大人，刚才听夫君后让我想起，我们家隔壁挚家的宅子一直空着，挚山大人在世时一直说宅子将来由我们家处理，挚峻那年回来参加其父母后事也说了这话。是否可以将挚家那宅子卖了，也能凑点？"

司马迁立即摆手道："那怎么行？挚峻虽然隐居于深山，但毕竟还在世，如果哪一天他回来了怎么办？如果要卖，就卖咱们家的宅子，我们可以暂时住在挚家。"

司马英知道父亲只行正道而从不拐弯，说："父亲大人所言甚是，那我回娘家对母亲说，由母亲去办。"

司马迁估摸着自己那宅子最多也就能卖个七八万钱，且如此急着出手还会折价，这样加上杨敞家老宅和赖通的四五万钱，大约二十万出头一点，相差甚远。当司马英、杨敞走出监室的时候，司马迁忍不住又喊了一声："英儿、敞儿。"

俩人又回到司马迁身边，司马迁突然向女儿女婿跪下，说道："敞儿、英儿，为父为难你们了！为父这命本不值钱，与蝼蚁无异，然为父有一大事尚未完成，因此不能死。我答应过你们爷爷，必须完成他老人家交代的写就大史书，否则我如此死了，怎么去向他老人家交代啊！"说完大哭。

杨敞、司马英大惊，赶紧亦下跪，三人抱头痛哭。

杨敞被感动了，对司马迁说："岳父大人，您还有何吩咐，尽管对我说，我尽力去做。"

司马迁坐到谷草上，也让女儿女婿坐下，然后说："敞儿，我原本不能让你去活动，唯恐影响了你的大好前程，但实在是走投无路。我想起当初在皇上面前陈言，霍光、上官桀在场，他俩可见证，我并无恶意，更非欺君。另外，是李陵堂弟李禹催促我去向皇帝为李陵求情的，你是否能去向这三位说说，即使不能为我向皇上求情，也能借些钱？敞儿，我出不去，只能为难你了！"

杨敞听了，无以推托，只有答应："诺。小婿去试试。"

杨敞是奉车都尉、光禄大夫霍光的属下，而霍光是霍去病的同父异母弟弟，是霍去病带到皇帝身边的，最得皇帝宠信。杨敞战战兢兢地对霍光说能否帮助司马迁时，霍光两眼一瞪，轻蔑地说："你那岳父轴得不可理喻，当时在陛下面前，我一个劲地使眼色，让他不要说下去，他非要说，引得陛下震怒。现在还有什么办法？"一下子将杨敞拒于千里之外。

杨敞去找上官桀，他刚当上九卿之一的少府，专为皇家聚财和服务，气焰甚炽，见了杨敞，鼻子哼哼，然后说："当时我一个劲地向你岳父摆手，让他不要再说，他根本不理我，现在我有何法？"杨敞见状，人微言轻的自己还能说什么，只好告辞。

杨敞去见李禹，李禹竟发怒道："李陵一家将要灭族，我正愁着如何善后呢，真是小巫见大巫，他司马迁只死一人，而我堂兄家灭三族，百余号人呢。你怎么好意思来找我？"

杨敞到狱中将情形告诉司马迁，还说也觍着脸求过其他人，无一有果，不是故意打岔，顾左右而言他，就是声称有急事扭头就走。司马迁心寒至极，说道："霍光、上官桀何时用眼光和手势提醒过我？那李禹当初求我时恳切得不行，还骗我说霍光、上官桀都爽快地答应了。这帮人，竟如此伪善、冷漠！朝中也仅有刚入朝的赖通一人肯帮忙，呜呼哀哉！"

"如今当人得势之时，许多人就像狗皮膏药一样往上贴，巴结唯恐不及；而一旦倒霉，人人拒之千里亦唯恐不及。世间尚可，朝中尤甚。"往常极平和的杨敞也不禁愤愤然。

几日后柳倩娘来到狱中，一见面即抱住司马迁失声痛哭，司马迁问宅子卖了没有，她才停止哭泣答道："卖了，卖了六万多钱，我和临儿、观儿已经搬至隔壁姑母宅里居住了。"

司马迁说："好好好，总算又凑了一些。我一人无事时突然想起可以向一位朋友求助。"

"哪位朋友？"柳倩娘问。

"当年我观游南北时在沛县有幸遇到了开国功臣樊哙的孙子樊他广樊公子，那人极为豪侠仗义，我与挚峻在他府上住了数日，受到热情款待，后来分别时送了不少盘缠，并一再说今后遇到困难可找他。我想如今山穷水尽，实在是没办法了，只好去求樊公子。"

柳倩娘问道："你如今囚在这里，如何去找他？"

司马迁说："我已写好一信，你带回去，临儿、观儿还小，不能去送信，你速速去夏阳见堂叔司马靖，让他的儿子火速赶到沛县找到樊公子，求他帮忙，借上三十万钱。只有这样，我方能活下来。如今仅此一线希望矣！"说完，不禁流下了眼泪。柳倩娘见了，又痛哭起来。

司马迁将写在帛上的信用信封装好，交予柳倩娘，要她抓紧去办。

司马迁于狱中日日巴望着。一个夜里，司马迁做了一个梦，梦见堂弟找到了樊他广，借到了三十万钱，但在回来的路上被盗匪劫走了，堂弟还差点丢了性命。司马迁获知后绝望地大声呼叫，将隔壁监室的囚犯都惊醒了。

到了十一月二十日，柳倩娘终于来到狱中，一进监室就扑到司马迁身上，不停地抽泣。司马迁明白了，于是问："没有借成？"

柳倩娘"哇"的大声哭出来，答道："堂弟到了沛县，也找到了樊府，但府上人称樊公子已经去世多年，他们并不认识一个叫司马迁的朋友。"

领柳倩娘进来的徐士褒站在一旁见状，说道："太史公，目前时间紧迫，不是哭泣哀叹的时候，要抓紧想办法。我去找赖大人来。"

司马迁点头："士褒老弟所言甚是，麻烦你快去请赖大人！"

徐士褒好言劝说柳倩娘离开诏狱，然后去找赖通。

不多一会儿，赖通到了，一见司马迁就说："太史公啊，不想事情竟到了如此地步！朝中人怎么均是冷酷之人，借点钱出来割了他的肉？这可是救人一命的善事啊。怎么办呢，太史公？"

徐士褒一旁说："如果差个两三万钱，我倒可以设法凑上，但差了三十万就没办法了。"

"谢谢士褒老弟好意。"司马迁此刻倒很冷静，说，"看来我只有受死一条路了！赖大人，非吾惧死，乃是吾现在不能死。孟子曰：'生，我所欲也，义，我所欲也，二者不可得兼，舍生而取义者也。'而当下对于我来说，取义理所当然，仗义为李陵辩解已做过了，但我不能舍生，义和生我都要，舍生而取义我做不到，断然做不到！我必须活着，活着去承继孔夫子，续《春秋》而写成大史书。我才只写了一半左右，剩余一半还等着我去写，我不活着怎么行？"

赖通和徐士褒看着司马迁，无言以对，只是不停地叹息。

"我司马迁答应过家父，一定要将大史书写成，否则我就不配做他的儿子，死后也不能去见他！我司马迁满腹文采，岂能就此埋没而不得彰显天下、传之后世？我司马迁真的就像蝼蚁、臭虫、跳蚤一样被踩死、碾死、捏死？吾心何甘啊！"司马迁大声地喊出了埋藏于心底的声音。

赖通忍不住说道："太史公啊，不是毫无办法了吗！"

"非也，非也，非也。"司马迁边摆手边说，"赖大人，我知道还有办法，还有一条路，只不过这路比死、比受诛还残酷，最主要的是比死刑更耻辱。我听一位狱卒说过，凑不齐赎死的钱，想要活命，唯一的一条路就是接受腐刑！我早就知道有这一条路，我知道李延年早年就曾经受过腐刑而保住了命，还有其他一些人。原来我不愿去想，极不情愿去走这条比死刑还要令人惧怕的路。你们也知道有这么一条路，但也不愿意提示我，说不出口。赖大人、士褒老弟，是不是呀？"

司马迁没哭，赖通、徐士褒却流泪了，均点头。

"幸亏还有这唯一的路，让我舍生不能却可以毁身以续命，老天，真是天无绝人之路啊！"司马迁一阵狂笑，"老天啊，您老人家竟是如此给我这可怜之人留下唯一活路。至惨啊！至辱啊！"

赖通打断司马迁的无尽慨叹，说道："太史公，你决定了就要迅速运作，只有不过十天的时间，务必抓紧。徐狱丞你尽快征得诏狱令首肯，拟好文书报到廷尉府，我回去立即向廷尉吴大人禀报，让他同意一接到诏狱文书即附上廷尉府意见，尽快报到御史大夫杜周那里，再由杜周呈皇上允准。这些环节一个都不能少。故必须十分抓紧，万不可有丝毫耽搁！你太史公宁可受此奇耻大辱而活命，去完成你未竟之伟业，我赖通认定你是亘古未有之大奇才，钦佩之至，必助你一臂之力！"

徐士褒也频频点头，说："必须助太史公一臂之力！我马上即去与诏狱令商议，尽快将文书报到廷尉府。另外，后面施刑时，我会寻得一位技术精湛的快刀手，尽可能地减少太史公的痛苦，确保太史公的生命不失且能较快恢复。"

司马迁听了俩人的话，匍匐于地，再三叩首，连说："将为刑余之人，何以为报哉，何以为报哉！"

当天晚上，司马迁无丁点睡意，思绪万千。

他想起那年与挚峻壮游南北，在蕃、薛、彭城一带遭遇抢劫，劫匪只劫钱财而不抢夺马匹，后来樊他广告知，这是因为郡、县官员针对驿马被盗屡禁不止的情形，逮住盗马贼不杀头而加诸强奸罪判腐刑，让这些年轻的盗马贼恐惧，既认为那是极大的耻辱、活着无脸面，又不能再行男人之事、活着也无趣，便不敢再盗马了。劫匪尚知腐刑乃奇耻大辱而不堪承受，难道我司马迁还不如劫匪？

司马迁在脑子里逐一排列人生之受辱程度，想到最上是不使祖先受辱，其次是自身不受辱，其次是不因别人的脸色而受辱，其次是不因别人的言辞而受辱，其次是被捆绑而受辱，其次是戴上刑具被拷打而受辱，其次是受髡（kūn）钳之刑剃去头发、脖子上戴铁圈而受辱，其次是毁坏肌肤、截断肢体而受辱，最下等的是腐刑，受辱到了极点！死刑是极刑，而腐刑是比死刑更可怕、更耻辱的极刑！我司马迁隐忍苟活就腐刑，值吗？

司马迁反反复复地想着，值还是不值，要还是不要，到了四更天，实在太困，睡着了。他做了一个梦，梦到自己被诛杀后，见到了父亲司马谈，司马谈立于鬼门关口，一副凶神恶煞的样子，头发尽上指，两眼圆睁，满面通红，厉声喝道："尔不孝子、不肖子，如何两手空空前来见吾？尔大史书写成否？尔续《春秋》实现否？吾满心希望、千嘱咐万叮咛地教你成就伟业，为何尔竟置若罔闻？吾自尔幼时即教尔熟读《孝经》，将孝道置于人生之首，为何竟是如此结果？尔即刻为吾背诵《孝经》！"

司马迁不敢怠慢，赶紧背诵道："身体发肤，受之父母，不敢毁伤，孝之始也。立身行道，扬名于后世，孝之终也。夫孝，始于事亲，中于事君，终于立身。……"

司马谈打断："停止。就此一段，乃《孝经》之根本，尔做到否？尔欲做到否？"

司马迁嗫嚅："为子不敢毁伤身体，亦不敢不扬名以显父母也。"

"迫不得已，即便毁伤身体，亦务必扬名以显父母，此乃孝之终。孝之终，尔懂否？"司马谈挥手道，"回去，完成尔之大事，方可来见吾！"

司马谈转身离去。司马迁起步返回，道路断了，一下子跌入万丈深渊，黑暗如漆，惊恐非常，大叫一声醒来，全身大汗淋漓，湿透。

常言道，日有所思，夜有所梦。司马迁临刑前有了犹豫，有了畏惧，畏惧腐刑之剧痛，畏惧腐刑之至耻，这才有了梦。梦中再受父亲训诫，打消了畏惧和犹豫，下定决心，隐忍苟活以就腐刑。虽则悲莫悲兮惨莫惨，然亦勇莫勇兮决莫决，顶天立地大丈夫也！

月底，汉武帝允准司马迁以腐刑代受诛的诏令下达至诏狱。

十二月中旬，徐士褒安排四十八岁的司马迁进了蚕室。蚕室者，执行腐刑及受刑者所居之狱室也，如养蚕须以室温促早成，故称蚕室。蚕室密闭避风、蓄火升温，有利于受刑者保全。徐士褒信守诺言，果真想方设法请到了一位多年施行腐刑的快刀手，娴熟精准地为司马迁施了刑。司马迁被绑在特制的木榻上，裸露下身，虽然事前用中草药煮成的汤药作了清洗，又服了药酒以为麻醉，但毕竟效果有限，当快刀手快速切开阴囊取下睾丸的一刻，司马迁一下子痛得昏死过去。

第六章 · 发愤著述 ⋮

1. 煎熬

当司马迁苏醒过来的时候，已经是三天三夜以后。不知是痛醒的还是一醒就感觉到难以忍受的剧痛，司马迁感觉那把锋利的刀子仍在割着，一刻不停。他没有大声喊叫，只是"哎哟，哎哟"地哼着，尽可能地忍着，牙齿咬破了嘴唇，鲜血顺着腮帮淌下。他不能大声喊叫，因为这是何等耻辱的事，赤裸着下身，叉开的双腿，两腿间已经被切去一坨，并不高明的缝合使伤口一直在滴血，加之刑后大小便无以控制，下面垫着一块装满草灰的麻布垫子用来吸取污血和屎尿。

他两眼看不到，双手摸不到，但能感觉到两腿之间已经是空荡荡的，从此再也不是一个男人，故他不想见人，不想大声喊叫引来狱卒，自己这一不是男人当然也不是女人其实已不是人的怪物如何能见人？就让自己在这空荡荡的蚕室中，在见到人之前死去吧！但双手双脚都被捆绑在木榻上，想死还死不了。过了一会儿有一狱卒进来，司马迁羞于见人，赶快闭上双眼，任眼中止不住的泪水流出，去汇合咬破嘴唇而流出的血水以及时而淌出的鼻涕。整个人都是躺在涕泗、污血、屎尿混杂的污秽之中，与畜生无异。

老天，奇耻大辱到了极点啊！

那狱卒走到司马迁身边，客气地打了个招呼："醒啦？"

"嗯。"司马迁不愿睁眼，闭着眼睛问道，"我昏死了几日？"

"三日三夜。徐狱丞担心得不行，怕你醒不过来，交代我只要发现你醒了便立刻禀报他。我将你清理干净后就去告诉他。"狱卒说。

司马迁听了很感动，说："谢谢啊。谢谢徐狱丞如此关心我，让你看我醒了没有，也谢谢你回去告诉他。"

狱卒笑了："听人说你是个迁夫子，有大学问，果不其然，说起话来甚拗口。你已经醒了，醒了为何不睁眼？你肯定还痛，痛了为何不喊叫？"

司马迁这才睁开双眼，看到身前的狱卒约莫五十来岁，精瘦，满脸的皱纹与和善，是先前在狱中从未见过的，于是答道："不睁眼是不想见人，太耻辱了！不喊叫是不想让人知道，也是怕人进来看到，我这不男不女再也不是个正常人的怪物！"

狱卒叹道："我听徐大人说，你是为完成你未完成的大事而求活命，自愿要求受此刑的。你今后活着去做你的大事，难道一直不再见人，或者见人都闭着眼睛？这蚕室行刑后只允我一人进来，怕感染，你再大声喊叫，也不会有第二个人进来。这里的狱吏、狱卒都是见过世面的，谁要来看你这极作孽、极狼狈的样子，闻这满是腥臭的气味？你喊他他也不会进来。再说这蚕室在拐角旮旯里，难得有人听见，你痛了就大声喊出来。我是徐大人派遣过来的，否则我也不会进来。你们这些有学问的人往往就是想得太多、太复杂，时常自己与自己较劲。"

狱卒边说边开始清理，将司马迁屁股下的脏湿灰垫取出，换上干净的。当狱卒用手使劲抬起司马迁的屁股抽走脏垫时，动作幅度较大，伤口痛得受不住，司马迁便毫无顾忌地大声喊叫起来。

狱卒说："这就对了嘛，忍不住痛就喊叫，喊叫能减轻点痛。"

狱卒又用干的麻布轻轻擦拭去司马迁脸上的血、泪和鼻涕，之后在头下面垫了一块干布，又将捆绑手脚的绳索放松了些，并嘱咐道："我已松了点，你要常常轻微动动手脚，动动身体，这对你恢复有好处。"

之后，狱卒喂司马迁吃了小米粥方才离开。

经过清理，又吃了点粥，司马迁觉得舒服了不少。尤其是狱卒一番诚恳的话语让司马迁内心平静多了，他想既然是自己选择的，那就要面对和承受。

伤口的剧痛始终未曾停止，刚刚不过是打了个岔，让司马迁的注意力不在疼痛上，狱卒一走，剧痛就让司马迁大声喊叫，直至喊破了嗓子，直至瞌睡得不行睡了一会儿。就这样持续了八九日才缓和一些。这连续的剧痛、抽搐、嘶喊，加上内心受到的巨大冲击，让司马迁原本五官端正、眉清目秀的脸扭曲了，五官移位而收缩到一起，双颊凹陷且不再对称，面如死灰，目光呆滞。幸亏司马迁没有照镜子，否则他会不认识镜中的自己。

司马迁目前每天最巴望的是早晚两次进来的狱卒，帮自己清理一番，喂上些食物，先是小米粥，后来还有玉米饼，水喂得少，要控制小便排出。最要紧的，是能说上几句话。

这天狱卒来了即清理，司马迁问："老兄，我在这蚕室里还要待多久？"

狱卒笑道："叫我老兄？看来你好了不少，不太痛了。老夫子你可要有耐心，得三个多月，满一百日方能出此蚕室。这才第十日呢。"

"是好了些，但手脚还是绑着，还是躺在屎尿上面，很难受。我幼时在老家看过猪在圈中就是如此，睡在谷草粪土之上。其实我连猪都不如，猪并未被捆住四肢啊。"司马迁说。

"这是没办法的。"狱卒解释道，"不将你四肢绑住，你会乱动，那伤口就很难长好。不过这样你不仅难受，也难清理干净，到一个月不再捆绑就会好很多。"

狱卒走后，司马迁因刚才觉得自己像圈中的猪，不禁想起小时候常常跟在祖父身后，屁颠屁颠地去看圈中的猪羊，祖父总是千嘱咐万叮咛地要猪倌、羊倌们细心照料，让猪啊羊啊长得膘肥体壮，而一旦长得膘肥体壮了，祖父就要决定哪些屠宰、哪些卖出，当然卖出的最后还是屠宰。真是豢养之德在先，血光之灾于后。朝中的大小官吏们，不也如同那些猪羊一样的命运吗？猪羊是祖父的，祖父可以生杀予夺；朝廷乃至天下都是皇帝的，朝中的官、天下的人，皇帝可以生杀予夺。如此则只能顺从，不容违忤，哪怕有不同看法也不行，有不同看法就是妄议，就是诽谤，就可能杀头。疼痛减轻后的司马迁，思维又活跃起来了，对身残处秽的境遇感到愤慨。身体的疼痛减轻了，而心中的痛楚却加重了。

好不容易挨到一个月，狱卒解除了捆绑在司马迁四肢上的绳索，司马迁慢慢坐起来，第一眼看到自己的下身部位，糊裹着厚厚一层谷灰泥，眼泪唰唰地淌下来，大吼一声："天哪！"

"那是必须的，否则会溃烂，伤口也长不好。"狱卒见状给出了解释。

司马迁将身体挪下了特制的木榻，缓缓移步至旁边，睡到地面谷草上。狱卒将木榻上彻底清理后，给司马迁送上食物，司马迁可以坐起来自己吃了，觉得比以前要舒服了许多。

司马迁问："老兄，你说非得百日方能出此蚕室？"

"那是当然，到百日伤口才能长好，你才能回到普通狱室去。"狱卒边说边将干净的灰垫铺到谷草上。

司马迁忧心忡忡地说："我这样出不去，家里人也不能进来看我，家中不知我到底是死是活，我也不知他们现今如何，真急死人了！"

狱卒说："徐狱丞已将你的情况告诉了你家人，说你受刑顺利，未出意外，正在恢复之中。"

"那好，那好！"司马迁十分高兴地说，"真是谢谢徐狱丞，也谢谢你老兄这一个月来的护理，污秽至极，太脏了，太难为你了！"

"说起徐狱丞，差点忘了，今日来之前，他要我告诉你一件事，说是与你有关的。"狱卒毕竟上了年纪，好忘事。

司马迁立即问道："何事？快说与我听。"

狱卒不慌不忙地说："徐狱丞讲，最近皇上为李陵的事又发怒了。从匈奴那边传来消息，李陵在匈奴当上了右校王，与先前投降的丁灵王卫律地位相当。皇上听言，震怒，称以前甚重李陵，没想到他竟死心塌地地投降了匈奴，还大得信任。徐狱丞有些担心，说你就是为李陵辩解而吃罪的，如今皇上甚怒李陵，会不会又迁怒于你。"

狱卒说完就离开了。司马迁坐在谷草上，呆呆地发愣，又惶恐起来。他觉得皇上再次发怒总是要找人出气，李陵在匈奴，他没办法，我已让他搞成了人不人鬼不鬼、男不男女不女的，大约不会再加惩于我了，但会不会降罪于我的家人呢？司马迁想应该不会，因为没有理由。然而刚过一会儿就又想，朝廷尤其是皇上要惩治谁还需理由吗？或者说要找个理由还不是很简单吗？欲加之罪，何患无辞啊。司马迁似乎成了惊弓之鸟。

次日早晨狱卒一来，司马迁就对他说："老兄，麻烦你、拜托你，今日就请你去与徐狱丞说一声，请他务必关照我的家人。"

"嗯。"狱卒应了一声。

司马迁不放心，又说一遍："老兄，这很重要啊，请你务必说到！"

"就这一句话？这么简单的话我会带到的，你大可放心。多了我可能记不全。"狱卒显得很有信心。

下午狱卒再来时告诉司马迁，他已经说到了。

司马迁立即问："那徐狱丞说什么了？"

狱卒忍不住笑出声来，指着司马迁的脑袋，说："你老夫子的脑袋里装了到底有多少东西，怎么没完呢？徐狱丞讲，请太史公放心，他会照顾、安顿好你的家人。"

"哦？"司马迁问，"仅此一句话？"

"是的。"狱卒有点不耐烦。

司马迁始终在惶恐中度日，熬到一百天，回到普通狱室。

徐士褒立即来看司马迁。他看到面前的司马迁，瘦得皮包骨，面目全非，颜如死灰，目光呆滞，恍恍惚惚的，一脸的痛苦状、委屈状、悲惨状，背佝偻着，两臂垂荡，蹒跚地小步移动，完全的一具行尸走肉。他惊得不知所措，上前用双手抓住司马迁的小臂，两眼噙泪，以发颤的声调说道："太史公，您受苦了，受大苦了！大刑之下，如何将您折磨成这样？我还特别嘱咐那名快刀手好生操刀，尽量少伤害您一些。"

"不是还活着吗？活着就行。"司马迁赶紧问，"吾家人如何？"

徐士褒扶司马迁坐到谷草上，自己也坐在旁边，说："您尽可放心，我已作了妥善安排。我之前设法见了您的女儿和夫人，与她俩商议，将您的两位公子悄悄送到我老家徐村，您知道那里虽然离您老家高门村不远，但我们徐村紧靠嵬山，在其东麓，我家有一处羊舍在山沟中，很隐蔽，就将他俩安排到那里做羊倌，当然，我有一位堂兄带着他们。我们村常有外面的人来做佣工，而且他俩都改了姓，老大改姓'同'，是'司'字加一笔，老二改姓'冯'，是'马'字加两笔。这样就没人怀疑了。您的夫人执意要留下陪您，打算在长安城里租一小屋住下，好常来看您，等您出狱。"

徐士褒说着又将带来的包袱给了司马迁，说道："现在不允许重刑犯人的家属探监，您的夫人就将一些衣物托我带来了。"

"其实太史公您也不必太过担心，有迹象表明，皇上确实对李陵降匈奴一事始终耿耿于怀，愤恨未消，但泄愤的方向似乎不在您这里了。"

司马迁赶紧问道："此话怎讲？愿闻其详。"

徐士褒道："我听朝中人传言，皇上对于强弩都尉路博德当初不愿接应李陵一直不能原谅，多次称上了这奸猾老将的当。已经六十多岁的路博德今年出征回来患疾，上书请求离开河西走廊的居延要塞回长安治病，皇上坚决不允，之后路博德便病逝于居延任上。"

"太可悲了！"司马迁叹道，"路将军于国家是有大功的，当年随霍去病参与漠北决战，一直打到瀚海，因功封侯；后来任伏波将军平定南越直至儋崖（今海南岛）；受其子违法影响而失爵之后，又以强弩都尉身份筑成居延要塞并镇守至今。路将军之功勋，可与卫青、霍去病相比。殊为可惜也！"

徐士褒立即劝道："太史公切不可在外再为别人说好话了，一次为李陵辩解就已经足够了！"

司马迁说："当然，当然。士褒老弟所言甚是，我这苟且偷生来的脆弱小命还要留着完成我的大事呢。"

徐士褒还说："朝中人还传，皇上对于因杅将军公孙敖那次去迎李陵未果还误报情况也一直不满，今年公孙敖率万骑及三万步兵出雁门郡，与匈奴左贤王交战不利，更令皇上不满，于是皇上将公孙敖闲置，不让他带兵了。"

司马迁听了，既为自己和家人可能不会再被降罪而庆幸，也为路博德、公孙敖这类搏杀沙场多年的老将悲哀和怜惜。他心中甚是不解，为何李陵一案到了今日尚有余波，还会让有关人等担惊受怕呢？

司马迁的担心减轻，自然想起要抓紧继续著述大史书，不能在狱中白白浪费时间，他开出了一个单子，上面列出需要的有关资料与文具，请徐士褒交给女儿司马英，让杨敞准备齐全，送到狱中来。此时，徐士褒看到了司马迁混沌的两眼中放出亮光，不禁心生敬佩。他让狱卒找来一块木板，用土坯支起来，权作书案。司马迁便跪坐在谷草上，继续写作。

不久，赖通进来看望司马迁，一见面也被司马迁身体、面貌的巨大变化惊着了，完全没有想到一次腐刑会对人摧残到如此地步。他觉得，还是因为司马迁满腹学问，对受腐刑的极度耻辱想得比任何人都多、都深，悲愤、伤心过度造成的。真是相由心生啊！

赖通安慰道："太史公，你总算挺过了大刑，如你所愿，活了下来，去继续你的大事业。其实受腐刑的成活率不到五成呢。"

"老天保佑，再就是你与士褒老弟的关照。"司马迁苦笑了一下，说，"还有就是吾父现在不允许我两手空空地去见他老人家，他也在保佑着我不死。"

2. 任职中书令

太始元年（前96年）初，京师长安逐渐聚集了一些方士、巫师，迷惑人们以埋藏木偶诅咒仇家。公孙敖妻子迷信巫术，犯巫蛊罪被收监，严刑之下，供出公孙敖知情。刘彻最恨巫蛊妖术，当年皇后陈阿娇即是在女巫教唆下诅咒卫子夫被废的，女巫被诛，并牵连三百多人掉脑袋。刘彻原本就对公孙敖不满，随即下令将其夫妻二人腰斩。至此，刘彻对李陵一案相关人员的惩治才算结束。

到了六月，刘彻寝陵茂陵基本建成，又新迁了大批郡国豪杰居住茂陵邑，茂陵邑的规模已经超过大汉以来所有皇帝的陵邑，居民达六万余户、二十多万人。刘彻大悦，宣布大赦天下。司马迁这才遇赦出狱。司马迁从天汉三年（前98年）二月入狱，至太始元年（前96年）六月出狱，在狱中关了两年四个月。

柳倩娘和司马英、杨敞来接司马迁，看到饱受摧残的司马迁如同坟墓中走出的僵尸，无人形、无人色、无人气，惊吓非常，悲从中来，柳倩娘与司马英均号啕大哭，杨敞亦热泪盈眶。司马迁则羞于见人，目光游移，不敢直视亲人。司马英要接父亲到自己家里调养一段时间，杨敞也热情相邀，司马迁坚决不肯，称自己乃刑余之人，身残处秽，不能脏了女婿府上，也无以面对两位可爱的小外孙。

幸好柳倩娘已在长安城一里巷中租了一小宅，司马英、杨敞就用马车将父母送到那里。司马迁虽然不愿去女儿家养伤，但嘱咐女儿女婿定要分别到赖通、徐士褒府上拜访，好好感谢他俩，称自己这残躯不便去造访。

司马英、杨敞告辞后，司马迁一下抱住柳倩娘，大声痛哭起来，撕心裂肺地哭，柳倩娘自是心痛非常，陪着司马迁哭。

俩人痛哭了好一阵子方停止。柳倩娘服侍司马迁睡到榻上，要为司马迁清洗，司马迁紧紧抓住腰带，坚决不让柳倩娘弄。他喊道："垢莫如此，耻莫如此，何能视人，何能视人啊！"

柳倩娘劝道："夫君，你我夫妻已近三十年，再者，我在老家华阴是学过医术的，在我面前，你怎能有耻辱感？你并没有做任何可耻、可恶之事，只是为他人仗义执言而受刑，何垢、何耻之有？夫君，你是为成就大事、伟业而苟活就刑，为妻认为你是了不起的大丈夫！"

"大丈夫？"司马迁一脸的羞色，小声说道，"我那男人的物件都没了，何言丈夫？"

柳倩娘则道："你永远都是我的夫君，是三个孩子的父亲。我作为你的妻子，会永远好好侍奉于你。"

司马迁仍旧抓扯着裤带不愿让柳倩娘清洗，甚至有点恼羞成怒了。柳倩娘忍不住埋怨道："自从听说你受刑顺利活下来之后，我就开始做准备，向有经验的医匠请教，缝制了一些灰垫，采购了许多用于清洗消炎的药材，有两味药配不齐，我还专门赴华阴老家，到险峻的华山中采撷。我一片诚心，你岂能辜负？还有，有老医匠告诉我，你受刑后的身体，务必要始终保持清洁，切不可因污秽而致发炎、溃烂。真是那样，你要完成的大事如何能进行？你难道要白白受刑一次？"

柳倩娘一番肺腑之言让司马迁深受感动，这才任由柳倩娘解下衣裤，仔细清洗。柳倩娘第一次见到这种伤口，内心受到巨大冲击，不禁边清洗边流泪。司马迁也闭上双眼，默默流泪。

司马迁在柳倩娘精心服侍、调理下，不到两个月，渐渐恢复了元气，脸色也开始有点红晕。俩人商量，打算回到茂陵邑家中去，那里要宽敞、安静得多，有利于司马迁的调养和著述。正在此时，皇帝的诏令送到，征召司马迁重新入朝，就任中书令。

原来，汉承秦制，九卿之一的少府地位特殊，是专管皇室供养事务的。天下租税约四十余万万钱征缴至大司农，用于朝廷开支；另外山海池泽之税约十三万万钱则专由少府掌握，供养皇家。少府之下，设有衣、食、医、用、乐等各类机构，专业分工细致，还有各类侍奉、服务、管理机构，可以说应有尽有。这其中，尚书台是最重要的机构，管理皇帝文书，处理天下章奏，传达皇帝旨令，是皇帝身边的机要中枢，也是国家的政治中枢，直接对皇帝负责。尚书台的长官为尚书令，尚书丞为其副，下辖多名尚书，均为士人。此时的尚书令是张安世，乃已逝张汤的次子。张安世与其父完全不同，不仅颇具学识、尽心供职，且肃敬谨慎、谦逊敦厚，不似张汤那样飞扬跋扈、心狠手辣。刘彻对张安世甚为倚重、信任，但情况发生了变化，行事多有不便。这是因为刘彻进入老年后，喜好到后宫游宴享乐，尚书令是须臾不可离开皇帝的，而张安世是士人，不能进入后宫。于是刘彻就考虑选择一位宦者掌管尚书台，可以随时陪自己进入后宫。

一日，刘彻与张安世议论此事，问及少府属下担任掖庭令、宦者令、永巷令等宦者中有无适合掌管尚书台的，张安世答道："无一可胜任。"

刘彻再问："除此以外，可尚有人选？"

张安世稍加思索后答："故太史令司马迁可。如今朝中文章无人能在司马迁之上，而他如今也成了宦者。"

刘彻思考了好一会儿，说了句乍听意味深长实则轻描淡写的话："当初尔父被逼自尽，如今司马迁被施腐刑，岂为朕一时非惜乎？弥补尔父者，用其子也；弥补司马迁者，用其长也。"

刘彻于是任司马迁为中书令，统领尚书；又不舍张安世，改称尚书令为中书谒者令，属中书令。刘彻安慰张安世道："朕舍不得你调任他职，你仍在尚书台任职，改尚书令之名为中书谒者令。你与司马迁皆为千石秩禄，你不会计较吧？"

张安世淡然一笑，说道："陛下，司马迁之才学远在微臣之上，微臣诚心为其下属。"张安世心机极密，当然知道不能够与皇帝计较。况且自己仅三十出头，来日方长。

司马迁接到皇帝诏令，一开始很犹豫，因为心中的郁结太深、太厚，悲愤尚未排解，如何能日日面对皇帝？

柳倩娘倒是看出了司马迁的心思，劝说道："夫君，自古君要臣死，臣不能不死，何况皇上尚恩准了以刑代诛、留你一命了呢？再者，这么多年以来，家中生活全靠你一人俸禄，没了俸禄，全家何以生存？目前是依靠先前售出宅子的六万多钱度日。你未出狱时，我听说老乡徐狱丞为你向施刑的快刀手和服侍的狱卒送出了两万钱，我执意将钱还给了他。他已经为你操了太多的心、帮了太多的忙，尤其冒着风险将我们的两个儿子安排到他老家，何能让非亲非故的他再破费？夫君你说呢？"

"那是那是，倩娘你做得很好。"司马迁连连点头。

柳倩娘继续说："后来又租了这宅子，故卖屋的钱也所剩无几了。今后你的保养要长期坚持，是一大笔开销，更不要说两个儿子尚未成家。英儿也曾说过，她与敞儿商议了，要将敞儿卖老宅的钱给我们用，我坚决不肯。敞儿尚是一小吏，收入有限，有一家子要过日子。夫君，你就应了吧，中书令是千石秩禄，收入应该比太史令高不少，有了这俸禄，咱家才能过下去，你的身体也才能逐渐好起来。如果连日子都过不下去，如何才能完成你的大事呢？夫君，要先活下去才行啊，对吗？还有，你若忤逆了皇上，保不准又会有什么灾祸降临，你和全家可能都要毁了啊！"

柳倩娘毕竟识些文字，有些见识，一番话说得司马迁口服心服，不禁说道："倩娘不仅贤德，还甚有见识，难得难得，乃吾司马迁三生有幸矣！"

柳倩娘见司马迁答应了，仍不放心，一再叮嘱道："夫君要时刻牢记，你和全家活着、活下去是最要紧的，否则其他一切都做不到！万万不可再有忤逆皇上的言行啊！"

翌日，司马迁早早进了未央宫，倒是轻车熟路，来到承明殿外廊庑候着。刘彻进殿不久，有谒者进来禀报，称司马迁在殿外，刘彻说，宣他进来。

司马迁怀着怨愤、畏惧、感恩等多种复杂心情进了殿，低着头，小步轻趋，还有点蹒跚，到了刘彻案前，跪叩于地，再三叩首，说道："罪臣司马迁叩见陛下，大谢陛下不杀之恩及重新起用之恩！"

"平身吧。"刘彻看到比自己年轻十多岁的司马迁面貌大变，憔悴苍老了许多，似有怜悯，但仍然是以漫不经心的口气说，"朕老矣，尔亦老矣！朕记着尔之文章才学，尔好生给事门下。中书令是朕专门为尔设置的，至为要紧。不必再称罪，过去的即过去矣。"

司马迁即不再称罪，答道："微臣唯竭尽不肖之材力，以奉陛下！"

司马迁随后去尚书台，见到了张安世及诸尚书，皆是一时人杰，哪个不是心高气傲？除张安世不动声色地寒暄客套一番外，其余的均以睥睨目光相视，说些夹枪带棒的话语，诸如"祝贺阁下尊宠任职""中官管辖尚书可是第一遭""文才盖世虽遇挫而仍旧了得"，等等，司马迁面红耳赤，羞愧难当，也只有受着。好在张安世一直在打圆场，称我们定会配合中书令执行好陛下旨令。司马迁稍作停留，便赶紧到了自己的给事场所中书房，关上门，席地坐在书案前，双手抱住头，两肘撑在案上，汗湿沾背，全身颤抖。

过了好一会儿，司马迁停止颤抖，静下心来，想到刑余之人为他人所鄙视，并非只有当朝当代，而是由来已久。

当年孔子周游列国到了卫国，卫君与夫人出行，让宦者雍渠坐在旁边，而让孔子坐到后面车上，孔子觉得自己竟不如一个宦者，是耻辱，就离开了卫国去往陈国；商鞅由秦国宦者景监引见给秦孝公，秦国贤士赵良为其寒心，劝其引退；汉文帝让宦者赵谈参乘，大臣袁盎为此发怒。一般人都以与宦者有关而感到耻辱，何况是尚书台诸君这班才俊呢？更何况是由我这刑余的宦者去统领他们呢？真的不能责怪他们，这可是由来已久的世间习俗、朝堂风气啊。而我，又何必为此生气呢？

过了两日的一个下午，刘彻进入后宫宴乐，司马迁亦陪侍进了后宫。后宫中居住有大批嫔妃和数不清的宫婢，这里只能是皇帝刘彻一人享乐的所在，其他男人是禁止进入的，这里从事劳作、侍奉、管理的也有男人，但不是真正的男人，是宦者。当朝曾有两位色胆包天的男人偷入后宫淫乱，一位是与刘彻自小一起读书、玩耍的男宠韩嫣，一位是李延年的弟弟李季，均被告发而诛死。

刘彻当日到后宫后即进入一大殿，里面金碧辉煌，帷幄重重，笙歌声声，酎酒飘香，五六位嫔妃围坐于刘彻身边，陪皇帝饮酒、嬉戏。司马迁则候在殿外一值守小屋里，透过门窗可以看到有川流不息的宫婢、宦者进出大殿，送入珍肴美味、玉露琼浆、新鲜瓜果。

不一会儿，小屋里进来一位身材魁梧的年轻男子，见到司马迁主动揖拜道："在下见过中书令司马大人！"

司马迁赶快站起来回礼，说道："敢问阁下为谁？为何认得我？"

那人说："吾乃宦者令许广星，时常在此值守，监督诸宦者侍奉陛下。虽然从未见过大人，但听说要来一位中书令大人，我想您定是。"

"正是，正是。"司马迁得知面前的这位与自己是同类人，心理上平衡了，故愿意与其说话，"一眼就能认识一个陌生人，可见你甚有眼力。"

"大人在朝中颇具名声，虽从未谋面，还是钦佩的，不想也遭了难。"许广星说，"大人说我有眼力，谬也。我就是因缺乏眼力才被刑的。"

"愿闻其详。当然若你不介意的话。"司马迁说道。

许广星爽朗一笑，说："你我皆刑余之人，有何介意的？我是昌邑国人，先前是昌邑王的郎官。咱许氏男人均是魁梧汉子，我是和堂弟许广汉一齐入王宫为郎的。两年前随昌邑王侍奉陛下至甘泉宫，陛下提出要昌邑王将他手中的玉如意还给自己，那是陛下当年赐给李夫人也就是昌邑王母亲的，李夫人去世后这玉如意就传到昌邑王手里。陛下始终想念李夫人，看到这玉如意如同看到了李夫人，所以将玉如意要了回去。昌邑王将玉如意还给陛下后，回到住处令我将装玉如意的匣子送过去，我慌忙之中竟拿错了匣子。陛下发现后大怒，要处死我，经昌邑王求情，以下蚕室被腐刑而保住一命，出狱后就进宫当了宦者。想想这辈子太亏了，年纪轻轻就受了腐刑，不能做一个真男人。好在我已经成家，且有一子，妻子也还不离不弃，多少有点安慰。"

"不是可以以金钱赎死吗？为何就直接受了腐刑？"司马迁问。

许广星说："以金钱赎死是要皇上恩准的，否则有钱也不行。当时对我即是判决以腐刑代诛死，不允许以钱赎死。"

司马迁听了，觉得许广星比自己还要惨些，但他却比自己想得开，这大概就是蚕室中那狱卒所说，有学问的人想得太多，自己与自己较劲。

司马迁又问后宫中大约有多少宦者，都承担些什么差事，许广星答道："后宫甚广，嫔妃有三四千人，侍奉的宫婢亦有三四千人，皇后自不待言，如婕妤、夫人、美人等高位阶的嫔妃有多位宫婢服侍，一些末等的嫔妃只能是自顾自，与宫婢差不多。后宫中尚有一些劳作的宫婢，但有些差事宫婢单独是做不来的，必须由宦者来做或与宫婢一起做，如此后宫中便有了上千名宦者，有直接在作坊、园圃里劳作的，也有护卫、侍奉、跑腿的，还有管事的。"

司马迁听后很惊讶，后宫中聚集了如此多的宦者。处于这一环境中，自己的羞耻感似乎减轻了不少，这里面的男人都是刑余之人，谁也不会笑话、鄙视谁，而这仅是短暂的麻醉。后宫颇多同类，出了后宫到前朝，又成了独特一人，还是被人议论、遭人讥笑，耻辱感还是要使人时常神情恍惚似有所失，出了门却不知去往何处。司马迁这才清楚为什么许广星的心情比自己好，因为他只在后宫中办差，只和同为宦者的男人打交道，而自己却要侍奉皇帝在前朝与后宫两处行走，时而面对士人，时而面对宦者。当唯一的宦者混杂在士人堆里时，那种彻底的孤独、极度的耻辱，就像是被扒光衣服站在众人面前一样。

司马迁就这样与许广星说着话，自己想着心事。其间，又有几位当值的宦者进来，与司马迁也有交谈，时间过得很快。入夜时分，一名中谒者送来一件装着机密情报的密封匣子，称是由尚书台送进来的，须立即禀报皇上。司马迁不敢怠慢，捧着小匣子进了大殿，来到刘彻宴席的帷幄之外。一位值守护卫的中黄门拦住司马迁，客气地询问："大人有何事?"司马迁称："有特急机密大事要禀报陛下。"

那中黄门进去向刘彻报告，因奏乐声太大，只能附耳告知。刘彻听闻后立即挥手，高亢的乐奏戛然而止，热烈的人声停息，所有人退了出去。司马迁这才应召来到皇帝面前，将函匣呈上。刘彻令司马迁拆封打开匣子，自己取出信函一看，是贰师将军李广利的急报，称匈奴且鞮侯单于突然病逝，其二子争位，出现内乱，正是出兵征讨的极好机会，请求陛下允准自己即率大军直捣单于庭。

刘彻沉思了好一会儿，想到去年春季曾遣李广利率骑兵六万、步兵七万出朔方郡（今内蒙古杭锦旗北），强弩都尉路博德率万骑出居延与其会合，又派游击将军韩说率步兵三万出五原郡（今内蒙古包头市西北），因杅将军公孙敖率万名骑兵、三万名步兵出雁门郡（今山西右玉县南），全都失利或无功而返，觉得征伐匈奴抓住有利时机固然重要，但必须将敌情摸得确切并做好充分准备方能出兵，近些年来因敌情不明而吃亏的情况已经不是一次两次了。

刘彻将信函交司马迁阅后说道："你代朕拟旨，着令光禄勋徐自为亲自选派得力人手，迅速深入匈奴，准确弄清单于死后其子继位情况。并拟旨不准贰师出兵。遣快马送入其营中。"

司马迁跪叩："陛下，微臣即办。"

"起来去办吧。"刘彻挥挥手。

司马迁起身后离开，刚转身又被刘彻喊住："司马迁，你觉得贰师是否仓促了？"

司马迁回过身来，听到皇帝询问，大骇，惊出一身冷汗。前几年就是为李陵辩护时不小心涉及贰师将军李广利，差点丢掉性命，现在皇帝问及对李广利急欲出兵的看法，自己怎能胡乱回答？司马迁极快速地在脑子里思索了一下，答道："陛下英明！一切尽如陛下所料。"

刘彻会心一笑，自问自答："这李广利大概是立功之心太急切了，何能仓促出兵呢？你快去办吧。"

司马迁回到值守的小屋中，立即拟好了分别给徐自为和李广利的两份诏令稿，交中谒者即送尚书台，由值守的尚书立即制作成正式文本，连夜发出。

刘彻直至夜阑方出后宫，回到麒麟殿歇息。司马迁则到自己的中书房，草草休息。

司马迁仔细清洗后换上干净衣裤方睡下，但一点睡意也没有。他想起今日第一次侍奉皇上进后宫，颇多感触，在后宫与许广星一类宦者接触，暂时觉得没那么耻辱了，但出了后宫回到中书房，想到自己竟不幸成了宦者，与诸多刑余之人为伍，真是太可悲了！

他又想起今日皇上突然问起对李广利的看法，幸亏自己急中生智，以颂赞"陛下英明"搪塞过去，如果直言李广利的不是，可能又要激怒皇上而受惩。看来，以"陛下英明"搪塞可能是今后的常态。他不禁觉得，自己如同是潜入的细作，时时、事事、处处都得小心谨慎，唯恐暴露内心的真实想法而再遭灭顶之灾。当这中书令既要受得了同僚的鄙夷，又要始终顺着皇上的意，还要办事不出丝毫差错，真是太难了！

不多日，光禄勋徐自为禀报刘彻，称遣人深入匈奴后得到可靠消息，且鞮侯单于病逝后，其长子左贤王驻左庭未及时赶到，单于庭的贵族长老们认为其有病不能来，便立了老单于的次子左大将为单于，而左大将以为不妥，使人召左贤王而让位，左贤王以病相辞，左大将称只有等你病逝了我才可接位，于是左贤王还是顺利当上了新单于，称狐鹿姑单于。兄弟俩并未争位，并未发生内乱。刘彻听闻，称赞了徐自为，也称赞了司马迁和尚书台办事稳妥、快捷。

司马迁初次侍奉皇帝和处理机要事务，顺利得体，虽然谈不上胜任愉快，但心里有了底。然而后来刘彻进入后宫宴乐并不像此次一样只有半宿，而是通宵达旦，有时就歇在后宫某一嫔妃的宫室。司马迁陪着值守熬夜，身体渐渐有些吃不消。幸亏刘彻毕竟上了年纪，进入后宫的频率逐渐放低了，有时三五日一回，有时甚至十来日才入后宫一回，否则遭受过摧残、身体大亏损的司马迁非垮了不可。

次年即太始二年（前95年）正月，刘彻放心不下匈奴新单于即位后会否入侵，于是巡幸回中道，直往萧关，检查边塞防备。司马迁自然侍奉随行。大队人马途中到了雍县（今陕西凤翔），皇帝及随侍的众嫔妃当然住进行宫，司马迁被安排在行宫外一拐角旮旯处的屋舍中，与众宦者住在一起。司马迁心中顿时涌出一股悲哀。半夜时分，许广星来喊司马迁，要他赶快起身，带领数位宦者，将一位病重的赵姓中黄门用马车送回长安。

司马迁好奇地问道："一名中黄门病了，为何要我去送？"

"大人有所不知，这位赵姓中黄门并非一般宦者，乃特别重要人物，是陛下点名你司马大人送的，还专门配了一位太医跟随。"许广星说。

"何人如此金贵？"司马迁不解。

许广星催道："大人赶快收拾一下，车马业已准备好，立即就动身。具体原因我会在路上慢慢告诉您。我俩乘一辆车。"

司马迁边收拾边说："我走了陛下那里有事，怎么办？"

"都安排好了，有中书谒者令张安世大人及众尚书在，不会误事的。陛下巡幸在外与在长安未央宫不同，没有大范围的后宫存在，只有陛下与众嫔妃居于行宫一大院中，尚书们住在大院外面的屋子里。"许广星解释道。

一会儿就动身了，赵姓中黄门与太医坐一辆车，其余宦者分乘两辆车，沿驰道迅疾，往长安赶。

司马迁在车上问许广星："刚才你尚未告诉我，这赵姓中黄门究竟是何人？"

许广星不紧不慢地说："您听说过陛下宫中去年新进了一位赵姓夫人吧？"

"听说过，说是河间国（今河北献县）人，美艳异常，深为陛下宠爱，一进宫即立为夫人，不久晋为婕妤，地位仅次于皇后。这与赵姓中黄门有何关系？"司马迁突然悟出，"难道是赵婕妤之父？"

"正是。司马大人到底是聪明人。"许广星说，"赵婕妤之父早年与我经历差不多，有了女儿后犯法受了腐刑，后入宫为宦者，累迁至中黄门。他突发重病，害怕死在途中，提出要立即返回长安，死也要死在长安，还要有相当地位的人送他最后一程。我不敢做主，便向上禀报，后来陛下知悉，即传令由你带着我等几人护送他回长安，且严令不许让赵婕妤获知此事。"

司马迁问："那是为何？"

"陛下还不是怕影响了赵婕妤的情绪。如今陛下是一刻也离不开赵婕妤啊！"许广星答。

司马迁听了沉默不语，心想一个比三百石的中黄门，女儿一旦成了皇帝宠幸的婕妤，立刻就抖起来了，生了病还要我这秩禄千石的中书令护送？转而一想，我这千石的中书令又算是什么东西？还不是与其他宦者一样，均为仆奴卑贱之人，供皇上随意呼来喝去。

雍县离长安近四百里，司马迁一行在路上很少休息，只是偶尔停下方便，补充食物和水。到长安已是第三日的傍晚。刚进长安城门，赵姓中黄门就断了气，总算是死在长安，实现了他的愿望。司马迁与许广星商议，认为赵家在京师并无亲人、亲戚，也无法等到赵婕妤返回长安，于是购置了上等棺木，将其妥善安葬在雍门（西城门）外一处坟地。若干年后，赵婕妤之子刘弗陵继位为皇帝（汉昭帝），追赠外祖父为顺成侯，迁坟至右扶风另选之地，置园邑二百家奉守。此乃后话。

皇帝巡幸一时回不了长安，司马迁难得可以抽开身，与柳倩娘一起回了趟夏阳老家，主要是看望尚在徐村的俩儿子。司马迁先回到高门村，住到堂弟家，大牛先前已知司马迁受了刑，听说司马迁回来了，立即前来看望，当看到司马迁憔悴衰老得不成样子，忍不住哭了。

司马迁则说："这不是还活着吗？能活着就不易了。"

大牛一听哭得更伤心了。堂弟为司马迁夫妇接风，留下大牛作陪。司马迁欲以醉酒浇去心中郁结的块垒，喝得酩酊大醉，大牛同样醉得不省人事。

第二日，大牛领着司马迁、柳倩娘找到徐村旁边的嵬山山沟里，见到了十九岁的司马临和十五岁的司马观。兄弟俩见到父母，自是十分喜悦，而司马迁看到俩儿子在此做羊倌，竟然比往年壮实了许多，精神也好。柳倩娘要俩人收拾收拾，和他们一起回家，不料俩人竟不愿意，称他俩走了这几十只羊谁来管？他们与这群羊已经有了感情，舍不得离开它们了。还说他俩开垦了一大片地，种了不少庄稼、蔬菜，没人管也不行。

司马迁见状，与柳倩娘商议，既然俩儿子在此过得尚好，那就由他们去吧。司马迁说道："子不教，父之过。怪我一心只顾朝中差事，没有好好教育他俩，他俩未读多少书，到了京城又能做些什么呢？既然他们愿意，就让他们在此耕牧吧，如同我祖父一样。"

柳倩娘想到自己现在和今后的精力都要放在照顾司马迁上，也没有更多的精力来照顾俩儿子，如今儿子都长大了，就由他们去吧。俩兄弟杀了一只羊，又从地里采了新鲜蔬菜，做出丰盛饭菜招待父母和大牛伯。司马迁、柳倩娘吃完饭，留下一些金钱便告辞了。从此，司马迁的两个儿子就一直生活在徐村。

3. 奋笔直抒胸臆

刘彻有了赵婕妤，常常让她到麒麟殿侍寝，夜晚去后宫宴乐的次数大大减少，司马迁夜间随侍值守也就大大减少。司马迁于公事上的压力松了，只是按部就班、从俗浮沉、与时俯仰罢了。这样，司马迁就可以有更多时间、精力继续自己的著述。

隐忍苟活的司马迁，或于朝堂之上，或行后宫之内，或侍奉于皇帝，或交往于同僚，一律诺诺，全都示弱。受刑之后，司马迁俨然成了一位隐士，大隐士，大隐隐于朝也。

然而，刑余之后拖着残躯的司马迁，内心却无比强大，他认定历史上许多经典皆是圣贤之人受了大磨难之后发愤创作出来的：周文王被囚而推演《周易》，孔子遭遇厄运而作《春秋》，屈原被放逐而作《离骚》，左丘失明而著《国语》，孙膑腿残而修《兵法》，吕不韦被逐蜀地而传下《吕览》，韩非囚于秦而写出《说难》《孤愤》，《诗》三百篇亦如此。

圣贤之人皆以著书立说来抒发其愤懑，我司马迁当然效仿。司马迁将强大隐于心底，将郁结的愤懑发于笔端，誓要成就新的经典并传之后世。他发愤而非泄愤，浓墨重彩而非随意涂鸦，正当抨击而非妄加诽谤，酣畅淋漓而非隔靴搔痒，挥洒自如，奋笔疾书。

在诏狱之中，司马迁完成了《秦楚之际月表》《汉兴以来诸侯王年表》《高祖功臣侯者年表》《惠景间侯者年表》《建元以来王子侯者年表》《汉兴以来将相名臣年表》共七表，简明扼要地写清了从秦楚之际至当朝的重大事件、重要人物、变化过程及脉络。其中，因秦楚之际天下大乱，八年之间政权三次更替，事件纷繁，变化众多，用"年表"难以厘清，故特别以"月表"呈现，著《秦楚之际月表》，与其余"年表""世表"相区别。此七"表"与入狱前写成的《三代世表》《十二诸侯年表》《六国年表》合为十

"表"，贯穿古今。

现在，司马迁先将入狱前写成的纪、传诸篇翻出，从头到尾捋了一遍，对以前写就的各篇，大体上还是满意的，但有些地方明显地感觉到不深入、不到位、不够有味。经过入狱、受刑折磨的司马迁，此时深切认识到，原因是在之前的著述中，贯彻、体现老师董仲舒的公羊学思想没有到位，有片面性，虽然很好地体现了董仲舒公羊学的尊王攘夷、大一统观念，但公羊学的颂扬汤武革命、主张以有道伐无道的反暴政思想，公羊学的崇让、尚耻、重义的道德标准，这两个方面都体现得不够。

世人皆曰，事无经过不知难，同样的道理，不经磨难不开窍。大舍大得，小舍小得，不舍不得，司马迁毁了身体，就有了大彻大悟，其著述中才有了许多不同凡响的精彩、峻峭和浓烈。

于是乎，司马迁对先秦部分的纪、传进行充实和植入点睛之笔。他在《夏本纪》中，原先主要写禹帝的事迹，其余夏代君主都是简写，现在则增写了夏朝衰败过程，写明从第十四任君主孔甲就开始走下坡路了，孔甲好鬼神，肆意淫乱，胡作非为，致诸侯叛离。到了第十七任也即最后一任君主夏桀时，更加失德，性暴虐，好声色，残害民众，百姓不堪。在此情形之下，原为夏桀臣子的商汤起兵伐桀成功，将夏桀放逐而死。与此相呼应，司马迁又在《殷本纪》中增写了商汤在伊尹辅佐下奋力伐桀的详细过程，以此证明商汤以有道伐无道的正当性。司马迁在文中兴奋地写道："诸侯毕服，汤乃践天子位，平定海内。"

对于殷商的灭亡，司马迁在《殷本纪》中增添了更多、更详细、更生动的内容，充分揭露殷商最后一任君主商纣王的荒淫暴虐。他写了商纣王自恃材力过人而狂妄自大，始终沉湎享乐，宠幸妲己，造酒池肉林作长夜之饮；又征敛无度，任用奸佞，重刑好杀，置炮烙之刑，残杀大臣九侯、鄂侯，囚西伯侯姬昌，甚至以剖腹取心手段杀戮王族重臣比干。商纣王尽失天下人心，最终被周武王姬发兴兵打败而自杀。同样，司马迁在《周本纪》中详细记载了周武王在姜太公和周公旦辅佐下伐灭商纣王的过程，尤其是周武王胜利后举行盛大仪式，弟叔振铎引仪仗车队前行，周公、毕公持大小斧钺左右扈从，众臣把剑后卫，周武王在众人簇拥下登台自豪地宣布："大命已然变更，革除殷商所受之天命，而由我来承受天命！"司马迁写到这里，不禁拍案称好："天下即应如此，以有道伐无道，以贤德胜昏暴。善哉善哉！"

顺着以反暴政观点审视历史的思路，司马迁接着就新写了推翻秦朝暴政的两位重要人物——陈胜和项羽。俩人虽然先后失败身亡，但司马迁认为俩人均建有不朽功勋，完全值得在史籍中大书特书，传之后世。陈胜原为一普通的佣耕之人、迁徙戍卒，起事称王后仅六月即不幸被杀，但其首倡天下的作用太大了。司马迁在著述中高度评价陈胜："桀、纣失其道而汤、武作，周失其道而《春秋》作，秦失其政而陈涉发迹，诸侯作难，风起云蒸，卒亡秦族。天下之端，自涉发难。"将陈胜的作用与商汤、周武王和孔子著《春秋》相比。司马迁将陈胜单独立传，且按其所称"陈胜王"列为诸侯王一级"世家"，不直呼其名"陈胜"而尊称其字"陈涉"，洋洋洒洒写就了一大篇《陈涉世家》。对于在推翻暴秦过程中成功歼灭秦军主力、威震天下、实际统率各支反秦大军的项羽，虽然未曾登上帝位，司马迁仍然将其列为天子、皇帝一级，写出《项羽本纪》。一篇《项羽本纪》，精妙绝伦、浓墨重彩地写出了项羽破釜沉舟、狂飙突进、叱咤风云、横扫千军、纵横天下的非凡功绩，字里行间无不透露出司马迁对这位在推翻暴秦中起了关键作用的年轻大英雄的无限敬佩。

乘势著就《陈涉世家》和《项羽本纪》之后，司马迁又回过头来再捋一遍已经写成的先秦的"世家"与"列传"，他发现其中存在为尊者讳、为贤者讳的问题，对于一些历史上有名的贤能之人没有直书其短，或虽书其短却过简，语焉不详。经过入狱受刑体验的司马迁，逐步看清了汉武帝刘彻雄才大略、建树甚伟的同时，尚存在残忍刻剥、耗费无度的一面，由此而想到从古至今，有多少君主、诸侯均与刘彻一样存在善、恶和长、短两面，作为史家，务必守住直书实录的传统，不可隐讳恶与短。对《齐世家》中原先只是简单交代齐桓公死后的继位情况，司马迁此时作了较大修改，详细地交代了齐桓公去世前后的齐国乱象：在管仲辅佐下称霸天下的齐桓公，于管仲逝后信任易牙、开方、竖刀三个奸佞之臣。齐桓公死后，其五位公子争立，易牙、竖刀立公子无诡为君，太子奔宋。无人管丧事，致齐桓公尸体在宫中停放六十七日，尸虫都爬出了窗户，直至无诡立为君后方殓殡。无诡病死，其余三子依次立。后来宋国出兵送太子回国，打败四公子军队，太子即位。这又过了十个月，齐桓公的棺柩才得以下葬。齐桓公九合诸侯，为春秋五霸之首，然晚年昏庸，信任小人，五子争立，致死后景况极为凄惨。

司马迁又改写了《赵世家》中赵武灵王的故事。赵武灵王起初励精图治，倡导将士改穿胡服，练习骑射创立骑兵，大大增强了赵国军力，在与各诸侯国争雄和抵御胡人入侵中均取得主动，使赵国成为强国，为一时雄主。但在确定继嗣问题上昏庸失策，先立长子为太子，后又改立次子为太子并传位予他，自己退位称"主父"。诸子争立酿成内乱，赵武灵王被围，在沙丘行宫中三个月而饿死。

司马迁蒙冤入狱，遭受腐刑，悲惨透顶，耻辱至极，当然要将先秦蒙冤的最典型人物伍子胥的列传找出来重新审视一番。伍子胥先受楚平王迫害，逃吴后辅佐吴王阖闾，虽然报了杀父、杀兄大仇，却在大败楚、越两国后被吴王夫差逼杀。司马迁特意在伍子胥被逼自杀前加了一段话，称伍子胥仰天呼喊道："谗臣伯嚭（pǐ）为乱，君王却要诛我。我已助尔父称霸。我又曾以死谏使尔得以继位，而你为报答我，曾欲分吴国一部分予我，被我拒绝。如今你竟听谀言诛我这长者！"司马迁意犹未尽，又在全篇的最后加了一段：

太史公曰：怨毒之于人甚矣哉！王者尚不能行之于臣下，况同列乎！向令伍子胥从奢（其父伍奢）俱死，何异蝼蚁。弃小义，雪大耻，名垂于后世，悲夫！方子胥窘于江上，道乞食，志岂尝须臾忘郢（楚都）邪？故隐忍就功名，非烈丈夫孰能致此哉？

这段不是很长却无限感慨，既痛斥了加害伍子胥的楚、吴两国君主，又称颂了伍子胥立志报仇雪恨、隐忍以就功名、终于名垂后世的烈丈夫气概。司马迁是在说伍子胥，还是在说自己？应该是兼而有之，借伍子胥而言自身也。司马迁如若不是经受了难以承受的至辱腐刑，怎能如此深刻地理解受尽迫害、冤屈、苦难的伍子胥？又怎能写出这段字里行间浸透着血泪且发出高声呐喊的不朽文字？

写完这段文字，司马迁哭了，哭得很伤心。因为伍子胥，更是因为自己。

重新改写《伍子胥列传》之后，司马迁当然还要将《屈原列传》找出来重新审视一番。如果说伍子胥之被冤遭害是一位酷烈武将的遭遇，复起仇来也是轰轰烈烈、惊天动地的，那屈原作为一位伟大的思想家、文学家，为小人所陷害后，表现出的则是忧愁如山、忧思似海。司马迁年轻时游览湘水之畔，曾模仿、体验过屈原被放逐后那种披发行吟、形容枯槁的模样和发出的许多感叹，这些均已写入《屈原列传》，而如今，司马迁在亲身经历了蒙冤、入狱、受刑之后，才听得到屈原当时内心的呐喊。司马迁于是加写了一段：

> 屈平（屈原字平）疾王听之不聪也，谗谄之蔽明也，邪曲之害公也，方正之不容也，故忧愁幽思而作《离骚》。离骚者，犹离忧也。夫天者，人之始也；父母者，人之本也。人穷则反本，故劳苦倦极，未尝不呼天也；疾痛惨怛，未尝不呼父母也。屈平正道直行，竭忠尽智以事其君，谗人间之可谓穷矣。信而见疑，忠而被谤，能无怨乎？屈平之作《离骚》，盖自怨生也。

司马迁又想到汉文帝时贾谊也被朝中大臣排挤、被皇帝疏远，至长沙国任职，常怀吊屈原，自比屈原，便将贾谊的传记合在一起，称《屈原贾生列传》。

司马迁将完了先秦的纪、传，便完全进入所处汉朝的著述。他依然遵循父亲司马谈所教导的要论——载汉兴以来明主、贤君、忠臣、死义之士的业绩，但同时不加避讳地记载了众君臣的可笑、可悲甚至可恶、可耻之处。司马迁写了汉兴以来四篇本纪，在《高祖本纪》中，他不吝笔墨、不舍巨细地写了汉高祖以豁达大度、心智极高、因势敢为、知人善任的品格和气概，啸命豪杰，奋发材雄，在反秦起义中有显著建树，在楚汉相争中斗智不斗力，以弱胜强，战胜了无比强大凶悍的项羽，威加海内，建立大汉帝国，成为开国雄主。同时，司马迁又不加隐讳地记载了刘邦流氓无赖的一面：好酒及色，赊酒赖账，好说大话，狡诈成性，翻脸无情，甚至在危险时刻为保全自己而不顾亲生儿女的生死。不少事例都是司马迁在察访刘邦老家沛、丰时采集的，直接写进了本纪，保持了原色的生动有趣。刘邦随众人往贺吕公迁来沛县，贺钱满千可坐堂上，刘邦未持一钱，却高喊"贺钱万"，直接被引至上座。如此泼皮无赖竟被吕公看重，执意将女儿吕雉嫁予他。这一段写得是何等精彩！

在《吕太后本纪》中，司马迁从总体上肯定了吕后实际执政的十五年中，继续实行无为而治，政绩斐然。这主要体现在全篇最后的论赞里：

> 太史公曰：孝惠皇帝、高后之时，黎民得离战国之苦，君臣俱欲休息乎无为，故惠帝垂拱，高后女主称制，政不出房户，天下晏然。刑罚罕用，罪人是希。民务稼穑，衣食滋殖。

而篇中具体描述的是吕后刚毅狠毒、诛灭大臣、残害情敌、私立诸吕的倒行逆施，将其描述成完完全全的令人切齿的女恶魔。司马迁还用了将近一半的篇幅，记载了吕后去世后周勃、陈平等大臣诛灭诸吕、迎立汉文帝的过程。一篇《吕太后本纪》，可以说是一篇反暴政的讨吕檄文，却又未抹杀吕后于天下无为而治、利在黎民的功绩。

著述《孝文本纪》，司马迁盛赞汉文帝刘恒以仁德治天下，继续与民休息，力劝农桑，革除诽谤之罪，祛除肉刑，敦朴节俭以为人先，德盛赢得千年颂声。司马迁在篇末的"太史公曰"里写道：

> 汉兴，至孝文四十有余载，德至盛也。
>
> 廪廪乡改正服封禅矣，谦让未成于今。
>
> 呜呼，岂不仁哉！

即便如此，司马迁也还没有隐去汉文帝的不足之处：过度宠信男宠邓通，赐予蜀中铜山并允其自铸钱，致邓氏钱布天下。司马迁暂未将邓通写进本纪，但确定要在《佞幸列传》中记载。

著述《孝景本纪》，司马迁甚难下笔。照理说，汉景帝刘启离司马迁很近，司马迁即出生在景帝中元五年（前145年）。景帝又是上一朝的皇帝，所保存的资料及流传的事迹、故事也丰富，供选择的余地大，司马迁理应将《孝景本纪》写得丰富多彩。但景帝刘启是当朝皇帝刘彻的父亲，刘彻并非长子，能当上皇帝不易，那主要是父亲决定的，不用说，刘彻对父亲是极尊敬、感情最深的。如何写《孝景本纪》就成了司马迁很纠结的一件事，弄得不好，触犯了当今皇帝的忌讳，那后果是不堪设想的。司马迁思考再三，决定从简叙述，篇幅不及《孝文本纪》的一半。汉景帝时期最值得大书特书的是平定吴楚七国之乱，也仅写了寥寥数语。只是在后来整个大史书最后一篇《太史公自序》里给予了甚高评价：

> 诸侯骄恣，吴首为乱，京师行诛，七国伏辜，天下翕然，大安殷富。

司马迁揭露汉景帝错诛晁错和逼死周亚夫，均分别顺带写了半句话，不敢明里直书景帝的寡恩无情。

而对于当朝皇帝刘彻，司马迁更是忌讳得不敢动笔，几欲写出《今上本纪》或称《孝武本纪》,如同写秦始皇那样写刘彻,一抒满腔愤懑,终究没有下笔。他不能因为一篇《今上本纪》而毁了整个大史书,甚至丢了性命、毁了家庭。但要司马迁对刘彻完全歌功颂德,他又做不到,既有违自己内心,又有违历代史官共有的良心。干脆,暂且搁置罢了。

4. 纵论一家之言

太始二年(前95年),御史大夫杜周病逝,后刘彻任光禄大夫暴胜之为新的御史大夫。十一月底,多年未回长安的益州刺史任安奉命回京,向新任御史大夫述职。

任安一改往日回长安先办公事再看司马迁的做法,回京的当天夜里,就迫不及待地摸到了司马迁的宅上,因为他早已听说司马迁经历了常人难以承受的大难。已经过了午夜,司马迁搁笔熄灯刚刚躺下,听说任安来了,忙不迭地从榻上起身,却一时摸不着打火石,待摸着了打火石,激动得两手哆哆嗦嗦又打不着火,点不亮油灯。倒是柳倩娘听到响动,从另一屋点灯送了过来,然后赶快去开门迎进任安。

任安见到司马迁,惊得不知所措,不太明亮的灯光下的司马迁,不像人,而像是鬼,一个瘦骨嶙峋、腰背佝偻、小步蹒跚、两臂垂荡的可怜鬼!他一把抱住司马迁,喊一声:"迁老弟!"就忍不住号啕大哭起来。司马迁见到多年未见的老朋友,当然激动不已,但没有哭,甚至没有流泪,大概是哭得太多,眼泪流干了。

十一月的长安,天气已冷,司马迁让任安坐到榻上,相对促膝交谈。任安自是详细询问司马迁全部的经历,司马迁则是出狱后第一次向他人叙述那不堪回首的一切。

任安听了，唏嘘良久，不禁叹道："迁老弟，愚兄真的想象不出，你是怎样经受住了如此的冤枉、屈辱和磨难的，若是我，伸长脖子受一刀罢了。老弟这是要有比天还大的决心和毅力啊！"

司马迁脸上因受刑而扭曲的五官都已不在原来的位置上，但两眼依然炯炯有神，放射出坚毅的光芒，他对任安说："任兄，自古有多少王侯将相、大富大贵之人，名随身灭，唯有非常卓越者凭借其特别成就而显名于天下、传之后世。吾非惧死，所惧者乃大史书尚未著就，尚未有经典问世，尚未有名声显现于天下，无面目去见吾父也。我司马迁受至辱、历大劫，只为扬名于后世，以显父母。此孝之大者，唯此为大也！"

"佩服，佩服之至！"任安转而说道，"你刚才提及前御史大夫杜周显然在你的案件里加害于你，那是必然。杜周表面上待人宽仁，实际上刻毒入骨，且贪财成性。起初他于张汤手下任廷尉史，家中仅有一匹马，还有残缺，经多年做官，家财已累积至巨万。你家穷得连赎死的钱都难以凑齐，当然无钱送杜周，他不整死你才怪呢。朝野有多少人对其切齿痛恨啊！今朝之酷吏，论残酷好杀，以张汤、王温舒、杜周为甚，而杜周既贪杀又贪财。张汤、王温舒不得善终，算是受到了惩罚，而杜周竟得善终，真是不公！"

任安与司马迁彻夜长谈，柳倩娘则备了夜宵。第二日是休沐日，天明后司马迁让柳倩娘告诉杨敞，邀请赖通、徐士褒前来家中，一同为任安接风，也是借机在此深谢两人。五人一起饮酒叙话，从中午直到傍晚方散。

任安向新任御史大夫暴胜之述职后即返回益州刺史任上。任安走后，司马迁一直在想任安说过的话，像杜周那样恶贯满盈的人，竟逃过了惩罚。他脑子里突然冒出一个新的想法：何不以孔子春秋笔法写一篇《酷吏列传》，集中鞭挞杜周这帮恶人，让他们永远受到历史的公正审判？

写《酷吏列传》，本不在计划之中，如果司马迁于朝中诸事顺利，未曾入狱受刑，整个大史书中就不会出现《酷吏列传》。司马迁此时便重新审视整个大史书的篇章结构，决定除《酷吏列传》外，还要增写《循吏列传》

《游侠列传》《刺客列传》《佞幸列传》《货殖列传》。司马迁突破以往史书，不仅创造了本纪、世家、列传、书、表等五位一体的大史书完整体系；同时据实定格，让项羽、吕后进"本纪"，孔子、陈涉进"世家"；还将酷吏、循吏、游侠、刺客、佞幸、滑稽、卜者、商贾等和少数民族、相关外族统统载入史册。这是真正的独创，独特的一家之言。而受刑后新增的这几篇列传，因为其中包含着司马迁抒发的内心诸多愤懑，有司马迁的肺腑和心肠，更让这一家之言浓郁强烈，足够有味。

司马迁在《酷吏列传》中，写了十一位酷吏：郅都，宁成，周阳由，赵禹，张汤，义纵，王温舒，尹齐，杨仆，减宣，杜周。除郅都是汉景帝时的酷吏外，其余十位均为汉武帝时期的。司马迁写了汉武帝时期这十位酷吏的劣迹，尤其着重写了酷吏之宗张汤以及张汤故吏王温舒、杜周三人。写张汤的诈忠、舞文弄法、编织罪名、严酷刻深，写王温舒的嗜杀成性，杀人太多至流血十余里，写杜周的暴酷更甚，杀人捕人无数且贪赃枉法。酷吏令人切齿痛恨，司马迁称"自公卿以下，至于庶人，咸指汤（张汤）"，"张汤死，而民不思"。王温舒被诛，朝中同僚额手称庆。尹齐病死，仇家欲焚其尸。司马迁还在篇中点到武帝时期其他面目狰狞的酷吏，或凶暴摧残成性，或肢解人体，或锯断人之颈脖，或棰击逼供，或妄杀无辜，或狠毒如毒蛇苍鹰，或以拷掠迫使犯人出钱求宽，简直如同森然可怖的阎王殿！司马迁在篇末大声呐喊："何足数哉！何足数哉！"酷吏多得数不清，施暴的花样数不清，这是一个什么样的社会啊！

与酷吏相对照，司马迁写了循吏。循吏者，奉法循理之吏也。司马迁在《循吏列传》中写了五位循吏：孙叔敖，子产，公仪休，石奢，李离。五人均是春秋时期的大臣，四位国相一位狱官，却没有一位汉朝的臣子，这是司马迁有意讥刺汉朝尤其武帝时期：酷吏甚众，而循吏无一。五位循吏，均是品行高、律己严、政绩显的人，司马迁由此感叹道："奉职循理，亦可以为治，何必威严哉？"这仍然是对任用酷吏、严刑峻法的贬斥。有心人读了《循吏列传》，还会发现这五位循吏又都是明君之下的贤臣，明君、贤臣相辅相成，无明君何来贤臣？司马迁又在暗讽。

酷吏太多而循吏太少，深受其苦的底层庶民在严刑峻法下当然走投无路。司马迁觉得，游侠往往为他们挤出了一条通往生路的窄窄的缝隙，往往在漆黑幽长的隧道遥远处闪烁了一下亮光，给了芸芸众生一点点希望和慰藉。因此，游侠在历史上应有一席之地。游侠最突出的特点是义字当先，孔子云，义之为上。而司马迁自小便崇敬义士。于是乎，司马迁毫不犹豫地写出了《游侠列传》。司马迁在篇中先是将游侠与两种人作了比较，一种是以"术"取得宰相卿大夫之位、辅佐其主获取功名而载入史册的，另一种是如孔子弟子季次、原宪那样避世隐居、安贫乐道而取得名声也载入史册的。游侠与这两种人不同，游侠"其言必信，其行必果，已诺必诚，不爱其躯"而赴人危难、救人生死，且从不自夸其能，羞于自称其德，这也是应该被称颂而载入史册的。对于"匹夫之侠"在先秦史籍中湮灭不见，司马迁直呼"余甚恨之"！司马迁着重写了汉兴以来的多位游侠：朱家，田仲，剧孟，王孟，郭解。称朱家"所藏活豪士以百数，其余庸人不可胜言"，"家无余财，专趋人之急，甚己之私"，曾救项羽手下将军季布，后季布归顺刘邦而发达，则终生不见季布。称"剧孟以任侠显诸侯"，周亚夫听说吴楚七国反叛时不求剧孟，竟大喜。司马迁自小见过大侠郭解，甚崇敬之，故篇中更多地记载了郭解仗义行侠而从不显山露水的事迹，认为郭解是天下最著名的大侠。他在篇末大发感慨：

　　太史公曰：吾视郭解状貌不及中人，言语不足采者（乡野之人）。然天下无贤与不肖，知（智）与不知，皆慕其声，言侠者皆引以为名。谚曰："人貌荣名，岂有既（一定）乎？"於戏，惜哉！

司马迁同情底层庶民、反对强权暴政、褒扬行侠仗义的思想在《游侠列传》里多有体现，而到了《刺客列传》中，司马迁笔下的春秋战国时期五位著名刺客，多以匹夫之身，践行必诺之言，横挑强人，不惧殒命，将

"义"的内涵提高到"士为知己者死"的最高境界，成为游侠的典范。一篇《刺客列传》，写得详细生动、惊天动地。司马迁写鲁人曹沫于齐鲁盟会之上，执匕首劫持春秋五霸之首齐桓公，逼迫其返还侵夺的鲁国土地。写吴人专诸为报答吴公子光厚待之恩，借宴席上菜之机，藏匕首于鱼腹中，刺死吴王僚，公子光得以立为吴王阖闾。写晋人豫让为报答晋国六卿之一的智伯，在智伯被六卿中的赵襄子灭掉后，多次袭击赵襄子，为智伯报仇，甚至自漆其身，吞炭成哑，完全改变形声以接近赵襄子，最后失败被擒。被擒后还恳求赵襄子，让人持赵襄子衣服，自己拿剑三刺之以报智伯，然后伏剑自杀。写魏人聂政应韩臣严仲子之请，直接闯入相府刺杀韩相侠累，然后自毁面容自杀，以免被人认出而连累姐姐聂荣。聂荣到暴尸的市上痛哭，高呼"杀韩相者，聂政也"，不使其弟之名湮没。随后聂荣亦自杀于其弟身旁。最后写卫人荆轲受燕太子丹之请，远赴秦国刺杀秦王嬴政，将前因后果和整个过程写得细致、生动而惊心动魄，篇幅也最长。荆轲临行前于易水之上辞行高歌："风萧萧兮易水寒，壮士一去兮不复还！"慷慨赴死之声，竟成千古绝唱。司马迁于篇末叹道：

> 太史公曰：……自曹沫至荆轲五人，此其义或成或不成，然其立意较然（明显），不期其志，名垂后世，岂妄也哉！

司马迁对"义"的推崇，溢于字里行间。

增著《佞幸列传》，则是在史籍中记下汉兴以来五位皇帝淫佚不堪的一面。刘氏五位皇帝不仅是后宫充斥、妃嫔无数，而且无一例外地都是既好女色，又好男色，均有男宠。高帝有籍孺，惠帝有闳孺，文帝有邓通、赵谈、北宫伯子，景帝有周仁，今武帝有韩嫣、韩说兄弟和李延年。其中有士人也有宦者。仅好男色尚可，而像文帝刘恒那样，竟将蜀中铜山赐予男宠邓通并允其私自铸钱，造成"邓氏钱布天下"的局面，就是公私不分，太过分了。司马迁在开篇即指斥那些以色媚君的男宠，写道："谚曰：'力田不如逢年（好年成），善仕不如遇合（色侍）。'固无虚言。非独女以色媚，而士宦亦有之。"明里斥男宠，暗里贬皇帝，全篇充斥着司马迁极度厌恶的情绪。

　　司马迁将自己愤怨不平的落笔处继续延伸，写出了《货殖列传》。货殖者，经商也。司马迁写了全国各地的地理特征、风俗民情及优势物产，展现出一幅经商路线图，并为自古以来的著名富商立传。起始即为越国大谋略家、军事家、上将军范蠡和孔子最器重的大弟子之一、政治家、外交家子贡两位传奇人物再次立传，因为此二人还是最成功的大商人，可称为经商的鼻祖。范蠡辅佐越王勾践卧薪尝胆二十年灭掉吴国后，辞官经商，称陶朱公，财富至巨万（万万）。司马迁在篇中赞道："故言富者皆称陶朱公。"司马迁前面在《仲尼弟子列传》中曾以超过孔子所有弟子的篇幅，记载了子贡以其超级口才搅动五国、改变天下大势的卓越外交成就，同时从政、经商都取得成功，取得的财富可与各诸侯国国君分庭抗礼。

　　除了范蠡、子贡，司马迁还记载了白圭、猗顿、郭纵等十八位大富商的事迹，甚至列举了几位以奇制胜的小商贩。

　　司马迁在《货殖列传》的字里行间，表达出对人世间贫富悬殊的愤慨。这种愤慨，既来自他对底层庶民的了解和同情，也来自因凑不齐赎死的钱而惨遭腐刑的自身经历。他写道，贤人供职于朝，隐士居于岩穴而显名，最后皆是"归于富厚也"；壮士从军，不避汤火，皆是"为重赏使也"；闾巷少年为盗，不避法禁，"皆为财用耳"；美艳之赵女郑姬，不远千里，不择老少，也是"奔富厚也"；医方杂役百工，劳极逞能，皆为吃上饭；吏士舞文弄法，不避刀锯之诛，皆为取得财赂也。所谓"天下熙熙，皆为利来；天下攘攘，皆为利往"。追逐财富、希望过上好日子是天下所有人的本性和目的。司马迁又写道："故曰：'仓廪实而知礼节，衣食足而知荣辱。'礼生于有而废于无。"有钱有势的人尽情享受人生，也容易讲究仁义；而无钱无势的人只有受奴役、被羞辱的份，日子都过不下去，还谈何仁义？这样不是遭人讥笑而羞耻的事吗？司马迁代表被奴役被迫害的人们，发出阵阵呐喊！

第七章 · 魂兮归来 ⋮

1. 痛诉悲愤报任安

司马迁一鼓作气，奋笔不辍，至太始四年（前93年）二月，大史书基本完成。仅余两篇，一篇是《今上本纪》或称《孝武本纪》，始终拿不定主意，究竟写些什么内容；还有一篇是总述，称《太史公自序》，要等到《今上本纪》完成了才好收尾写出。

三月春暖花开之时，刘彻启程行幸泰山，司马迁当然要侍奉随行。临行时，突然收到任安的书信，信中称：自前年长安一别已有多日，心中常常挂念不已，亦常为贤弟之所受苦楚而痛心。然往者已矣，来者可追，愚兄尚记得贤弟就任太史令时，意气风发，且热心推贤进士，甚至不辞辛劳地寻至深山，劝好友出山入仕。如今贤弟升任中书令，于陛下身边尊宠任职，尚望能够做得更好，有新的作为。司马迁阅后百感交集，觉得非三言两语可以回复清楚，心想还是等到侍奉皇帝巡幸结束回到长安后，再给任安写回信。

刘彻到了泰山，于山下明堂先后祭祀了高帝和景帝，然后于泰山祭祀天神太一，于旁边的石闾山祭祀地神后土。四月巡幸至琅琊郡不其县（今山东青岛市城阳区），于交门宫祭祀神仙，心情大好，作《交门之歌》。其时司马迁侍奉于侧，刘彻突然问道："司马迁，早年朕即听说你要继孔子《春秋》而续写大史书，如今写得怎样了？"

司马迁跪叩于地，答道："回陛下，微臣之大史书已完成大部。"

"平身。"刘彻说，"朕无时间览阅，如今上了年纪，眼睛也不如之前明亮了，经不住疲惫。然朕想看看你是如何记载朕的。"

司马迁听了心里一惊，但很快镇定下来，站起来后毕恭毕敬地说："陛下，微臣正在记述陛下之本纪。自黄帝以来，天子事迹均以本纪记载。"

"何谓本纪？"刘彻问。

司马迁答："陛下，本纪者，历代天子之传记也，此为大史书之纲，纲即本，故称本纪。"

"甚好。记着回长安后送给朕看。"刘彻吩咐道。

刘彻在不其县祭神后即返程，五月中旬回到长安，兴犹未尽，在建章宫大宴群臣，又大赦天下。

司马迁在返回的路上始终在苦思冥想，如何尽快完成《今上本纪》好向皇帝交差，确保不被惩罚。按照自己积累的资料和长时间的思考，花费一两个晚上的时间写出来并不难，是轻车熟路。但要坚持直书实录，写出来的定是与《秦始皇本纪》相差无几，而如果是这样，不就是奔着被杀头灭族去的吗？不这样写，换一个角度写，司马迁未曾想过，现在想已经来不及了，即使想到怎么写，要重新调整思路、重新组织材料也来不及。皇帝一回到长安就要自己将《今上本纪》呈上，可怎么办啊？司马迁一路上寝食不安、心急火燎，却一筹莫展，始终没有想出办法。但表面上还得装作是胸有成竹、没事人儿样的。

直到刘彻在建章宫宴会开始时说的一番话，一下子点醒了司马迁。刘彻对众臣大声说："朕平生至为看重且始终践行之箴言乃《左传》中一句话：'国之大事，在祀与戎。'戎要看时机，祀则应经年累月、不可或缺。朕此次领着众爱卿往泰山再次封天禅地，还祭祀了高帝、景帝，又去不其县祭了众神，朕心中甚悦，故今日大宴乐，并宣布大赦天下。"

祀，祭祀，祭天祭地祭神仙祭祖宗，这可是皇帝最重要的事情、最显著的成就、最引以为自豪的功绩。大汉兴旺强盛，皆赖天佑、地佑、众神佑、祖宗佑啊。而这一切，司马迁已经写进了《封禅书》。司马迁此时突发奇想，何不将已经写成的《封禅书》抄录一遍稍加改动而作为《今上本纪》呈送给皇帝呢？不得已而为之，只有这一个不是办法的办法了！

当晚宴席散了之后，司马迁回到家中，立即将《封禅书》找出，穿靴戴帽对格式稍加变动即写成《今上本纪》。今上者，当今皇上也。翌日乃休沐日，时间还是较宽裕的。

休沐日一过，司马迁即入宫到达承明殿，将《今上本纪》呈送刘彻。刘彻让司马迁在一旁候着，自己仔细地将《今上本纪》看完了。刘彻看完后有好一阵子未说话，司马迁心里扑通扑通乱跳，脸涨得通红，不知是否大祸临头。刘彻停了一会儿板着脸说道："朕阅矣。司马迁，尔为何仅仅记载朕的一半大事，尚有一半呢？"

司马迁惊吓得跪叩于地，战战兢兢地说："陛下，恕微臣不及写完之罪！微臣恐陛下等不及，先将写好的一半呈上。微臣牢记陛下在祀与戎之言，先完整记载了陛下在祀的诸多功绩，在戎部分正在整理，待后即载之史册。陛下雄才大略，北征匈奴，南平两越，安抚西南夷，凿通西域，大汉取得从未有过的开疆拓土业绩，微臣定将陛下这部分功绩记述好。"

"平身。"刘彻笑了，"司马迁你不必紧张嘛。朕看了你写的祭祀大事，既全又细，甚好，朕甚悦！朕是急于要看在戎那部分，大汉北征南讨，东定西通，也还是做了许多大事的。"

"陛下英明，所言甚是。微臣一定抓紧努力写出那一半，呈陛下审视。"司马迁站起来后说道。

刘彻说："不急不急，朕信你定能写好，看了这部分，即知那部分会写好的。朕近来眼睛看字有些吃力，你抓紧写就行，朕也不一定再看了。"

"微臣谢陛下信任。"司马迁一下子松了一口气。但司马迁又突然想到，多年前侍奉皇帝至泰山封禅、瓠子口塞河时说过要写《河渠书》《封禅书》的，如果皇帝现在提出要看《封禅书》，那就穿帮了，那就是又一次欺君的诬罔大罪！幸亏现在皇帝因眼睛不好不愿多看字，并未提出要看《封禅书》，或者他早已忘了我要写《封禅书》一事。

从皇帝的承明殿出来，司马迁后背及腋下湿透。

司马迁之后经过深思熟虑，决定将刘彻的在戎部分即武功仔细整理一番，有备无患，哪日刘彻真要看《今上本纪》的另一半，可以按时间顺序充实进去。司马迁怎么也没有想到，千难万险始终下不了笔的《今上本纪》竟是这样完成的。再之后，司马迁抓紧时间写成了最后一篇《太史公自序》。司马迁将父亲司马谈要著述新史书的谆谆教诲写进自序，同时将司马谈的《论六家要旨》全文载入。父亲的教诲、授命、起始文章、框架设计、资料准备都是这部大史书的源头，大史书即是从此滥觞而来，由涓涓细流而汇成滔滔江河。整部大史书，总共有十二本纪、十表、八书、三十世家、七十列传，计一百三十篇，五十二万六千五百字。至于这部大史书的书名，司马迁尚未想好。

完成了大史书，已经是七月份了，司马迁想起尚未回复任安的书信，便再读了一遍任安的信，觉得任安是好意，是希望自己能有一番新作为，但隐约觉得这其中所称"推贤进士"也还包括帮任安在皇帝面前说说话，能早日从边远蛮荒之地调回朝廷。算来任安出任益州刺史是太初元年（前104年）的事，至今已有十一年了，有此想法也属正常。

正当司马迁要给任安回信时，赖通突然来访，告知任安被人告发收受贿赂而遭监并押解来京，现关在中都官诏狱里。司马迁一听大惊，赶快询问是谁告发的、案情如何、可能会受到什么惩罚。赖通说，告发任安的是广汉郡太守孙开山，他上书皇上，皇上直接下令逮捕任安并押解来京。益州刺史部原来设在益州郡，那时孙开山任益州郡太守，不久朝廷觉得益州郡太过偏僻，便让益州刺史部移驻广汉郡（今四川梓潼县），不想后来孙开山也调至广汉郡任太守。任安与孙开山素有嫌隙，然冤家路窄，俩人又相遇在广汉郡，终于弄得势不两立，这次孙开山是要把任安置于死地。因为孙开山告发任安受了巨额金钱，如属实，是要杀头的。

司马迁一听急得不行，问赖通有否转圜的余地，赖通答道："如今案子由中都官诏狱审讯后已经报到廷尉府，廷尉与我等商议，觉得此案仅凭孙开山一面之词而任安始终未认，尚不能定案，必须再作核查。但我们也担心，报到御史大夫那里会否同意廷尉府意见，因为前任御史大夫杜周判案，皆根据报来的罪名定罪，如果现任御史大夫暴胜之如同杜周一样，那就悬了。"

司马迁说："我听张安世讲，暴胜之人如其姓，暴酷非常，其曾为绣衣御史，奉诏督查郡县追剿盗贼，亲自执斧，杀贼无数，亦斩杀剿贼不力的郡县官吏无数。然暴胜之甚惜才，喜好荐举人才。任安是个人才，暴胜之应该不会草率对待。"

"但愿如此。"赖通似乎不太抱希望。

过了两日，赖通告诉司马迁，称果如你所料，暴胜之同意了廷尉府意见，并禀报皇上准许，由廷尉府速派员前往广汉郡，当面询问孙开山，核实案情。廷尉认为赖通即是从那边调入朝廷的，熟悉情况，决定派赖通前往。

司马迁一听大喜，连连向赖通揖拜，拜托赖通速去速回，搞清情况，还任安清白。

赖通带了几名随员出发之后，司马迁满怀希望地等着，但到了十一月初，还未见赖通返回，于是焦急起来。皇帝五月份已经颁布过大赦令，今年就再无大赦了，眼看就要到十二月行刑的日子，如果到十一月底还不见核查结果，皇帝很可能按前面告发的内容定罪并下令执行。司马迁心中火烧火燎的，但毫无办法，也不知道赖通究竟遇到了什么情况而迟迟不能返回。

到了十一月二十四日，光禄勋徐自为通知，皇上将于十二月初到雍县祭祀五帝，然后巡幸安定、北地两郡，司马迁要做好随行侍奉的准备。此时赖通仍不见回京，司马迁觉得任安没什么希望了，于是决定立即给任安写回信，托人送到他手上，不能让任安带着接不到好朋友回信的遗憾离开人世。同时，司马迁上次与任安交谈言犹未尽，还有太多的愤懑憋在心里不得排解，有太多饱含辛酸的肺腑之言尚未倾诉完，任安将去，再不说出晚矣。

司马迁通宵达旦，一夜之中写完了给任安的回信：

太史公牛马走（自谦称）司马迁再拜言，少卿（任安字）足下：曩者（以前）辱赐书，教以慎于接物，推贤进士为务，意气勤勤恳恳，若望（怨）仆（自谦称）不相师，而用流俗人之言。仆非敢如此也！仆虽罢（通疲，疲弱）驽（劣马），亦尝（曾）侧闻长者之遗风矣。顾自以为身残处秽，动而见尤（被责），欲益反损，是以独抑郁而谁与语。谚曰："谁为为之，孰令听之?"盖钟子期死，伯牙终身不复鼓琴。何则? 士为知者用，女为说（通悦）己者容。若仆大质（身体）已亏缺矣。虽才怀随和（古时宝物随氏珠、和氏璧），行若由夷（古时高德之人许由、伯夷），终不可以为荣，适足以见笑而自点（通玷，玷污）耳。书辞宜答，会东从上（皇上）来，又迫贱事，相见日浅，卒卒无须臾之闲，得竭志意。今少卿抱不测之罪，涉（度过）旬月，迫季冬（十二月），仆又薄（接近）从上雍（雍县），恐卒然（突然）不可为讳（指任安将被处死），是仆终已不得舒愤懑以晓左右（尊称对方），则长逝者魂魄私恨无穷。请略陈固陋。阙（通缺）然久不报（回复），幸勿为过。

仆闻之：修身者，智之符也；爱施者，仁之端也；取予者，义之表也；耻辱者，勇之决也；立名者，行之极也。士有此五者，然后可以托于世，而列于君子之林矣。故祸莫憯（通惨）于欲利，悲莫痛于伤心，行莫丑于辱先，诟莫大于宫刑。刑余之人，无所比数，非一世也，所从来远矣。昔卫灵公与雍渠（宦者）同载，孔子适（往）陈（陈国）；商鞅因景监（宦者）见，赵良（秦国贤士）寒心；同子（宦者赵谈）参乘，袁丝（汉文帝大臣袁盎）变色：自古而耻之。夫中材之人，事有关于宦竖，莫不伤气，而况于慷慨之士乎? 如今朝廷虽乏人，奈何令刀锯之余（刑余之人），荐天下之豪俊哉! 仆赖先人（父亲）绪业，得待罪（入仕之谦称）辇毂（niǎn gǔ，皇帝车驾）下，二十余年矣。所以自惟，上之，不能纳忠效信，有奇策材力之誉，自结明主；次之，又不能拾遗补阙，招贤进能，显岩穴之士（隐士）；外之，不能备行伍，攻城野战，有斩将搴（qiān，拔取）旗之功；下之，不能积日累劳，取尊官厚禄，以为宗族交游光宠。四者无一遂，苟合取容，无所短长之效，可见于此矣。乡者，仆亦尝厕（侧身）下大夫之列，陪奉外廷末议，不以此时引维纲（法度），尽思虑，今已亏形为扫除之隶，在闒茸（tà róng，卑贱）之中，乃欲仰首伸眉，论列是非，不亦轻朝廷、羞当世之士邪？嗟乎！嗟乎！如仆尚何言哉！尚何言哉！

且事本末未易明也。仆少负不羁之才，长无乡曲之誉。主上幸以先人之故，使得奏（贡献）薄伎，出入周卫（宫禁）之中。仆以为戴盆何以望天，故绝宾客之知（知遇，交往），亡（无）室家之业，日夜思竭其不肖之材力，务一心营职，以求亲媚于主上。而事乃有大谬不然者！

夫仆与李陵俱居门下（宫中），素非能相善也。趋舍异路，未尝衔杯酒，接殷勤之余欢。然仆观其为人，自守奇士，事亲孝，与士信，临财廉，取与义，分别有让，恭俭下人，常思奋不顾身，以殉国家之急。其素所蓄积也，仆以为有国士之风。夫人臣出万死不顾一生之计，赴公家之难，斯已奇矣。今举事一不当，而全躯保妻子之臣随而媒蘖（méi niè，酿造。指构陷成罪）其短，仆诚私痛之。且李陵提（率领）步卒不满五千，深践戎马之地，足历王庭（匈奴右贤王庭），垂饵虎口，横挑强胡，仰（仰对）亿万（数万）之师，与单于连战十有余日，所杀过当，虏救死扶伤不给。旃（zhān）裘之君长咸震怖，乃悉征其左右贤王，举引弓之人，一国共攻而围之。转斗千里，矢尽道穷，救兵不至，士卒死伤如积。然陵一呼劳军，士无不起，躬自流涕，沫血饮泣，更张空弮（quān，弓弩），冒白刃，北向争死敌者。陵未没时，使有来报，汉公卿王侯皆奉觞上寿（祝贺）。后数日，陵败书闻，主上为之食不甘味，听朝不怡，大臣忧惧，不知所出。仆窃不自料其卑贱，见主上惨怆（chuàng）怛（dá）悼（悲伤状），诚欲效款款之愚。以为李陵素与士大夫绝甘分少，能得人之死力，虽古之名将，不能过也。身虽陷敌，彼观其意，且欲得其当而报于汉。事已无可奈何，其所摧败，功亦足以暴于天下矣。仆怀欲陈之，适会召问，即以此指，推言陵之功，欲以广（宽）主上之意，塞睚眦（yá zì，瞪眼。指怨恨）之辞。未能尽明，明主不晓，以为仆沮（jǔ，诽谤）贰师（李广利），而为李陵游说，遂下于理（通吏，法吏）。拳拳之忠，终不能自列，因为诬上，卒从吏议。家贫，货赂（钱财）不足以自赎；交游莫救，左右亲近（皇帝的左右亲近）不为一言。身非木石，独与法吏为伍，深幽囹圄（líng yǔ，监狱）之中，谁可告愬者！此真少卿所亲见，仆行事岂不然乎？李陵既生降，颓（毁坏）其家声，而仆又佴（èr，耻）之蚕室，重为天下观笑。悲夫！悲夫！事未易一二为俗人言也。

仆之先非有剖符丹书之功，文史星历，近乎卜祝之间，固主上所戏弄，倡优（伶人）所蓄，流俗之所轻也。假令仆伏法受诛，若九牛亡（失去）一毛，与蝼蚁何以异？而世俗又不与能死节者次比，特以为智穷罪极，不能自免，卒就死耳。何也？素所自树立使然也。人固有一死，或重于泰山，或轻于鸿毛，用之所趣（通趋）异也。太上不辱先（先人），其次不辱身，其次不辱理色（他人脸色），其次不辱辞令（他人言辞），其次诎（通屈，捆绑）体受辱，其次易服（囚服）受辱，其次关木索（戴刑具）、被棰（棰杖）楚（荆条）受辱，其次剔（通剃）毛发、婴（通萦）金铁（铁圈）受辱，其次毁肌肤、断肢体受辱，最下腐刑极矣！传（《左传》）曰："刑不上大夫。"此言士皆不可不勉励也。猛虎在深山，百兽震恐，及在槛阱之中，摇尾而求食，积威约之渐也。故士有画地为牢，势不可入，削木为吏，议不可对，定计于鲜（明确，指自杀）也。今交手足，关木索，暴肌肤，受榜箠，幽于圜墙之中。当此之时，见狱吏则头抢地，视徒隶（狱卒）则心惕息（恐惧）。何者？积威约之势也。及以至是，言不辱者，所谓强颜耳，曷足贵乎？且西伯（周文王姬昌），伯（伯爵）也，拘于羑（yǒu）里（今河南汤阴县境内）；李斯，相也，具于五刑；淮阴（淮阴侯韩信），王（原为楚王）也，受械于陈（今河南淮阳县）；彭越（梁王）、张敖（赵王），南面称孤，系狱抵罪；绛侯（周勃）诛诸吕，权倾五伯（霸），囚于请室（特设之狱）；魏其（魏其侯窦婴），大将也，衣赭衣（赭色囚衣），关三木（刑具）；季布（原项羽部将）为朱家钳奴；灌夫（将军）受辱于居室（拘押达官贵人之监）。此人皆身至王侯将相，声闻邻国，及罪至罔加，不能引决自裁，在尘埃之中。古今一体，安在其不辱也？由此言之，勇怯，势也；强弱，形也。审（明白）矣，何足怪乎？夫人不能早自裁绳墨（法律）之外，以稍陵迟（衰颓），至于鞭箠之间，乃欲引节（自杀），斯不亦远乎！古人所以重施刑于大夫者，殆为此也。

夫人情莫不贪生恶死，念父母，顾妻子。至激于义理者不然，乃有所不得已也。今仆不幸，早失父母，无兄弟之亲，独身孤立，少卿视仆于妻子何如哉？且勇者不必死节，怯夫慕义，何处不勉焉？仆虽怯懦欲苟活，亦颇识去就（舍生）之分（道理）矣，何自沉溺缧绁（léi xiè，绳索）之辱哉！且夫臧获（奴婢）婢妾，犹能引决，况仆之不得已乎？所以隐忍苟活，幽于粪土之中而不辞者，恨私心有所不尽，鄙陋没世，而文采不表于后世也。

古者富贵而名磨灭，不可胜记，唯倜傥非常之人称（被称道）焉。盖文王拘而演《周易》；仲尼厄而作《春秋》；屈原放逐，乃赋《离骚》；左丘失明，厥有《国语》；孙子（孙膑）膑脚，《兵法》修列；不韦（吕不韦）迁蜀，世传《吕览》；韩非囚秦，《说难》《孤愤》；《诗》三百篇，大抵贤圣发愤之所为作也。此人皆意有所郁结，不得通其道，故述往事，思来者。乃如左丘无目，孙子断足，终不可用，退而论书策，以舒其愤，思垂空文以自见（通现）。

仆窃不逊，近自托于无能之辞，网罗天下放失（通佚）旧闻，略考其事，综其始终，稽（察）其成败兴坏之纪，上计轩辕（黄帝），下至于兹，为十表，本纪十二，书八章，世家三十，列传七十，凡百三十篇。亦欲以究天地之际，通古今之变，成一家之言。草创未就，会遭此祸。惜其不成，是以就极刑而无愠（yùn）色。仆诚以著此书，藏之名山，传之其人，通邑大都，则仆偿前辱之责（通债），虽万被戮，岂有悔哉！然此可为智者道，难为俗人言也。

且负下（低下名声）未易居，下流多谤议。仆以口语遇遭此祸，重为乡党所戮笑，以污辱先人，亦何面目复上父母之丘墓乎？虽累百世，垢弥甚耳！是以肠一日而九回，居则忽若有所亡（失），出则不知其所往。每念斯耻，汗未尝不发背沾衣也！身直为闺阁之臣（宦者），宁得自引深藏岩穴邪？故（通姑）且从俗浮沉，与时俯仰，以通其狂惑。今少卿乃教以推贤进士，无乃与仆私心刺谬（违背）乎？今虽欲自雕琢，曼（美）辞以自饰，无益，于俗不信，适足取辱耳。要之，死日然后是非乃定。书不能悉意，略陈固陋。谨再拜。

给任安的回信写完，司马迁着实地全面地回顾了一次自身经受的遭遇，将内心郁积的愤懑、怨恨和隐忍苟活以继《春秋》的苦心孤诣，一股脑儿地倾诉出来，心中的辛酸、苦楚一下子减少了许多。然而转瞬间，司马迁想到任安深陷狱中且来日无多，不知能否读到自己的信，即使读到，却再也不能相见，心中自然涌出强烈无比的悲痛。

司马迁不禁仰天大呼："天哪！"

次日司马迁找到徐士褒，请他设法将书信尽快送到中都官诏狱里任安手上。

哪知到了十一月二十七日，赖通回到了长安。二十八日晚饭后，赖通来到司马迁宅中。司马迁见到赖通，大喜过望，不等赖通坐下，就说："赖大人你可回来了！看你满面春风的样子，一定如愿办成了吧？"

"让中书令大人着急了！"赖通坐下后说，"此番确实经历了不少周折，可以说费了九牛二虎之力，总算在十一月底之前赶回来了，返回的路上一刻也不敢耽搁，常常是日夜兼程。"

"赖大人辛苦了！请容我代任安大谢于你！"司马迁也坐下，催促道，"快说说情况，我都绝望了，觉得任安已毫无希望。"

赖通端起柳倩娘送上的茶碗，呷了一口茶水，说道："为使中书令不再着急，我先说结果，后说过程。结果是查清了任安并未收受贿赂，真正受贿的是告发者、广汉郡太守孙开山。我已以朝廷使节的身份，将孙开山锁拿并押来长安。"

"甚好，甚好！"司马迁高兴得一下子从坐垫上蹦起来，又是手舞足蹈，又是摩拳擦掌，嘴里还说道："这孙开山太可恶，是应押解来京，从严惩处。"自受刑以来，司马迁从未如此激动和高兴过，赖通见了都觉得不可思议。

"孙开山确是恶人先告状，这家伙可不是一般的坏，是至坏，坏透了！"赖通连续喝了好几口茶水才说，"昨晚赶回长安，今日到廷尉府禀报，整理材料，呈送御史大夫暴胜之，忙了一整天，茶水都没顾上喝。"

司马迁一听，赶紧让柳倩娘为赖通续水，并送上一些点心，他估计赖通可能没顾上吃饭。果然，赖通看到点心，抓了就吃，狼吞虎咽的，又再喝了一些茶水，这才不慌不忙地将经过说出："我先到广汉郡见到孙开山，询问他有关任安受贿情况，他说那是很久以前的事，本来不想说出。但任安在益州刺史任上，老是与他这位郡太守过不去，搞得他如芒在背，无法履职，郡衙里的人都说是任安这个刺史在当广汉郡的家，所以他气不过，才将多年前的事翻出来。起初是想吓唬吓唬任安，要他不再干预郡里的事，但任安很强硬，称还会监督孙开山，这是他的职责所在。孙开山说，这才把任安给告了。"

"孙开山所告任安受贿，究竟是个什么情况？"司马迁问。

赖通说："当年滇王尝羌归顺朝廷之后，皇上高兴，赐尝羌以滇王金印，名义上仍旧担任滇王，管理其民，实际上原滇国范围改为设置益州郡，由朝廷派郡太守和一班官吏管理，滇王只是协助。为安抚滇王，朝廷还专门在滇池附近划出一片地域作为滇王的直接封邑，确保其养尊处优。起初滇王很高兴，但不久听说同是西南夷的夜郎王的封邑比他大，就有了想法，找到当时的郡太守孙开山和益州刺史任安，要他俩向朝廷反映，为他争取与夜郎王同样的待遇。据孙开山揭发，滇王当时拿出四十斤黄金，送他和任安每人二十斤，他没要，而任安却收了。我曾去中都官诏狱问过任安，任安说根本不知道有此事，根本没有收过滇王的黄金。我又问过狱吏，他们称自任安押来诏狱，已讯问多次，甚至动了大刑，任安都从未承认收过贿赂。"

"那去问问滇王啊。"司马迁说。

"中书令所言甚是。我到广汉郡当面问过孙开山后，心里就决定去滇王尝羌那里核实。但我明面上未说，只称返回长安。"赖通说。

司马迁不解，问："这又是为何?"

赖通答道："我见到孙开山，发现此人虽然长得还算端正，但目光游移，且说起话来滴水不漏，觉得此人非等闲之辈，于是留了一个心眼，心想如果真是孙开山陷害任安，知道我等要去滇王那里核实，会否派人在途中截杀?所以我没有告诉孙开山真相，辞行后也没有向益州郡方向走，而是走向蜀郡，造成返回长安的假象。"

"防人之心不可无，赖大人到底有经验。"司马迁赞道。

赖通继续说："我到了蜀郡，郡太守是当年我在军中的一位老长官，他称我做得对，说孙开山那人阴险狡诈，应该提防他。我绕到蜀郡稍作休息便领着几位随员，经过千辛万苦到了位于益州郡的滇国，见到滇王尝羌。尝羌年纪大了，前些年一直有病，时常神志不清，只是到今年四月方才好转，头脑也清楚了。尝羌明白了我的来意，就将真相一五一十地全部告诉了我。"

"什么真相?"司马迁急于知道。

赖通说："尝羌称，当年他希望朝廷能够将他的封地扩大，与夜郎王一样，就找了郡太守孙开山，孙开山一口答应，但说还得与刺史任安一同上书朝廷才行，孙开山还答应由他去找任安商量。过了一段时间，尝羌问孙开山与任安商量得如何了，孙开山称任安那人很贪，不给好处是不会出力的，于是尝羌取出四十斤黄金给孙开山，说你俩每人二十斤。直到任安、孙开山先后离开益州郡，尝羌也未见朝廷给自己扩大封地，于是在孙开山临走时催问，孙开山答应继续催办。后来尝羌就生病了。今年四月尝羌病情好转、头脑清楚后，又想起这事，觉得上了孙开山的当，便在五月派手下一名心腹赶到广汉郡找到孙开山，问他究竟是何情况，那心腹见孙开山说不出个所以然，就暗示称滇王可能会向朝廷告发。"

司马迁似乎听出了其中门道，说："看来是孙开山一人收了滇王四十斤黄金，又未办事，如今滇王要告发，孙开山眼看事情要败露，即嫁祸任安，先把任安告了。"

"正是，正是。"赖通说，"我当时即与中书令现在想的一样。于是我让滇王尝羌将前后经过全部详细写下，我带着这材料就离开滇国，着急忙慌地往回赶。我先到了蜀郡，向我的老长官借了二十名吏卒，直奔广汉郡将孙开山抓了，然后将滇王写的材料给他看，他这才承认四十斤黄金全是他收的，任安并不知情，当然也未收一分一毫。我便将孙开山锁拿，到蜀郡后将二十名吏卒还给老长官，押着孙开山就回到长安，将他送入廷尉狱中。"

"这下任安终于有救了。"司马迁长舒了一口气。

赖通急忙说："尚且要皇上允准下达诏令，方可救出任安。我今晚赶过来：一来是告诉你情况，免得你着急，二来是明日御史府奏疏报到中书后，望你立即呈皇上。时间太紧了，明天即是十一月的最后一天，耽误不得啊！"

"那是当然，那是当然！"司马迁忙不迭地应道。

次日，司马迁将御史府报来的奏疏呈给刘彻。刘彻阅后要司马迁起草两份诏令：任安无罪，重任护北军使者；孙开山腰斩弃市。

刘彻问司马迁："廷尉监赖通是否即是原沈黎郡任职多年的假太守？"

"陛下好记性，赖通正是那假太守。"司马迁答道。

刘彻道："那就让他成为真太守。司马迁你再拟一份诏令：任赖通为广汉郡太守。"

"陛下英明！"司马迁跪叩道，"微臣代赖通深谢陛下隆恩！"

"起来吧。"刘彻笑了，"你代赖通谢恩，是否也应代任安谢恩？任安不也是你的好朋友吗？"

司马迁心中一震：皇上怎么什么都知道？于是又跪叩道："微臣代任安深谢陛下隆恩！"

2. 惶恐复惶恐

任安在狱中接到任命，一出狱就坐上北军派来的马车，直奔统领北军的执金吾（原称中尉）衙门报到，又至北军营垒中简单接洽，好在任安原先任过护北军使者，此次轻车熟路，所用时间不多，傍晚时分即来找司马迁，要请司马迁饮酒。司马迁说那就一起请上赖通、徐士褒，赖通后日就要离开长安到广汉郡任职了。任安称甚好，正要大谢赖通呢。司马迁即让柳倩娘告诉住在附近的女婿杨敞，速速用马车将赖通和徐士褒二人接过来。

杨敞去接人，司马迁与任安先进了不远处的一小酒馆。落座后任安控制不住地突然大哭，哭得涕泗横流、稀里哗啦。司马迁知道这几个月任安在狱中冤屈得不行，肯定又受到狱中吏卒的折磨，一肚子的苦水要倒出来，就任由他去哭、去发泄，没有劝。任安哭了一会儿自己停住，破涕为笑，说道："让迁老弟笑话，不过现在好多了。"

司马迁淡然说道："我在狱中待过更长时间，受过更多折磨，当然理解任兄。"

正说着，杨敞领着赖通、徐士褒进来，任安一见，赶紧离开座位，一边说："我听狱吏说过，幸亏赖大人吃了千辛万苦，费了九牛二虎之力，才查清了案子。"一边迎上去，就要向赖通叩首致谢。

赖通赶紧一把拉住，说道："任大人万万使不得，我就是出了一点力，可那也是廷尉、御史大夫两位大人主持公道、派我去查的，我只是受命公干而已。另外，中书令司马大人也很关心，及时将核查结果呈报皇上，才放了你。"

"甚是，甚是。"任安向赖通深深作揖，又向司马迁深深作揖，然后说道："多亏了你们帮忙，否则我将身首异处，成了冤死之鬼。"

司马迁招呼诸位坐下，吩咐酒保送上菜肴和酒，五人开始边饮酒边叙话，免不了祝贺赖通、任安荣升，祝贺司马迁大史书完成。赖通说还应该祝贺徐士褒，他刚刚升任廷尉诏狱狱令，老狱令致仕了。各人又是举杯祝贺。

任安说："我不仅要祝贺士褒老弟荣升，还要致谢他将迁老弟的回信送到我手上。我当时万念俱灰，只等着赴市上挨一刀。迁老弟彼时还念着我这将死之人，将他满腹的愤懑和肺腑之言毫无保留地告诉我，让我深深感受到至为珍贵的友情，如同是老朋友以千万不舍来为我送行。"说着两眼竟流出了热泪。

酒过多巡，赖通因为将远离京城，诸位皆称为他饯行而连连敬酒，幸亏赖通酒量较大，但也有些顶不住的样子，司马迁见状，劝大家不必再多饮酒，还是多说说话比较好。

赖通大约是酒喝得多了，控制不住地说出了他所知道的一个秘密，他对任安说："任大人，你去担任护北军使者，务必要小心，如今北军甚为复杂，你是皇上派到北军中做监军的，负有监督重责，如今北军中甚是热闹，可得小心啊。"

"谢谢赖大人好意提醒，不过我对北军还是熟悉的，十多年前我就在那里任护北军使者，不想兜兜转转竟又回来了。"任安有些不以为然。

"如今不同往日。任大人多年不在京师，怕是并不知晓。"赖通说，"如今长安竟被一人搅得风浪频起。"

司马迁插言道："赖大人是说江充？"

赖通继续说道："正是。这江充大获皇上信任，担任直指绣衣使者，专门督察京辅贵戚近臣，对皇室的公主甚至太子皆举劾无所避，今年以来已让多名侍中近臣被劾奏奢侈僭越，要罚到北军中服役，这些人向皇上求饶，愿出钱赎罪，已向北军中交了数千万钱代役。一下子来了许多钱，北军中管钱的吏员借机伸手贪占的情况屡屡被发现，有的即是江充的钱袋子，告到我们廷尉府的就有多起。但皇上称江充能干，擅长为朝廷敛财，将其擢升为秩禄二千石的水衡都尉，掌管范围十分广大的皇家上林苑，上林苑中所有出产包括粮食、果蔬、水产、牲畜、猎物等，加上苑中的铸钱、器物作坊，均由江充执掌，以供皇家。廷尉见皇上如此信任江充，太子、公主都无奈其何，故对江充经手的事根本不敢管，对报来的案子一律压下，且不许府中人员泄露出去。我是怕任大人去了北军可能惹麻烦，这才透露一点。"

司马迁听了劝任安道："赖大人一片诚心，一片好意，任兄还是要防患于未然。此次被孙开山诬陷和上次被牵扯到义纵一案，均是教训，不可不记取啊！"

任安这才向赖通拱手作揖，说道："多谢赖大人好心提醒，而且还是冒着风险的。多谢多谢！"

实际上任安对此并没有放在心上，以致后来被人告发而受诛。

过了两日，司马迁侍奉刘彻前往雍县祭祀五帝。之后，又再一次北上到了安定郡，察看萧关，近几年出击匈奴连连不利，让刘彻对西北的防守时时放心不下。在萧关城楼上，刘彻极目眺望，沉默良久后说道："何日方能完全消除匈奴威胁？三年还是五年？朕想着，自明年起，改年号为'征和'，征服四夷而天下和平也。实际上，主要即是完全征服匈奴。但愿在征和年间实现朕的心愿。"随从的文武众臣齐声附和："陛下之愿，定能实现！"

当晚住在安定郡治高平县，司马迁又与宦者令许广星住在隔壁。晚饭后许广星闲来无事，到司马迁室中聊天。

许广星对司马迁说："陛下这次不顾高龄和身体不便，再次巡察萧关与边防，中书令大人你可知其中的奥秘？"

"这有什么，陛下不是常来萧关吗，还有何奥秘？"司马迁随意一答。

许广星神秘兮兮地说："大人您是装呆还是真呆？宫中多有传闻，您没听说过？"

司马迁问："什么传闻？我真没听说过。"

"那您知去年宫中最大的喜事是甚？"许广星故意卖关子、兜圈子，不一下子说出。

司马迁说："哦，那谁人不知，是陛下又添了一位小皇子。"

许广星随即说出自己的分析，让司马迁大吃一惊。他说："陛下已过六旬，老来得子，当然高兴，而且赵婕妤为他所生的这位小皇子，给陛下带来了新的希望，陛下尤其高兴。陛下声称赵婕妤是妊娠十四个月才生出的小皇子，上古尧的母亲就是妊娠十四个月才生出尧的，故将赵婕妤所住的钩弋宫之门命名为尧母门。中书令您是有大学问的人，小皇子刚出生，就将之比作是尧，陛下这是何意，您不懂吗？"

司马迁心里猛地咯噔一下，惊诧非常：陛下难道要改嗣、废太子而改立此小皇子？他不敢想，更不敢说出口，只是"噢、噢、噢"地应付了一下。

许广星见司马迁心领神会，于是说："陛下这是不放心后继者能否顺利治理天下，陛下欲改年号也是此意。"

许广星离开后，司马迁于榻上怎么也睡不着，心想这许广星只是个宦者，没什么学问，但极聪明而且敏感，观察问题细致入微，还真是个人物，不可等闲视之。进而想到皇上真的会改换继嗣吗？太子刘据是嫡长子，已立了近二十年，其母乃皇后卫子夫，贤德聪慧。但皇上一直认为太子仁恕温谨，才能不足，不像自己杀伐果断，雄才大略。每次有征伐，太子皆劝谏，让皇上心中很是不悦。不过相比其他四位皇子齐王刘闳、燕王刘旦、广陵王刘胥、昌邑王刘髆，太子还是宽厚敦重得多，更让人放心。小皇子刘弗陵未出生前，皇上没得选，只能将来让太子刘据继位，如今有了新的小皇子，就可能有了选择。然而，皇后和太子已立多年，卫氏外家已颇有势力，虽然卫青、霍去病都不在了，但公孙贺父子、卫青之子卫伉等，还有卫子夫的女儿、女婿、外甥，都是太子的后盾，朝中也有不少拥护太子的大臣。改立继嗣，可能会引发乱局。司马迁当然不希望朝中大乱，一旦出现乱局，是否会危及自己及家人生命，是否会毁了已经完成的大史书，都很难说。

一想到此，司马迁便担惊受怕、惶恐起来。他拿定主意，要寻找恰当的机会，将写成的大史书藏起来。不，藏一个地方不行，还要抄录一份，再藏另一个地方。司马迁觉得，此生有限的时间内，他仍旧背负着无比沉重的使命，要将大史书保存好、传下去。他没有任何底气可以说上一句豪言壮语：不就是一个死吗，谁怕谁啊！

刘彻察看了安定郡、萧关后，又去相邻的北地郡视察了一番。一日途中歇息，司马迁遇到东方朔，东方朔问，你是否正在书写贯通古今的大史书？司马迁称已完成。东方朔问叫何书名？过往的皆叫什么史记、春秋一类，最好取个新书名。司马迁说正要请教。东方朔说既然是你们太史公父子合力写的大史书，就称《太史公书》可好？司马迁大喜，连称："甚好，甚好，果然是大家！"

真是搜肠刮肚多日未得，偶尔得来却未费工夫。

回到长安以后，司马迁就开始将《太史公书》再抄一份。只要有空，就抓紧抄。他无法预测，朝中内乱会否到来、什么时候到来，只想着早日抄好了，找两处安全的地方收藏好，务必万无一失。

次年刘彻果然改了年号，称征和元年（前92年）。与刘彻"征服四夷而天下和平"的愿望相悖，本年征讨匈奴并无行动，当然就谈不上成果，倒是朝廷中却突起波涛，和平被恶斗取代。

刘彻太始四年十二月至雍县祭祀五帝和巡察北边安定、北地两郡后，于征和元年正月方回到长安，一直住在建章宫里。建章宫位于城西上林苑中，太初元年（前104年）始建，规模和豪华奢侈程度均超过城内的未央宫，且处在浩大广阔的大自然园林之中，刘彻在此可以更好地游览、赏景、娱乐、狩猎、品鲜，极致地享受人生。

十一月的一天早晨，刘彻在建章宫的中龙华门附近的长廊中散步，看到廊庑远处隐约有一从未见过的带剑男子，在那里踟蹰徘徊，顿生疑窦，即令身边侍卫的中郎过去讯问，不料那男子不等中郎靠近，便扔下佩剑突然逃走了。刘彻大怒，下令立斩失职的中龙华门门候，并令负责整个上林苑戍卫的步兵校尉立即率士卒搜索。因上林苑太过广大，又调三辅骑士前来协助，将方圆三四百里的上林苑筛查了一遍。同时，关闭长安城门，全城大搜索。一直搜索了十一天，毫无所获方作罢。

皇帝居于建章宫，作为中书令的司马迁当然随着侍奉。司马迁观察，晚年的刘彻，年岁大了以后，身体常有些病痛，疑心更是加重了许多。天下人都怕他，而他也怕别人加害。步兵校尉没有搜捕到那名男子，为了好交差，便向刘彻禀报，称那人可能是阳陵县（今陕西咸阳市渭城区）大侠朱安世，功夫了得，难以捕获。刘彻一听，觉得这朱安世是个大隐患，下次可能还会潜入上林苑、建章宫，立即让司马迁代拟诏令，通缉、抓捕朱安世。但诏令发出后，始终无所获。

正在此时，太仆公孙敬声被人告发，称其擅用北军之钱一千九百万，刘彻诏令将其逮捕入廷尉诏狱。公孙敬声乃丞相公孙贺之子，继其父任太仆，父子二人分任丞相、太仆已有十三年。公孙敬声的母亲卫君孺是皇后卫子夫的大姐，如此皇帝刘彻即是公孙敬声的姨夫。公孙敬声恃宠骄奢，身居九卿高位却不能严谨奉法。大汉对匈奴进行大规模战争之后，所需马匹剧增，朝廷在北部、西部边郡设置马苑三十六所，养马数十万匹。如此则太仆不仅掌管皇帝与宫中舆马，还掌管边郡马苑，戍卫京师的北军用马也是由马苑提供。公孙敬声就可能违规擅自使用北军的购马经费。

司马迁一听说是北军的费用出了问题，吃了一惊，首先想到的是已任护北军使者的任安有无责任。他在得到消息的当晚就去找任安询问，任安告诉他，公孙敬声擅用这钱，还是去年的事，那时自己尚未来北军任职，当然与自己无关。但任安觉得这事有些蹊跷，称北军购置马匹都是提前预付费用，要等好长时间才能得到马匹，长期以来是司空见惯的事，北军中也从来无人告发。不知这次为何就有人告到皇上那里，而且还是将多年的旧账算在一起，才有了一千九百万那么个大数字。

司马迁听任安如此说，不禁想起许广星说的话，于是对任安说："看来北军中很复杂，不仅是北军，朝中也有些新的动向，任兄还记得赖通临走时告诫你的话吗？要十分警惕江充这类小人钻空子、挑事端。任兄定要小心才好。"

"迁老弟所言甚是。"任安说，"不过我想只要自己行得正，并不怕别人栽赃陷害。我都被别人陷害两次了，总不会有第三次了吧？"

司马迁见任安仍是大大咧咧、不以为然的样子，心中不放心，就将那日在安定郡高平县许广星说的话和自己的一点分析告诉了任安，称朝中是否会面临改嗣的大风浪，果真那样，可是了不得，大灾祸就要降临了！任安听了，惊吓得半晌没有出声。

过了好一会儿，任安说道："许广星说的话和迁老弟你的分析，似乎有些道理，如果江充这种奸佞小人不是看出皇上愈加疏远太子而尤其宠爱幼子，怎么敢对太子不敬？公孙贺、公孙敬声父子是太子在朝中最有力的支持者，要扳倒太子，得先拿下公孙贺父子。这样也就可以解释为何现在北军中突然有人出来告发公孙敬声了。这也太可怕了！"

"是很可怕。我在皇上身边，知道近来朝中发生的一些事情，心中一直惶恐不安。"司马迁忧心忡忡。

就在司马迁与任安见面交谈后不到十日，丞相公孙贺见皇上诏令搜捕朱安世甚急，为救出自己的儿子，请求皇上允准他逐捕朱安世以赎公孙敬声之罪，皇上准许。而公孙贺竟安排一些人设法抓到了朱安世。

哪知这朱安世不仅功夫了得，头脑亦是出奇的聪明，狡猾异常。刚入狱，他便笑着对狱吏说："将我抓来，乃丞相大失策，丞相祸及其宗族矣！南山（终南山）之竹不足以受我供词，斜谷（终南山中之谷）之木不足为我所供出之人械具。"朱安世从狱中上书，告发公孙敬声与其表妹阳石公主（刘彻、卫子夫之小女）私通，二人更是曾指使巫师于祭祀时诅咒皇上，且于皇上经过的通往甘泉宫的驰道上埋有木偶人，诅咒皇上。

刘彻闻报震怒。进入老年的刘彻最恨巫蛊诅咒，亦常常怀疑左右臣子以巫蛊诅咒自己，一听报即信其有，无人敢辩其冤。次年即征和二年（前91年）正月，刘彻下令将公孙贺亦逮入狱中。廷尉及狱吏查验时，顺着皇上旨意，穷治公孙贺父子，将二人在狱中折磨致死，并灭其宗族。不久，刘彻诏令诛杀阳石公主以及常与公孙敬声往来的诸邑公主（刘彻、卫子夫之次女）、长平侯卫伉（卫青之子、公孙敬声表弟）。至此，太子刘据在朝中最有力的支持者公孙贺、公孙敬声父子及在外领兵的将领卫伉遭诛，极为惨烈的

"巫蛊之祸"就这样被朱安世拉开了大幕。

刘彻诛杀了公孙贺父子及全族，又诛杀了卫青之子卫伉，还毫不留情地诛杀了自己的两个女儿诸邑公主、阳石公主，无一不是自己的亲人和亲戚，心中难免悲哀，同时无法面对皇后、太子，便不愿住在长安，移住到二百里以外的甘泉宫。他将朝政交给了新任左丞相刘屈氂。刘屈氂乃刘彻庶兄、中山靖王刘胜一百二十多个儿子中的一个，不知行几，是刘彻的亲侄，先前任涿郡（今河北涿州）太守。刘彻诛杀公孙贺、擢升刘屈氂，为免朝野议论，专门给御史大夫下了一道诏令，称公孙贺多年来一直为非作歹，"朕忍之久矣"。又称古时即有举贤不避亲，所以任自己的亲侄为相，且仅为左丞相，右丞相（汉时右在左之上）位暂空缺，以待更好人选。

司马迁目睹朝中发生的这一切，大惑不解，痛心疾首，也惊恐万分。他想到自己作为皇帝身边的近臣，极有可能因一言一行不慎或被根本不知的人、事牵连，遭遇飞来横祸，被罹无妄之灾。他希望能尽快跳出这吞食了许多人的旋涡，但并不容易。此时的刘彻，甚是敏感、多疑、狂悖、暴虐，自己不能随意开口提出告老或因病致仕，因为有可能会激怒皇帝。司马迁百虑而不得其法，觉得要做到《诗·大雅》中所言"既明其哲，能保其身"，难矣哉！而最让司马迁焦虑的是，已经完成的《太史公书》能否保全，这是比保全自己性命更要紧的！

正在司马迁百般焦虑之时，光禄勋徐自为告诉他，皇上巡幸甘泉宫，司马迁可以不去，由张安世带着几位尚书过去即可。最近几年，随着年纪逐渐增长，刘彻对女色的兴趣已经大减，有赵婕妤等时常侍奉足够了，不再需要到后宫中宴乐，也就不需要作为宦者的中书令司马迁陪着，有张安世等尚书侍奉就行。

司马迁听言，心中大喜。待刘彻赴甘泉宫之后，司马迁请了一个月病假，抓紧完成了《太史公书》最后的抄录，然后即考虑寻找安全的藏匿之处。其实早先司马迁就考虑要将《太史公书》放到老朋友挚峻隐居的大山里，他在《报任安书》中所言"藏之名山"即是此意，现在看这仍然是最好的选择。司马迁很快动身前往终南山中挚峻住处，但挚峻却搬走了。一打听，才知道挚峻后来成了家，有了儿女，前些年自己遭难时，挚峻听说后怕受牵连，就带领全家去投靠妻子的舅父。

司马迁问清了挚峻妻子的舅父是在郁夷县（今陕西陇县）的岍（qiān）山。司马迁在此处借住了一晚，次日便驾车赶往郁夷县。好在司马迁曾多次侍奉皇帝去雍县祭祀五帝，知道郁夷县紧邻雍县，在雍县的西边，这样轻车熟路，一路上又都是驰道，顺利地到了郁夷县。司马迁到了郁夷县后，费了九牛二虎之力，找到岍山深处一个叫姚家沟的地方，终于见到了挚峻。

老朋友多年未见，一见面自然是激动不已、热泪横流，有说不完的知心话。当司马迁说明来意后，挚峻一口应承，称那年你遭了难，我不仅未去看望你，还怕受牵连迁徙至此，实在有些对不住你。你将《太史公书》放在这里，是对我的信任，我一定好好保存它，决不会让它丢失或受损。

司马迁甚为高兴，因假期时间有限，司马迁次日便返回长安，然后雇了一名可靠之人，一起将《太史公书》的正本从长安运到岍山挚峻居处。

剩下的一套副本，司马迁即暂时放在家中，并没有想好要藏在哪里。但这套书不出京师是肯定的，以备用时方便。此即司马迁在《太史公书》的最后一篇《太史公自序》中所言的"副在京师"。

朝中形势还在向着恶化的方向发展。江充先前担任水衡都尉后，利用职权大贪其利，后被人告发丢了官职，一直赋闲在家。朱安世利用巫蛊构陷大臣启发了江充，让他觉得兴风作浪、东山再起的好机会来了。江充长期与皇帝身边的几位宦者交往甚密，刘彻行幸甘泉宫后患病，中黄门苏文及时将消息告知江充，江充立即赶到甘泉宫司马门上书，称陛下疾病之根源在于长安宫中有巫蛊作祟。

刘彻即诏令江充复任直指绣衣使者，督治巫蛊。此时京师已多聚方士与神巫，更有女巫常入后宫，教唆一些嫔妃因相互忌恨而埋入木偶诅咒，相互攻讦。江充入宫穷治，将后宫中巫蛊诅咒的人全部定为诅咒皇上的大罪，加上有牵连的大臣，导致数百人被诛杀。然刘彻病情仍不见好转，江充奏言称，是因为宫中尚有蛊气，未能消除殆尽。于是刘彻诏令，江充继续大力治蛊，按道侯韩说、御史章赣、中黄门苏文等协助。江充等人再进未央宫，掘地求蛊，甚至皇帝御座之下也要挖开。之后到了后宫，从不受宠、难得为皇帝宠幸的嫔妃住处开始挖掘，一直挖到皇后住处。最后又去太子宫掘挖。江充最惧皇上驾崩太子即位后会杀了自己，故声称在太子宫中所掘得的木偶最多，且有帛书，上书大逆之言，务必要禀奏皇上。

太子刘据闻讯大惧，即与太子少傅石德商议，石德道："此前公孙丞相父子、两公主及卫伉皆因巫蛊被诛，如今江充等奸诈设计，将掘得的木偶算在你头上，难以自明。而皇上患病于甘泉宫，皇后及家吏向甘泉宫中请示却得不到回讯，皇上存亡不得而知，不能再由江充等奸臣胡作非为。"

刘据不敢擅自做主，打算亲自前往甘泉宫面见父皇，但为江充等人所困，进退不得，而江充又逼得太急，情急之下，刘据方下了决心，令手下宾客诛杀了江充、韩说，然后征发长乐宫卫卒和武库兵进军丞相府。

左丞相刘屈氂逃走。御史章赣受伤后逃往甘泉宫，中黄门苏文亦逃至甘泉宫报信。刘彻获报后开始认为太子是害怕和痛恨江充才有此变，便派遣使者赴长安召太子来甘泉宫当面说清楚。使者不敢进长安，回报刘彻称："太子已反，欲斩臣，臣逃归。"刘彻大怒，立即启程回长安，移驾城外建章宫，调兵遣将，下令刘屈氂领军平叛。太子兵与丞相兵于长安城中大战五日，死者数万，尸体堆积，血流成河。后太子兵败，刘据逃出城，逃到湖县（今河南灵宝市西北），走投无路，自刭身亡。皇后卫子夫亦于宫中自杀。而卫氏被诛灭殆尽。呜呼哀哉！

司马迁当时亦困于城中，被这一场浩劫惊得魂飞魄散，惶惶不可终日，为朝廷、为国家，也为自己、为家人极度担忧。司马迁虽然没有置身事变当中，但周围熟悉的人的遭遇还是给了他很大刺激。太子刘据曾立车北军营垒南门外，召见护北军使者任安，给予朝廷赤节，令其发北军之兵，任安虽拜受太子之节，却在入营后关闭营门不出，太子无奈只好离去。刘彻事后获悉此事，起初认为任安是诈受太子节而并未发兵，未予追究。但北军中有一管钱的小吏，曾因账目不清而被任安笞辱，此时即借机上书，称任安当时受节后入营，沾沾自喜地说："幸亏我统有精锐兵甲！"刘彻据此认为，任安这是以太子授节为荣，而又不敢发兵，首鼠两端，欲坐观成败，谁胜靠上谁，此老吏有二心。且任安多次遇当死之罪，朕都宽恕了他，此次心怀奸诈，有不忠之心，不可原谅，于是下诏腰斩弃市。

任安的好友田仁当时任丞相司直，被指派监督长安城门，太子从南面的覆盎门逃走，田仁放行。左丞相刘屈氂欲斩田仁，而御史大夫暴胜之却称丞相司直是比二千石官员，应该请示陛下，不可擅自斩杀。刘彻闻之大怒，称丞相是依法办事，责问暴胜之为何阻拦？暴胜之惶恐自杀。田仁亦被腰斩。

司马迁听闻任安、田仁被诛，大骇，为俩人遭遇而悲哀，同时心中七上八下，担心任安遭诛是否会牵涉到自己，因为皇帝很清楚自己与任安是好朋友。司马迁又想到自己如果被牵连，放在长安城家中的《太史公书》也不安全，于是急召女儿司马英前来商议，让她悄悄将《太史公书》搬到茂陵邑的挚家老宅中，并称今后这套书就由司马英负责保管，务必确保其安全。司马英当然诺诺应承，很快将《太史公书》妥为包装，用马车转运至挚家老宅中，置放于一处既隐秘又不会损坏的地方。如此司马迁才放下心来，心想即使自己被任安牵连，朝中派人来抄家，也不会想到去抄挚家老宅。

司马迁于惶恐不安中度过了一些日子，看来不会再受牵连，但对在朝中任职已经心灰意冷，毫无兴致，就想着早点致仕，回家养老。他犹豫再三，心里没底，觉得还是先找到张安世，听听他的意见。

张安世近来心情很不好，因为他的兄长张贺原是太子刘据手下的宾客，太子事败，其手下宾客均被诛，包括李广之孙、李陵堂弟李禹，唯独张贺因张安世向刘彻求情，才未被诛，而以受腐刑留一命。张贺尚在蚕室之中，生死难料，张安世一直心神不宁。但司马迁来找，他还是热心的，称皇上现在心情平缓一些了，且如今皇上从来不去后宫宴乐，不设中书令亦可，你的身体一直有伤病，会允准你离开的。张安世并答应由他将司马迁因病请求致仕的奏疏转呈上去。

不久，刘彻诏可。五十五岁的司马迁得以安全地离开了朝廷。

3. 终归一矣

司马迁彻底离开朝廷，一身轻松地回到家中，一见妻子柳倩娘就紧紧抱住，痛哭流涕。柳倩娘大惊失色，不知夫君又遭遇何种险厄之事，急忙问道："何事？又遇到了何事？赶快说啊！"

司马迁破涕为笑，大笑好一阵才说："没事，没事。好事！"

柳倩娘丈二和尚摸不着头脑，心想这又哭又笑的，不是疯癫了吧？再问："到底怎么了？"

司马迁这才一字一顿地说道："倩娘，我致仕了，回家了，完全安全了！你说这不是好事又是什么？"

"吓我一大跳。"柳倩娘嗔怪道，"告老回家了，哭啥呢？"

"喜极而泣，喜极而泣也。"司马迁说，"从此离开了朝堂，远离那是非之处、争斗之所、凶险之地，多好啊，且又是多么不易啊！想来居朝已有三十二年了，回头看看，一路走来是何等的修远而又艰险啊！曾经侥幸逃过大劫，差点把自己的小命弄丢了，也就差点没有完成父亲大人交代的著就大史书之责任。"

司马迁一番感慨，让柳倩娘亦唏嘘良久。

司马迁在家中待了数日，觉得如今不用去朝中供职，《太史公书》又已完成，加之任安也不在了，没什么朋友可见，整天无所事事的，甚是无味，就与柳倩娘商议，想回老家夏阳居住，尚可寄情家乡的山水，尚可与儿时的好伙伴大牛做伴。柳倩娘一直牵挂着在夏阳山野生活的俩儿子，当然愿意回夏阳。

司马迁始终记着徐士褒曾经给予的巨大帮助，离开长安之前专门请徐士褒来家中吃饭，杨敞作陪。席间徐士褒称其是羡慕太史公回家乡安享晚年，自己于诏狱中供事已太多年，听够了惨呼号叫之声，看够了鞭笞棰击之行，厌烦不已，总想着能早点离开。司马迁说你年纪还不算大，有机会倒是可以换个地方。徐士褒便对杨敞说，那就要拜托杨大人了。杨敞赶紧推辞，说称我杨大人折煞我了，在下何能帮助到徐大人？徐士褒说你如今在霍光手下任职，朝中谁人不知霍光乃陛下最信任的人？虽不在三公九卿之位，但其在陛下心中的亲信度胜过所有臣子。杨敞听了只好勉强地点点头，算是答应有机会可以帮忙。

司马英陪着父母先回到茂陵邑，在挚家老宅住了十多日。司马迁自是仔细检查了《太史公书》存放情况，觉得很满意。而司马英则先去夏阳老家高门村，知会堂叔将空置多年的老宅收拾停当，这才回来接父母回到高门村。

司马迁回到家乡，如同在外漂泊多年且受过苦、受过委屈甚至遭遇过生死劫的游子，终于回到了母亲温暖的怀抱，不再吃苦受累，不再担惊受怕，不再烦躁不安，终于安静平稳下来。每天可以睡到自然醒，清晨房前宅后树上众多鸟儿叽叽喳喳的吵闹也不能将司马迁唤醒，多年来欠缺太多的睡眠渐渐找补回来了。

司马迁一回村，大牛即来看望。大牛一直是司马家的田客，如今已是儿孙满堂。他对司马迁说："司马大人告老还乡了，今后我大牛会一直陪着您，只要您需要。"

司马迁听了很感动，几十年过去了，平时又不来往，但儿时的情谊仍然真挚深厚，于是说道："大牛哥千万不要称我大人，不要称'您'，也不用像儿时称我小少爷，就称我迁老弟便好，我听了心里舒坦。"

大牛听了不知如何是好，半晌未出声，司马迁则上前抓住他的双手，两眼直视着，重复说道："好吗？我叫你大牛哥，你喊我迁老弟，这才像是好兄弟啊！我在朝中与好朋友都是这样称呼的。"

大牛点点头，咧开大嘴笑着，说："好吧，就按你说的朝中规矩称呼吧。可不能说我不懂规矩。"

司马迁每天由大牛陪着领着，徜徉于山水之间，漫步于台塬阡陌之上，欣赏不够家乡的美景，呼吸不够大自然的新鲜气息。大牛则将几十年中家乡发生的和自己经历的大大小小事情絮絮叨叨地说给司马迁听，其中常常有"迁老弟，我跟你讲""你真不知道，迁老弟"等诸如此类话语，司马迁听得津津有味，觉得乡野之中这些平常小事、琐事，比朝堂之上那些钩心斗角、惊心动魄的许多所谓大事、要事不知要真实、透亮、高尚多少倍。

司马迁就这样平平常常、安安稳稳地在乡间度过了近两年时光，其间，还支持柳倩娘给俩儿子先后在徐村成了家，而且很快就要有孙子辈出世了。司马迁已经处在闲适、安乐之中，是徐士褒的来访，打破了其内心平静。

征和四年（前89年）九月的一天，徐士褒突然到高门村看望司马迁。司马迁很诧异，问道："士褒老弟，为何有工夫前来看视山野老叟？"

徐士褒笑道："我已调任夏阳县令，当然有工夫来看望您啦。"

"好啊。何时的事？"司马迁也为徐士褒高兴。

"到任已有二十余日，今天乃休沐日，抽空回徐村老家一趟，顺道也看您。"徐士褒说，"这还多亏您的女婿杨敞在霍光那里为我说了话。"

司马迁问："到底怎么回事？"

徐士褒说："我听杨敞讲，前不久皇上前往东莱寻神仙，路过夏阳住了一宿，突然想起要到芝水边走走，其时对身边人说，这芝水原称陶渠水，那年是因为朕在水边发现了灵芝，才赐名芝水的。当时记得有司马迁在场，他是夏阳人，对夏阳甚为熟悉。皇上接着对身边的霍光说，其实选个本地人做夏阳县令甚好，如今不是夏阳县令空缺吗？可以选个夏阳人。霍光随后对杨敞说，司马迁是你岳父，你算半个夏阳人，可有推荐人选？杨敞想起了我，于是我就被调来夏阳了。"

司马迁不禁赞道："敞儿还是讲信用的。甚好，甚好。"

徐士褒继续说："皇上记性真好，在芝水旁边还想起了您。但过后我又有不解，在处理刘屈氂、李广利案子时，为何就未曾想到您，洗雪您的冤屈？"

"此话怎讲？刘屈氂、李广利出事了？"司马迁吃了一惊，"杨敞一直在霍光手下，忙得很，有很长时间没来夏阳了，故朝中情况我是毫不知晓。"

徐士褒徐徐说道："您离开朝廷以后，朝中发生了许多大事。去年贰师将军李广利率大军出征匈奴，左丞相刘屈氂送行到长安城外渭桥，李广利对刘屈氂说：如今太子空缺，愿君侯早日奏请皇上，立昌邑王为太子，将来即位为帝，你我皆无忧焉。昌邑王刘髆乃李广利妹妹李夫人之子，而李广利与刘屈氂是儿女亲家，李广利女是刘屈氂媳。李广利出征后，刘屈氂夫人被内者令郭穰（ráng）告发，称其曾诅咒皇上，并与李广利共同祷告，求神灵保佑昌邑王将来即位为皇帝。皇上闻之震怒，诏令将刘屈氂载以厨车游街示众后腰斩，其夫人亦枭首于华阳街；李广利妻子儿女全部收监。李广利在前线闻讯后急攻匈奴以邀功赎罪，大败，遂降匈奴。其所率七万大军覆没未还。皇上诏令诛灭李广利全族。后听说李广利投降不久，在匈奴中因与卫律争宠而被杀。"

司马迁听了目瞪口呆，说："真是不可思议，李广利、刘屈氂昨日还是受宠无比、炽焰熏天，一下子竟坠入万劫不复之深渊。当年给我定的罪名是沮毁贰师、欺罔皇上，现在清楚了，到底谁忠谁奸，谁犯了欺君之罪？"

"所以我说皇上应为您洗雪冤屈。"徐士褒继续说道，"不仅李广利、刘屈氂两位亲信大臣荣辱颠倒，如今故太子刘据的案子亦翻转了。"

"真是越发的不可思议矣！"司马迁赶快催问，"怎么个翻转法？"

"先后有两位小吏起了作用。"徐士褒说，"开始是太子于长安城中失败而出城逃亡后，就有壶关县（今山西壶关县）三老（掌教化）名叫茂的，专门赶到建章宫司马门上书，为太子讼冤，称太子实乃为奸臣江充等逼迫而起兵，唯望陛下宽心慰意，罢兵而勿使太子逃亡过久。皇上虽有所感悟，却未颁赦免令。太子自刭后，又有长安高庙寝郎（寝殿卫士）田千秋上书，称高帝托梦给他，要他转告皇上，子弄父兵，罪当笞而不应诛。如此皇上彻底感悟，即拜田千秋为大鸿胪，后又任其为丞相、封富民侯。诏令族灭江充家，焚杀中黄门苏文，而对于之前所谓平叛有功加官晋爵者，或罢免，或诛灭。您说这不是大翻转吗？不仅如此，陛下怜惜太子，又筑思子宫、思子台以寄托哀思。"

司马迁听了，半晌未出声，心想故太子刘据被逼起兵，难道仅是江充、苏文等人的责任吗？没有皇上的默许甚至纵容，江充、苏文等人何能掀起针对太子的滔天恶浪？

徐士褒见司马迁不作声，便问道："太史公在想什么呢？"

司马迁答："我是在想，故太子罪不至诛，我的好朋友任安，还有田仁、暴胜之，不也就冤死了吗？没有人去为他们诉冤，就如同李广利密谋立储、叛降匈奴，犯下大逆之罪，而我的冤屈也是白受了。"

徐士褒走后，司马迁内心翻腾得厉害，夜晚于榻上亦是辗转反侧，久久不能入睡，反复地想着自己曾经在朝中的经历、遭遇。天刚刚微明，他就起身简单地梳洗了一下，走出宅子，走到了薄雾笼罩的塬上，穿行于阡陌之间，胸中自然而然地涌出无尽的悲哀，不禁如同屈原一样行吟起来：

悲夫！士生之不辰（逢时），愧顾影而独存。

恒克己而复礼，惧志行而无闻。

谅（自信）才韪（通玮，美好）而世戾（lì，乖背），将逮（至）死而长勤（忧）。

虽有形而不彰（彰显），徒有能而不陈（施展）。

何穷达之易惑，信美恶之难分。

时悠悠而荡荡，将遂屈而不伸。

使公（公道）于公（公务）者，彼我同兮；

使私（私情）于私（私利）者，自相悲兮。

天道微（幽深）哉，吁嗟阔（旷远）兮；

人理显然，相倾夺兮。

好生恶死，才之鄙（低下）也；

好贵夷（鄙夷）贱，哲（理智）之乱也。

焰（zhāo）焰洞达，胸中豁也；

昏昏罔（无）觉，内生毒也。

我之心矣，哲（哲人）已能忖（忖度）；

我之言矣，哲已能选。

没世（终生）无闻，古人惟耻；

朝闻夕死，孰云其否（错）。

逆顺还周（循环往复），乍没乍起。

理（常理）不可据（凭依），智不可恃（依靠）。

无造（往）福先，无触（达）祸始。

委之自然，终归一（浑然一体）矣！

司马迁吟至最后，竟反复呼喊："委之自然，终归一矣！"其心中始萌主动投身大自然怀抱、了此一生之意。

回到宅中，司马迁将行吟的章句及时记下，冠名曰《悲士不遇赋》。

司马迁吟出《悲士不遇赋》，如同屈原吟了《怀沙赋》，然后有了自投汨水一样的想法："知死之不可让，愿勿爱兮。"然司马迁心中尚有牵挂，一来牵挂《太史公书》的安全，皇上仍在，即危险仍在；二来牵挂相濡以沫一生的妻子柳倩娘，拖累她几十年，总想最后多陪陪她。

回到夏阳高门村之后，柳倩娘的身体多病缠身、每况愈下，似乎以前的生活一直是紧绷着的，疾病也被限制住而未冒头，如今一下子放松，各种疾病竟争先恐后地出现了。先是头晕头痛，失眠难以入睡，折磨得人心神不宁、寝食不安，这大约是多年来为司马迁担惊受怕造成的；接着是腰酸背痛、手脚关节肿胀麻痹，到后来走路都有困难，这大约是嫁入司马家几十年，侍奉公婆、丈夫，侍奉姑母姑父，还要养育三个儿女，受苦受累过度造成的；再接着是腹泻腹痛，常常表现为"五更泻"，这大约是长期营养不良、抵抗力极差造成的，弄得人痛苦不堪、瘦得皮包骨，后来找医匠治疗，服了两个多月的药剂方缓解；最后又患了蛇盘疮（带状疱疹），经常痛得死去活来，且久治不愈。司马迁亲眼看着柳倩娘生不如死，痛彻心扉，不知如何是好。

后元元年（前88年）三月十七日上午，就在司马英、杨敞和生活在徐村的俩儿子同临（司马临）、冯观（司马观）都来看望之际，柳倩娘病情突然加重，大汗淋漓，呼吸急促，神情恍惚，眼看着就不行了。司马迁大恸，紧紧抓住柳倩娘的手，将内心装了许多年的话语一股脑儿倒出，唯恐再也没有机会。他说："倩娘，你跟我几十年，受苦了！受大苦了！不仅身体苦，心里更苦！你担着家中的一切，四位老人，三个儿女，还有我这个从不顾家也从不顾你的甩手男人。你担着风，担着雨，担着灾难，担着恶言碎语，担着屡屡出现的险象，还担着我遭遇大难后的多疑、易怒、不讲理。你是我最亲近、最疼爱的人，我却常常气你。今日此时，我觉得是多么的愧疚、多么的对不住你啊！倩娘，你将远去，要一直向前，向着有光的地方，避开黑影幢幢的所在，那里尽是魑魅魍魉。吾父母定会在亮光之尽头等着你！不久，我就去找你，就再也不分开了！"

柳倩娘似乎完全听进了司马迁的深情话语，脸上露出一丝微笑，紧闭双眼，去了。

司马迁捶胸顿足地大哭，连连呼喊："我的倩娘！"

失去了柳倩娘，司马迁就成了一个木头人，成天木木的、呆呆的，不想说话，甚至懒得看人。他继续活着的唯一意义，就是希望看到当今皇上驾崩！他想，《尚书》中有云："时日曷丧，予及汝皆亡。"那是夏朝子民们痛恨夏桀到了欲与其同归于尽的呐喊。我与你武帝并无那样的深仇大恨，且我也没有与你同归于尽的能耐，只是盼着能殁于你之后，让《太史公书》得以保全。如此而已，岂有他哉？

汉武帝刘彻晚年似有悔悟，曾公开对朝臣们说："朕自即位以来，所为狂悖，使天下愁苦，不可追悔。自今有伤害百姓、靡费天下者，悉罢之！"于朝政亦多有补救，明确与民休息、改进农耕。刘彻也不再信神仙，尽罢方士候神人者，称"向时愚惑，为方士所欺。天下岂有仙人，尽妖妄耳！"然其对于自身升仙仍抱有一线希望。公孙卿当年所言黄帝都明廷，明廷者，甘泉也；而鼎湖（今陕西蓝田县境内）乃黄帝登天成仙之处。故刘彻晚年常住甘泉宫、鼎湖宫。黄帝百余岁方登天成仙，故刘彻虽然早有打算要让幼子刘弗陵继位，但觉得自己离百年尚远，也就不急于立刘弗陵为太子。

到了后元元年年末，刘彻感到自己身体甚为不适，这才下决心要早立刘弗陵为嗣。他选定奉车都尉、光禄大夫霍光为辅政大臣，命黄门画匠画出一幅周公背负周成王接受诸侯朝拜的图画，赐予霍光，以为预示。然后借故赐死刘弗陵之母赵婕妤，防止自己逝后因为主少母壮而生出骄恣淫乱。后元二年（前87年）二月，刘彻自甘泉宫回到长安附近，巡游至鼎湖宫不远处的五柞宫（今陕西周至县境内），突发重病，于二月十二日诏立八岁的幼子刘弗陵为太子；二月十三日，诏命霍光为大司马大将军，驸马都尉、光禄大夫金日（mì）磾（dī）为车骑将军，太仆上官桀为左将军，搜粟都尉桑弘羊为御史大夫，受遗诏辅少主。二月十四日，汉武帝刘彻崩于五柞宫，享年七十岁。二月十五日，太子刘弗陵即皇帝位。

司马迁于乡下获悉汉武帝驾崩的消息，并不完全相信。三月初，他让大牛驾车送自己到了县城，进县衙找到县令徐士褒核实。徐士褒大笑，称您太史公真是个老愚夫子，老皇帝驾崩、小皇帝登基这种事还能有谁敢造出谣言来？那可是杀头灭族的弥天大罪！徐士褒留司马迁在县衙吃饭，其间说道："太史公，您是不放心，定要核准老皇帝是否真的驾崩了。我猜想，您是太惧怕老皇帝了，不仅怕他再治您的罪，更是怕他毁了您的大史书。"司马迁心想这徐士褒真是个人物，如何能这样摸透我的心思，他没有明着回答，只是点点头。徐士褒还说："如今小皇帝只有八岁，完全是四位辅政大臣尤其是大司马大将军霍光当家。大将军府即是朝廷。太史公您还应再放宽心，您是因为李陵案吃罪的，如今当政的霍光、上官桀都是与李陵同期在宫中为郎的，而且关系一直好，我听京师的人传言，霍光、上官桀打算派人去匈奴劝李陵回来。李陵都没事了，您还会再有事吗？"司马迁听了又是连连点头。

吃完饭，司马迁要回去，徐士褒送到县衙门外。司马迁上了马车，突然又下来，喊住了徐士褒："徐县令、徐大人、士褒老弟，你是对我有大恩的人，大恩不言谢，我老朽也无以报答。但我人心不足，还想麻烦你。"

徐士褒见状笑道："太史公您是有大学问的人，我一直敬佩您。有事尽管说，只要是我士褒能做到的。"

"那老朽就不客气了。"司马迁说，"我是个不称职的丈夫和父亲，对妻子有愧，对俩儿子更有愧，承蒙你帮了他俩，还请你今后继续关照。"

"我说有什么了不得的大事呢，就这事？好说好说。他俩是我安顿到我家乡徐村的，我当然会始终关注。不过您老夫子一肚子的学问，没有教好儿子，如今有空了，倒是可以教教孙子啊。"徐士褒始终是个热心人。

司马迁"啊、啊"应付两声，转身上了马车。

司马迁从县城回到高门村后，感觉就像吃了定心丸，彻底地踏实了。同时很奇怪，原先充斥于胸已成块垒的愤懑似乎溶解了、流失了，心情变得从未有过的平静、淡然，对世间的一切均已厌倦，毫无兴致，毫无留恋。司马迁极为清醒地认识到，离开人世间、归于大自然的时候终于来到了！

司马迁专门去祭扫了三义墓。大牛当然陪着。司马迁先是至赵武、公孙忤臼墓前致哀，之后到程婴墓前鞠躬再三，久久立于墓前，想到当年程婴历经千难万险，终将赵氏孤儿赵武养大，且报仇雪恨，恢复赵氏地位，在完成承诺后断然选择了自杀，真乃义薄云天，千古传颂。司马迁多次来过三义墓，从未像今日在程婴墓前切切实实地理解了程婴：初始并非惧死，是因为负有大义之事；既而大事已成，何必再留人世？为大义而生，为大义而死，方为真的大义士！我司马迁亦并非真的惧死、真的无气节，是父亲要求的大孝之事未成，只能苟且偷生，如今既然完成，也完全可以去向父亲复命了。

为大孝而生，为大孝而死，才是真的大孝子！司马迁想，程婴当年自杀时的心情肯定如同现在的我一样：知足而平静。此生足矣，诚可去也！

司马迁想着要用鲤鱼跳龙门的方式结束自己的生命，因为小时候他向父亲表过态，自己是龙门之子，这辈子必定做到鲤鱼跳龙门。他多次沿着龙门附近的河岸边徘徊，看来看去都不行，不合适，很难在这里终结掉生命。有一次他走累了，觉得脖子有点酸，仰起头，眼光一下子看到了一处：有了，那里最合适。他看到的是小时候父亲第一次带他走到龙门上面的山崖上，向下看龙门。对，就是那崖上！

司马迁挺讲究，首先是下定决心，其次是选好方式，再次是选定地点，最后还得定个日子。什么日子最好？思来想去，追随与自己同命运的伟大诗人屈原最合适：屈原投汨水是五月五日。

后元二年（前87年）五月五日上午，穿戴整齐的司马迁在大牛的陪同下出了高门村，拄着杖，登上了龙门之上的那处山崖。到达之后，司马迁坐到一棵倒地的大树干上，然后指着手中的拐杖对大牛说："大牛哥，我手中这杖已用多年，有些不好用，适才我在半山腰看到一片林子，是青檀树，你能帮我去选一根新拐杖吗？"大牛听说要进山，腰间是系了柴刀的。大牛说："那敢情好。你在此歇息，我去寻来。"说着，大牛扭头就向下走去。

司马迁最后极为深情地看了一眼大牛离去的背影。

大牛走得看不见影了。司马迁这才慢慢移步到悬崖边上，朝着龙门的方向，用尽所剩不多的力气，纵身跃下。享年五十九岁。

司马迁离世是在汉昭帝刘弗陵即位之初。刘弗陵实在是辜负了他的老父亲刘彻的期望，享年太短，仅当了十三年皇帝，至元平元年（前74年）驾崩，年仅二十一岁，无嗣。霍光与朝臣们商议，迎立昌邑王刘贺为帝。刘贺乃武帝与李夫人之孙、第一代昌邑王刘髆之子。然刘贺登基后，淫戏无度，为帝二十七天即被霍光等大臣废黜，另立故太子刘据之孙刘询为新皇帝，是为汉宣帝。刘询当年在巫蛊之祸中刚刚出生数月，尚在襁褓之中，也被收系于郡邸狱中，得到时任廷尉监邴吉保护，未遭害。后来遇赦并归属宗正府皇家族籍，于后宫掖庭中养视。时任掖庭令乃富平侯、车骑将军张安世之兄张贺，思故太子刘据旧恩，奉养甚谨，以私钱供读书。长大后还娶了暴室（洗晒作坊）啬夫许广汉之女为妻。刘询即位后，仍由大司马大将军霍光辅政。

司马迁的女婿杨敞一直为霍光所倚重，历任大将军府军司马、大司农、御史大夫、丞相，封安平侯。汉宣帝即位不久，杨敞病逝，其长子杨忠嗣侯，次子杨恽以兄任为郎。霍光去世后，霍氏谋反，杨恽闻知后告发，获封平通侯，擢升中郎将。

杨恽早年在家中即获知母亲司马英藏有外公司马迁的《太史公书》，取出阅读后，以为可与孔子《春秋》相比。而汉宣帝以前听国丈许广汉说起，称其堂兄许广星任宦者令时与司马迁有过交集，知司马迁著有大史书。一日宣帝刘询接见杨恽时便问及此事，杨恽就将《太史公书》副本献出，如此得以宣布天下，传之后世。

东汉末年，《太史公书》改称《史记》。至三国时期，自古以来通称"史记"即成为《太史公书》的专称。《太史公书》光芒万丈，其称"史记"，其他一切史书何能称"史记"焉？

后 记

2022 年 1 月，我的历史传记小说《大汉卫青：从骑奴到将军》完稿传给出版社不久，责任编辑梁玉梅老师即表示希望我能再写写司马迁，还寄来了一些有关司马迁的传记、研究、评论方面的书籍，其中不乏大家之作。我也设法购得郭鹤年先生的《司马迁年谱》等。之后反复阅读《史记·太史公自序》和《报任安书》，逐渐有了写作的冲动。

冠名《绝唱史家司马迁》，源自鲁迅先生赞誉《史记》是"史家之绝唱，无韵之离骚"。窃以为司马迁一生最大的特点即是"绝"：一生辛劳备尝，锲而不舍地干成了一件大事，写就的《太史公书》乃史书巅峰，空前绝后，不可逾越，是绝唱，一绝也；当李陵败降后，整个朝廷无一人出头，唯司马迁挑战皇帝威权，愣头愣脑地为李陵辩护，领到死刑判决，后又苟且保全性命，自愿以腐刑代死，事情做得天下绝无仅有，二绝也；遭受腐刑后，忍受至耻至辱，拖着残躯，硬是不负父命，发愤著述，完成了五十余万字的皇皇巨著，意志力冠绝古今，三绝也；依我揣测，司马迁完成《太史公书》，安排两处保存，又搞清了汉武帝确已驾崩，《太史公书》被毁的威胁完全消除，且夫人已逝，继续活着已毫无意义，以其倔强性格和一贯崇敬屈原之为人处事，定会决绝地选择自绝于人世，四绝也。写司马迁，就要在其"四绝"上多着笔墨。

司马迁的一生与汉武帝刘彻相始终，其主要经历与事迹都与汉武帝紧密相连，壮游南北、入仕、扈从、奉使、任职太史令和中书令、受刑、著述等，无一例外。汉武帝对于司马迁，有提携、信任、爱护的大恩德，也有猜疑、迫害乃至于差点要了司马迁的性命，到底还是"赐"予司马迁腐刑，让其经受了至惨至痛和至耻至辱。司马迁认为汉武帝雄才大略、丰功伟绩却又专制残暴、荼毒天下，以致在《太史公书》中迟迟不敢写出《今上本纪》（或称《武帝本纪》），只是到了汉武帝要看自己的本纪时，情况极紧迫，司马迁才抄袭前面已写好的《封禅书》，改头换面呈上方应付过去。汉武帝确实给了司马迁著述的种种有利条件，最重要的莫过于让司马迁继其父而续任太史令。至于对司马迁的大刑残害，让司马迁领受了天大的不幸，却出乎意料地激发了司马迁，使其在《太史公书》的著述中有了更峻峭、更浓烈、更劲拔的浓墨重彩。写司马迁，必然将其与汉武帝的关系贯穿于全篇，此是最重要的"纲"。

我写历史小说，一直遵循"大事不虚，小事不拘"之原则，重要背景、重要人物、重要事件不能脱离史实，而有关细节和非重要人物则可虚构，即使虚构，也应是可能的、合理的。不能戏说、瞎说，不能误人，搞乱人们对历史应有的认识。写到司马迁被任为中书令，起初甚为不解，汉武帝身边已有尚书台这个中枢机构为其处理机要、文书，有张安世这位信得过的干才担任尚书令，为何还要新设中书令一职，让司马迁担任呢？难道是为了安慰司马迁吗？从史籍中寻幽探微，终于在《汉书·萧望之传》里找到了答案：汉元帝老师、托孤大臣之一的萧望之告诉汉元帝，中书令一职乃是汉武帝为了在宴乐后宫时能随时处理政事而特设的，士人担任的尚书令不能进后宫，故特别任司马迁为中书令随他进后宫，因为司马迁是受过腐刑的宦者，且其文才过人，自然称职。

写作过程中，常常把自己当成司马迁，处在那个时代、那样的朝堂，在那样自己不能选择的境况中，或笑或哭，或忧或怨，或爱或恨，淋漓尽致地在历史的巨大旋涡中涮了一把，在生存与毁灭、坠渊与登峰中走了一遭，心脏似乎都受不了了！虽如此，仍然不能尽知当年司马迁是怎么过来的，又是如何有极大成就的。这大概正是司马迁伟大之所在！